高等院校公共课系列规划教材

演讲与口才

（第二版）

陈翰武 编著

WUHAN UNIVERSITY PRESS
武汉大学出版社

图书在版编目(CIP)数据

演讲与口才/陈翰武编著.—2版.—武汉:武汉大学出版社,2005.9
(2022.5重印)
高等院校公共课系列规划教材
ISBN 978-7-307-04653-5

Ⅰ.演…　Ⅱ.陈…　Ⅲ.演讲—语言艺术　Ⅳ.H019

中国版本图书馆CIP数据核字(2005)第078141号

责任编辑:王雅红　陶洪蕴　　责任校对:黄添生　　版式设计:马　佳

出版发行:**武汉大学出版社**　(430072　武昌　珞珈山)
(电子邮箱:cbs22@whu.edu.cn 网址:www.wdp.com.cn)
印刷:武汉邮科印务有限公司
开本:787×1092　1/16　印张:14.75　字数:336千字　插页:2
版次:1998年6月第1版　　2005年9月第2版
2022年5月第2版第20次印刷
ISBN 978-7-307-04653-5/H·389　　定价:32.00元

作者简介

陈翰武 教授

1954年生。1993年武汉大学中文系研究生毕业，留武汉大学任教。一直从事“演讲与口才”的教学与研究工作。

曾获武汉大学“首届红枫艺术节辩论大赛”冠军队中最佳辩手，2002年被评为“湖北省语言文字先进个人”，2005年获得中华教育艺术研究会颁发的最高奖励“铸魂金杯奖”。近年来被湖北省暨武汉市多家单位聘为主题演讲赛评委和教练，辅导对象多获佳绩。

主编《演讲与口才》、《实用演讲教程》、《中外优秀演讲辞赏析》，参编演讲类专著多部。

现为中华教育艺术研究会理事，国家级普通话测试员，武汉大学全校通识课“演讲与口才”的主讲教师。

编　委　会

序

改革开放以来，随着各行各业的变革和发展，全国兴起了一股“口才热”“演讲热”。从中央到地方，各部门、各行业经常组织各种类型的演讲团、报告团，向广大群众演讲、作报告；举办各种演讲赛、辩论赛，中央及地方各级电视台也经常播放这类节目。因为参赛者、收视者积极参与，演讲、辩论活动盛况空前。

现在，越来越多的人认识到演讲与口才在事业中的重要作用，开始重视演讲与口才的技能训练和培养。越来越多的部门和单位在录用与选拔人才时，不限于看履历、档案、鉴定等书面材料，还要经过面试、交谈和答辩，目的是了解应聘者的口头交际能力、素质、气度等等。以培养人才为目标的各类学校教师、望子成龙的父母，在教育训导自己的学生、子女时，不仅要求他们学业精通，还希望他们在交际往来中思维敏捷、口齿伶俐、能言善辩、应对自如。

在高速度、高效率的当今社会，人际交往日益频繁，生活节奏日益加快。据统计，现实生活中，有70%以上的信息是依靠人的口头表达传递的，因此，有些西方专业人士认为，人们赖以生存和竞争的几大“武器”中，应该放在首位的是“舌头”。

随着各类电话和电子计算机等现代科学技术的迅速发展，口头表达不仅在日常生活中承担着繁重的沟通功能，而且还承担起信息的传递、储存、检索、转换等任务。人机对话的应用，要求人们说话必须规范、准确，普通话的推广使用亦因之成为当务之急。

在思想活跃、言路广开、经济文化日益繁荣的今天，一个有声语言的春天正在来临。

修订后的《演讲与口才》一书，行文简洁，条理明晰，融陈翰武先生多年演讲与教学经验于其中，使我们在美丽的春色中又见一株奇葩，所以，我高兴地写下以上文字，忝为本书序言。

2005年6月30日于北京

序

[illegible]

2005年6月30日于北京

目 录

Contents

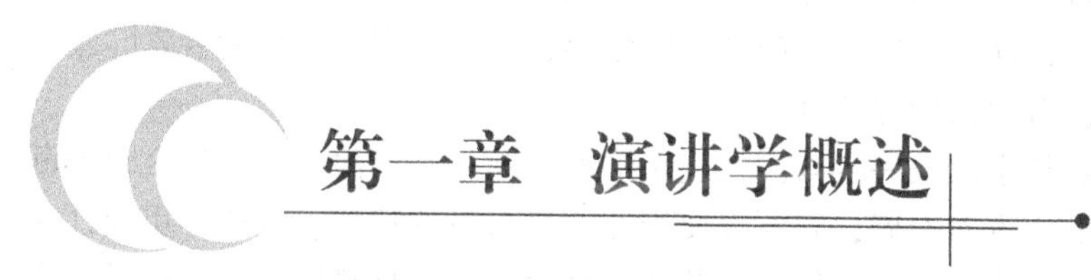

第一章 演讲学概述

第一节 演讲学的本质和特征

演讲学是系统地研究演讲的发生和发展规律，以及演讲原理和实务的一门社会科学，它是从演讲实践中归纳、总结出来的系统化、理论化的演讲知识。

演讲学属于社会科学范畴。它不仅与哲学、心理学、伦理学、教育学等学科有着密切的联系，而且与语言学、修辞学、文章学，甚至与表演艺术都有密切的联系。当然也有严格的区别。演讲学就是在这些学科的联系与区别中，成为一门独立的学科。

演讲学与语言学的联系是极为密切的。演讲离不开语言，否则演讲学将不复存在。演讲学与语言学又有着明显的区别：一是语言学研究的是语言，语言就是它唯一的研究对象；而演讲学则把语言当成研究对象中的一个主要部分。二是语言学研究的是语言性质、构成及发展规律，而演讲学研究的则是语言在实际应用中的科学性和艺术性，演讲学研究的成果必然为语言的研究提供丰富的理论知识和实践经验。三是语言学对各地方言必须系统研究，而演讲学只是对作为演讲的通用语言进行研究。另外，演讲学在汉字的音、形、义三方面重音与义，对体态语言也多有研究，这些都与语言学有着明显的区别。

演讲学与心理学、逻辑学也有着密切的联系。这几门学科研究的对象都涉及复杂的心理活动和思维活动，但演讲学中的心理研究和思维研究决不等于心理学和逻辑学的研究，只是借助于该学科的研究成果，以提高演讲学的研究水平，指导演讲实践。演讲学与文章学研究的都是思维表达的规律和方法，都把语言作为自己的物质材料，并在内容、论述方法上有一致的地方，但它们表达的手段不同，一个用口讲，一个用笔写。演讲学研究演讲者如何把有声语言辅之以态势语言并诉诸对象的听觉和视觉，文章学则是研究作者如何把无声语言（文字）诉诸对象的视觉并发挥其作用。二者表达手段的不同，决定了演讲学比文章学研究的对象更为丰富和广阔。

演讲学与表演艺术的联系在于：表演艺术的理论研究，诸如发声、吐字、表情、动作等方面的研究，为演讲学中的部分研究提供了可借鉴的材料。二者的区别在于：表演艺术研究的是演员的表演艺术活动，而演讲学研究的则是演讲者以说话为主的现实活动；表演艺术研究的是如何用典型化的方法对生活加以形象的反映，而演讲学研究的则是如何直接反映复杂的现实生活。

演讲学与美学都以美为研究的对象，但演讲学是把演讲的内容、技巧、语言、风度、服饰和场景等作为研究的对象，而美学则是把现实美（社会美和自然美）和艺术的创造与鉴赏等全部内容都作为研究的对象。

综上所述，演讲学作为一门独立的学科，融会了多种学科的要素，集中了多种艺术形式的特征，有很强的综合性。

随着自然科学的发展，人们社会生活的不断丰富，演讲学的研究也不断向着更高阶段、更高水平的方向发展，它不仅要观照演讲自身的特点、规律，更要注重演讲所包容的信息量以及关注传达这些信息的载体。社会生活的日趋复杂化，科学技术的突破性进展，都会影响到演讲本身。这无不使得演讲学的研究要面向社会，面向时代，面向未来，从而使这门学科具有很强的实践性。

在频繁的演讲实践中，人们不断总结经验，探索规律，研究技巧，日积月累，形成系统的演讲理论，这就是演讲学。演讲学以演讲活动为研究对象，研究演讲规律，探讨演讲方法和技巧。具体地说，它包括以下三个方面的内容：一是关于演讲与社会生活的关系问题，如社会生活对演讲的影响，演讲在社会生活中的发展规律，各民族演讲的相互影响等；二是关于演讲这一现象本身的规律问题，如演讲的性质、特征、内容与形式、演讲的准备以及演讲活动的整个过程等；三是关于演讲的鉴赏与评价，如鉴赏的标准、依据和效果评价问题。

演讲学以演讲活动为研究对象而又指导演讲活动，这使得演讲学具有工具性的特色。

对于没学过演讲学的人也不乏会演讲的实例，反过来说，学过演讲学的人又未必会演讲。

这个表述决不是否定演讲学意义的逻辑结论，但它给了我们有益的启示：其一，在演讲活动的实践中培养自己的演讲能力，它伴随着教训的总结和经验的积累；其二，在演讲学的指导下还须刻苦实践，不断通过演讲活动提高演讲能力，不断通过自身专项技能训练提高演讲能力。这两条都需要我们实践。有了演讲学这个工具的实践比没有这个工具的实践其意义是大不一样的。

综合演讲学综合性、实践性、工具性的特点，不仅是对演讲学本质特征的认识，更主要的是强调只有在演讲理论指导下，持之以恒地进行顽强刻苦的实践锻炼，使演讲的理论知识转化为演讲的技能技巧，才能使演讲水平不断提高，才能使演讲学不断发展。

第二节　西方演讲发展简史

西方演讲发展简史大致可分四个阶段，即：萌芽阶段、形成阶段、发展阶段和繁荣阶段。

一、萌芽阶段

从公元前5世纪至公元2世纪，以古希腊、古罗马为中心，形成两个黄金时代。

公元前5世纪，希腊对波斯战争取得胜利，从此雅典进入政治、经济、文化的全盛时期。奴隶制的繁荣，富有社会阶层的兴起和公民民主政治的发展，给古希腊带来了新的思想、意识和感情。盛大的祈福庆典、公共集会、法庭讲演的流行，严肃而活跃的哲学、伦理问题的讨论，促成了演讲的繁荣局面。雅典民主制的发展，鼓舞了公民参与政治、经济、文化艺术活动。在法庭上，陪审人员众多，仅有四万人左右的城邦竟有六千名公民充当陪审员，法庭辩论盛极一时，撰写演讲稿和讲授辩论艺术成为某些人的专业。这时的演讲与修辞融为一体，与辩论术分庭抗礼，它标榜劝说的艺术，研究劝说的手段和辩论方式，着重探讨政治审议体、法庭辩论体和典礼藻饰体三种类型的演说，包括立论取材、布置安排、风格藻饰、诵记和发表五个组成部分。柯拉克斯、高吉阿斯、安提丰都是这一时期杰出的演说人物。

柯拉克斯是古希腊语言学家。他不仅是一位时常出现在法庭上为普通人申述的辩论家，而且也是一名常常帮助那些在公众演讲方面没有受过什么训练的人的教师。公元前460年，他发表了第一部演讲名著《演讲艺术》，可惜没能保存下来。在著作中，他主要阐述了两个观点：第一，论点可以由可能性发展而成，这一观点被后来的亚里士多德发展和完善；第二，首次提出演讲稿结构的概念，确定了演讲分为一首诗、一个故事(或表演)、一个尾声三个基本部分，这与现代所说的开场白、正文、结尾相吻合。

公元前5世纪，雅典的诡辩也发展起来，一批相当数量的巡回教师参加这一派别，其中，有些人具有高度的道德原则和娴熟的演讲技巧，教授文学、科学、哲学、修辞等。诡辩派又称智者派，他们不是统一的学派，学术思想上不完全一致，但都是以传授知识为职业的专家。他们能言善辩，出口成章，用词华丽，打动人心，有多种爱好，通晓天文地理，吸引了大批青年，在破除传统观念上发挥了进步作用，为古希腊的演讲做出了贡献。

诡辩派的代表人物有普罗泰戈拉、克拉底鲁、高尔吉亚、伊索克拉底、伯里克里、普罗塔高勒斯等。他们在演讲方面各有所长。高尔吉亚注重演讲方式，轻视所要论证的事实，许多人受他的影响，追求浮华夸张的演讲术，而忽略演讲的真实性和知识性。伊索克拉底则坚持认为演讲的真实性是重要的，他摒弃了矫揉造作和言过其实的作风，使内容更符合口头和书面演讲。他提出适当训练演说人才，认为完善的人才必须经过演讲艺术训练，应该担负起演讲的全过程。为此，他开办了演讲学校，成为当时最有影响的雄辩师之一。普罗塔高勒斯是语法创始人，被誉为辩论学之父。他把词类、时态、语气进行了区别和分类；提出语言成分与任何特殊情况都没有联系，适用于任何人在公众场合讲话；认为任何问题都存在两面性，演讲者必须能够论证任何一个方面。与他同时代的还有一位叫科格雷斯，他重视文体，特别是修辞手法的运用，是第一批认识到激发演讲中的情感的重要性的演讲家之一。

古希腊演讲集大成者是伟大的哲学家、思想家和修辞家亚里士多德。公元前336年，他发表《修辞学》一书，提出演讲的三个基本要素，即演讲者、讯息、听众，为思想交流提供了范例。公元前330年，他发表的《演讲术》一书，成为论述演讲问题的最有影响的著作。该书分为三部分：第一部分讨论了演讲术与辩论术的区别；第二部分讨论了听众的本质以及演讲如何唤起听众的感情；第三部分研究了文体的清晰性、适度性和生动性。亚里士多德对演讲理论的阐述，在演讲史上树立了一座丰碑。

公元前2世纪，古罗马在地中海确立了霸权地位，出现了空前的演讲热潮，形成了西方演讲史上继古希腊演讲热潮之后的第二个“黄金时代”。这一时期，产生了一批优秀演讲家和具有重要价值的演讲专著，著名的代表人物有西塞罗、昆提连等。西塞罗一生从事演讲活动和演讲艺术研究，他着力研究了前人及大演说家的演讲艺术，积累了在各种场合获得演讲成功的经验。他的演讲注重结构性和条理性，对言辞、声音、韵律、姿态都着力追求。他创立了一种演讲体：西塞罗体。这是一种按照一定修辞模式精心雕琢而成的演讲体。其特点是：布局谋篇追求结构匀称平衡，遣词造句讲究华丽而不落俗套，虽是散文化，但一经朗读，富有诗味，铿锵入耳，对激起听众情感有重大作用。在论述演讲家任务的问题上，他有独到见解，提出三条原则：证明自己所讲述内容的真实价值；达到审美上的快乐；影响听众的意志并激励他们去行动。

昆提连是仅次于西塞罗的另一位演讲理论家和实践家，也是第一个受雇于罗马政府的演讲学教师。他的历史贡献不仅在于取得法庭辩论的成功，而且在于为培养演讲家、办好演讲学校做出了巨大的贡献。他强调教师与学生要密切相处，学生不仅要学好演讲术，还要广采博学。他弃教之后，写出了《演讲家学校》一书。书中讨论了演讲教育的必要性，解释了演讲的本质和范围，论述了演讲的构思和布局，讨论了文体、记忆、演讲以及优秀演讲家的条件等问题。这是一部完整的培养演讲学生的巨著，也是他多年教学实践的总结。

演说教育在古希腊、古罗马的兴起，其目的是为统治者服务的，但这确是人类演讲史的一大创举。在雅典，为了促成和维持民主的学术空气，培养积极参与政治斗争和社会活动的能言善辩的政治家和社会活动家，统治者不仅注重对青少年实施体育、音乐、文法教育，还强调培养演讲才能。公元前390年，伊索克拉底创立了第一所修辞学院，吸引了大批青年。学校规定修业四年，教授雄辩术、文史、天文、地理、几何等课程。罗马继承了雅典的传统，同时在理论与实践上进行了发展，使演说教育达到了高峰。古希腊、古罗马的演说家教育适应了当时政治和社会要求，对造就大批出色的思想家、政治家和社会活动家，推动西方文明的发展和社会进步，具有积极的意义。

古希腊罗马时期的演讲的兴盛，令人鼓舞振奋，它是演讲史上辉煌的一页。

二、转折阶段

从公元2世纪罗马帝国衰落到欧洲文艺复兴的前夕。

公元467年，奴隶制的西罗马帝国在奴隶起义和日耳曼“蛮族”入侵的双重打击下灭亡了。从此，欧洲进入了封建社会，史称“中世纪”。这一时期，是西方演讲从兴盛走向衰退的时期。

由于共和制废止，民主窒息，基督教在社会中占据统治地位，神权统治的阴影笼罩着欧洲大地，在政治和社会生活中具有支配公众力量的演讲术也黯然失色。在有利可图的法庭辩护中，一些演讲家助长了不讲是非曲直的风气，甚至滥用职权谋取私利，放弃理论研究，刻意追求技法，以华而不实之辞愚弄公众，使演讲招致了极不光彩的名声。

诚然，这一时期也有一些演讲活动，比如大学里也有一些经院式的演讲练习，但这类演说，大都应时应景，采取藻饰体，完全缺乏古希腊罗马时期演说辞所具有的深刻政治思想和社会意义。总的来讲，中世纪时期的演讲倒退了，如果说没有消亡的话，那只是由于文艺复兴运动的到来，才使得演讲又有了新的生机和希望。

三、发展阶段

从文艺复兴运动到19世纪初叶。

文艺复兴是新兴资产阶级以人文主义为旗号，反对以神学为中心的文化运动。这场运动，产生了许多辉映史册的不朽作品，包括文学、艺术、哲学、教育、科学等各个方面；造就了一大批著名人物，如但丁、佩脱拉克、薄伽丘、达·芬奇、蒙台涅、塞万提斯、莎士比亚等。这种思想解放、人才辈出的文化背景，为演讲学的复苏带来了曙光。

这一时期初始，曾经出现了两种演讲派别：一是传统学派，以英格兰的伦纳德·科霍斯和马斯·威尔斯为代表，他们坚持古代演讲学的传统；二是拉斯派，以佩格斯·雷姆斯为代表，认为演讲就是风格和口才的学习，逻辑和演讲是不同的学科，构思和布局属于逻辑，风格和口才属于演讲。

这一时期，出现了一批较有影响的演讲家，他们各持己见，探讨各类演讲理论问题。佛朗西斯·培根把心理学运用于演讲，将人的智力划分为“理解、推理、想象、记忆、爱好、意志”六种能力，指出演讲起到了将推理运用于想象，以便更好地转变意愿的作用。法国的费隆认为，演讲是社会的工具，内容比形式更重要，强调逻辑和演讲是不可分的，风格与口才具有自然性，演讲应该是真挚自然的，而不是矫揉造作和呆板的。托马斯·谢立丹和詹姆斯·伯里认为，人是受自然法则控制的，演讲也有其规律性和系统性，这种自身的规律性可以通过观察演讲家的声音以及动作和由此产生的反应得到。美国人乔治·坎贝尔考虑了知识的来源、人的爱好、材料的交流、听众的分析能力，以及语言的幽默、讽刺、纯洁和清晰性、生动性等一系列问题，论述了演讲的目的就是启发理解，丰富想象，改变爱好，影响意志，演讲就是说话与意志的统一。美国人休·布莱尔举办了大量的演讲讲座，内容涉及演讲的历史、场景、语言、口才等，他提出了演讲审美观问题，用美学价值而不是用功利价值来评判演讲。英国人理查德·瓦特利则研究了演讲气质问题，认为演讲者的气质能够决定听众的理解力。此外，美国的约翰·昆西·亚当斯也办了许多演讲讲座，成为哈佛大学的演讲权威人士，获得了美国演讲史上第一个演讲家的称号。这些演讲理论家的工作，极大地丰富了演讲理论，进一步推动了演讲实践的发展。这一时期，由于印刷术的应用，演讲实现了从口语到书面的转移，演讲专著和教科书层出不穷。

四、繁荣阶段

从19世纪末到现代，特别是20世纪初到中叶这个时期，形成了高潮。

进入20世纪以后，资本主义生产日益社会化、国际化，科学技术突飞猛进。交通运输的发展，政府间及民间交往的频繁，社会分工的细密，以及各个社会集团、各行各业的交际需要，使得语言的表达有了前所未有的重要意义。企业、行政、学术、新闻等等各界对从业人员语言表达能力的要求越来越高；各项公私事务包括谋职、订货、推销商品、申请奖学金等，都面临着演说情景。有人把社会每个成员都看作演说者，把外交家称为“带着公文夹旅行的修辞学家”，把总统、议员、州长的候选人称为“二十世纪讲坛上的煽动家”等。现代社会为演讲的振兴和创新准备了适宜的气候和土壤，开拓了广阔无垠的疆域。

近百年来，涌现了大批优秀的演讲家，著名演讲家有马丁·路德·金、丘吉尔、安东尼、罗斯福、列宁、甘地等。在演讲家行列中，美国历届总统擅长演说的就不乏其人。第一位总统乔治·华盛顿就职演说只有135个字，被认为是美国历史上最精彩的总统就职演说之一，其中有十几个精辟句子常被后人引用。罗斯福在他任职期间遭遇了世界性经济危机和第二次世界大战，但他能运用自己的智慧，并通过出色的演讲，使美国人民始终保持旺盛的斗志，并渡过了难关。

当代脱颖而出的美国演讲家戴尔·卡耐基为演讲发展做出了杰出贡献。他终身从事人类关系学、西方实用心理学、公开演讲学、商业谈判及推销图书等方面的综合研究，经过二十多年的亲身实践，评点过十五万篇演讲词，总结出了一整套演讲模式。1926年，他写出了一本关于演讲训练的教科书《公开演讲：各业人士的实用课程》，五年后，他经过补充与丰富，出版了修订本《语言的突破》，在二十多个国家发行了几百万册。现在，从西方到东方许多国家，几乎所有的语系都有卡耐基著作的译本。“卡耐基课程”训练给数以万计的毕业生以有益的指导和帮助。

英国前首相玛格丽特·撒切尔夫人也是一位杰出的政治家和演说家。她才思敏捷、风度翩翩，在法庭辩护、议会辩论、电视讲话、记者招待会、应付质询等多种场合下，神情自若，对答如流，能熟练地引经据典，精确地掌握数字，表现出非凡的气度和辩才，成为世界风云人物。

这一时期，演讲学注入了新鲜内容。在理论方面，不但保留了原有的成果以及哲学、美学、政治学思想，而且增添了心理学、行为科学等新型学科的内容，把演讲与美学、演讲与哲学、演讲与心理学、演讲与社会学有机地结合起来，使演讲艺术展示了新的风采。在实践方面，演讲遍及各个地区、各个行业，成为人们普遍使用和交流的一种方式。

第三节　中国演讲发展简史

从我国第一个演讲家盘庚为迁殷所作的三次演讲开始，直至秦王朝的建立，中国的演讲可谓历史悠久。

一、先秦时期的演讲高潮及发展主脉

春秋这一时期的演讲带有两个显著的特征：第一，面对现实，理论与实际紧密联系；第二，带有浓厚的政治色彩，很少有演说家远离政治而空发感叹的，都是直接为政治服务，这一特征一直影响到整个古代、近代以至现代。

这一时期是我国历史上文化思想极其活跃的时期。经济、科学的发展，文化的积累，政治斗争的日益尖锐复杂，使意识形态领域出现了“百家争鸣”的局面，形成了

儒家、墨家、道家、法家、阴阳家、名家、兵家、农家、杂家、纵横家十大派别。各家为了宣传自己的思想观点，或著书立说，或论辩演讲，推动了演讲高潮的兴起。孔子主张谈说术，他教的学生分为四科，除德行、政事、文学外，“言语”也是一科，子贡就是他的言语方面的得意门生。孔子的理论与社会政治思想联系紧密，他首先提出“正名”思想，要纠正礼制、名分上用词不当的现象。为了实现仁政思想，他晚年与弟子一道周游列国，四处游说，堪称古代演讲大师。

孟子从论辩角度说明了语言运用的重要性，把运用语言的问题同继承圣人的事业联系起来，他提出了“不以文害辞，不以辞害志”的思想，阐述了思想内容和语言艺术运用之间的关系。孟子素以善辩著称，他的辩论有着宽厚宏博的气势，锐不可当的锋芒，严密如铁的逻辑。他善于运用各种问句，可谓具有显著论辩特色的人物之一。

荀卿在《荀子·非相》篇里论述了谈说之术的原则、态度和方法：“谈说之术，令庄以泣之，端诚以处之，坚强以持之，譬称以喻之，分别以明之，欣欢芬芳以送之。实之、珍之、贵之、神之，如是则说常无不受。虽不说人，人莫不贵。夫是之谓能贵其所贵。”就是说，谈话和演讲，要有严肃郑重、正直真诚的态度，坚强的信心，应用比喻、分析、比较的方法，重视、珍惜、尊重自己所宣讲的东西，热情、和善地宣传自己主张的内容，以使别人接受。荀子的论述是相当全面的，不仅如此，他还提出了“君子必辩”的著名观点。

老子和庄子在理论上提出了“美言不信”的观点，即“信言不美，美言不信；善者不辩，辩者不善”，“知者不言，言者不知”。他们认为“美言”都是不真实的，真实的言辞是不需讲究修辞的，甚至“不言”的境界才是完美的境界。老庄的演说理论与他们的语言实践是矛盾的，他们的著作《庄子》、《老子》，恰恰是汪洋恣肆、妙趣横生、光怪陆离、思想奇诡的。

墨子和韩非子主张实用而反对文采。墨子的“三表法”中，第一是说言必有据，第二是说要重视实践经验，也就是说，写也好说也好，其最后的目的要落实到“用”上。他高度重视论辩的理论和实践，把逻辑同论辩结合起来，认为谈说必须有逻辑，逻辑是论辩的基础，逻辑论证方法也是一种辩术。《墨子》一书可以说是论辩理论和实践的结晶，全书充满了立论、驳论，富有鲜明的辩论色彩，其中《墨子·小取》篇有代表性，堪称中国第一篇系统而精辟的演说论文。

韩非子对墨子的“言多不辩”大为赞赏，而对“以文害用”则大加抨击。他从进谏的角度向君王提出“知所说之心可以吾说当之”的原则，认为进谏的困难并不在于个人的才智、口才和勇气，而在于对君王要求的了解。他举例说，如果一个追求名的人，却用利去进谏，或者一个重利的人，却用名去进谏，都是没有效果的。他实际上是提出了一切成功的谈说，都不能离开一定的情境这样一个谈说原则的问题。

到了战国时代，“士”阶层出现，他们聚徒讲学，著书立说。“士”原是奴隶主贵族的最低阶层，有一定数量的“食田”，受过“六艺”教育，平时作卿大夫的家臣，战时充当下级军官。此时，文人学士游说之风兴盛。一个很平凡的士，通过游说，一经国王赏识，就可提拔为执政大臣。例如，卫鞅本是魏相国的家臣，入秦后说动了秦孝公，做了秦国最高官。张仪本是魏人，入秦后也做了秦惠王的相。孟子“后车数十乘，从者数百人，以传食于诸侯”（《孟子·滕文公下》）。田骈在齐国，也是“资养千钟，徒百人”（《战国策·齐策四》），连许行这样一个研究农家学说的，到了一个小国家，也有“徒数十人”（《孟子·滕文公上》）。只要略为著名的“士”，差不多没有一个不是“率其群徒，辩其谈说”的（《荀子·儒秋》）。战国时代的“士”，是当时社会上最活跃的一个阶层，也是我国演说史上第一次高潮中起着推波助澜作用的人群。

魏晋时期，社会上盛行“清谈”之风。它承袭了东汉清议的风气，分为主客对答、一主多客或一客多主、自为主客三种形式，多是名流闲士在一起讨论争辩，各抒歧异。他们不涉政理，不言民事，专谈老庄、周易等玄学、析理问题。“清谈”在内容上虚无消极，思想上自命清高、无病呻吟，这是不足取的。但是，它所体现的语言犀利，谈锋锐利，逻辑严密，言理雄辩，音韵悦耳的谈辩形式，却是与演讲不谋而合的。

南朝问世的《文心雕龙》，系统广泛地讨论修辞问题，有不少独到而精辟的见解，其体大论宏，堪称我国第一部伟大的修辞理论著作，也是我国演讲学领域的一份宝贵遗产。宋朝《书叙批南》，体大思精，引例丰富，亦不失演讲工具书中的代表作。

唐朝，出现了我国早期的宗教演讲形式——佛教变文俗讲。“变文”是佛教徒通俗演讲经义的讲辞底本，是由俗讲僧在佛经的基础上加以想象、编撰而成，分为专门演讲佛经故事和演讲历史传说及民间故事两类。这种从南北朝时期的佛教通俗宣讲逐步发展而成的演讲形式，在我国演讲史上具有不可忽视的地位。

宋、元、明、清时期，书院学术演讲和教育演讲亦很盛行。史书考证，仅宋代就有书院185所，其中北宋38所，南宋147所，南宋的书院，大部分成为各派理学家的演讲场地。书院讲学差不多持续了一千年的历史，是我国教育史和演讲史上的重要一页。

二、新文化运动时期的演讲高潮及发展主脉

辛亥革命前后，一大批资产阶级民主革命家如孙中山、章太炎、陈天华、邹容、秋瑾等人，他们为“唤起民众”进行反清斗争，非常重视演讲的作用，身体力行，把演讲活动推上新的高潮。特别值得提及的是女革命家秋瑾，她在革命团体中组织成立“演讲练习会”，亲自担任会长。每逢集会，她都慷慨陈词，进行宣传鼓动，听者无不动容。她在《演讲的好处》的讲词中指出，对不识字的普通民众进行演讲更为重要，所以她特别注意演讲的通俗化。她列举了演讲的五大好处，认为要开化人的知识，感动人的思想，非演讲不可。

“五四”新文化运动的倡导者，在大力宣传科学和民主思想的活动中，使演讲发挥了重大的作用。李大钊、陈独秀、鲁迅都极重视演讲，在各种场合、集会上作了许多著名的报告。

新文化运动是我国近代史上第一次思想解放运动，它高举民主和科学两面大旗，反对封建传统思想，使演讲活动出现了又一次新的高潮。大街闹市、公共场所，到处可见演讲者的身影和听讲的人群，进步人士、青年学生成了演讲的骨干。在一些大、中学校也增设了训练演讲的课程。新文化运动时期的演讲活动以辛亥革命为先声，到五四运动时期达到高潮，其特点是：兴起快，发展猛，思想性、战斗性强，即兴演讲和书面演讲相互交融。

在无产阶级领导下的新民主主义革命运动中，毛泽东、周恩来、萧楚女、恽代英、陈毅，他们从事革命活动，熟练地运用演讲这一武器，宣传群众，组织群众。在抗日战争时期，党的各级干部为组织、发动革命军队投入到反对日本帝国主义侵略、反对国民党反动统治的斗争中，充分运用了演讲这一有力的武器。随着革命斗争的深入和扩展，革命队伍每到一处，总是抓紧时机向群众宣传党的方针、政策，宣传斗争的形势和任务。这样也培养造就了许多演讲人才。

新中国建立以来，各行各业都涌现出一些演讲家，并在各自岗位上发挥着重要作用。由于极左思潮的干扰和我们对这门学科缺乏正确的认识，使本来应该大有发展的我国演讲活动和演讲理论研究处于停滞状态。特别是“十年动乱”中，恶言秽语、强词诡辩得盛一时。当时，全国没有一本以提高人们演讲水平为目的的演讲学专著，没有一本公开出版的、以指导人们提高口语表达能力为目的的杂志。我国的演讲学理论研究与先进国家相比，远远落后了。

党的十一届三中全会以后，随着思想解放和两个文明建设的蓬勃发展，我国的演讲事业终于再次勃兴，涌现出像李燕杰、邵守义、曲啸、张海迪等一批有影响的演讲家，相继出现各种演讲团、演讲研究会和演讲协会，演讲理论研究受到应有的重视，许多学校开设了演讲课。1983 年，我国第一家专门研究如何提高人们的演讲水平以及口语表达能力的杂志《演讲与口才》诞生了。它对于提高演讲活动水平，提高人们的口语表达能力，促进演讲学研究和普及演讲知识，都起到了积极的推动作用。1985 年，新中国第一本演讲学专著邵守义的《实用演讲学》出版；同年，李燕杰的《演讲美学》、高瑞卿的《演讲稿写作概要》、陈启川的《口才学》等演讲学分支理论专著相继问世。这些都标志着新时期我国演讲理论研究进入了新的发展阶段。近十年来，我国大批演讲方面的专著相继出版，演讲理论研究走向纵深，演讲活动也成为人们日常生活的一个重要组成部分。广大群众以感人的激情、优美的语言、潇洒自如的姿态，倾吐着自己的心声，传递着爱国主义的情感，弘扬科学、民主、文明的风尚，评说是非，析辨正误，宣传产品，介绍人才……演讲实践以多种形式展开，为演讲理论的研究提供了新的课题，为演讲学的发展创造了良好的社会条件。

第二章　演讲的涵义、特征和作用

第一节　演讲的涵义及其特征

一、什么是演讲

演讲又叫演说或讲演，它是人们用口头表达方式阐明道理、推衍大义的一种交际形式，是交流传播信息的重要手段之一。

对于“演讲”一词的涵义，《辞海》（1979年版）的阐述是：在听众面前就某一问题表示自己的意见，或阐说某一事理，也叫演讲或讲演。《现代汉语词典》（1996年版）的表述为：“就某个问题对听众说明事理，发表见解。”

这两条释义指明了演讲的要点：一是面向听众而发；二是针对问题说明事理，表述见解。这是可取的，但过于宽泛。

演，《说文解字》释义为：“长流也”。演之言引也，故为长远之流；引申义为：推衍、推广、表演、传布。说，劝说、解说、劝慰。

近年来陆续出版的演讲学教材，对演讲作了较为恰切、周全的界说：演讲是演讲者在公众场合运用口语，借助于姿势、表情，明确、完整地阐述自己对某一问题、事物的见解和主张，以说服听众的一种群众性的社会交际活动。

从以上的界说中，我们可以理解到，任何一次演讲活动，都离不开演讲者、听众和时境（一定的场所、时空环境）。这也就是演讲的三个基本要素。

三要素中，演讲者起主导作用，听众是接受、听取演讲的对象。至于沟通演讲者和听众的媒介，则是演讲的内容和传达手段。每次演讲活动，演讲者应根据听众的要求以及听众中存在的问题，并考虑演讲环境——现场环境和社会环境，来决定演讲的内容，运用语言、姿势，造成场上的气氛，取得预期的效果。

二、演讲的特征

演讲与口语交际、表演艺术及其他公众交际相比，明显地具有如下三个特征：群众性、务实性、鼓动性。

（一）演讲的群众性

从演讲的活动形式来看，具有广泛的群众性。一是演讲者面对集结在一个场境中的听众慷慨陈词；二是听众也可以成为演讲者。

从演讲的起因、发生、效应后果来看，是从群众中来，到群众中去。演讲者根据群众急切的要求或有待激发的愿望进行表述，针对面临的问题、事物、境况，演讲者与听众应站在同一立场上，采取同一步调，同情共感，同心同德，始终认为自己就是群众中的一员。任何一个演讲者须知，演讲是群众的事业，从事演讲活动，一刻都不能脱离群众，在群众面前要甘当小学生，虚心学习。一个致力于宣传群众的好干部，必然重视演讲，并推动群众开展演讲活动。

（二）演讲的务实性

首先，演讲的场境是真实的，它不像戏剧、曲艺等表演艺术那样是虚拟、想象的场景。

演讲者以真实、本色的面目出现在听众的面前，以真实的声态、激情投入，不必通过变形、夸张的手段。演讲进行中，靠演讲者的有声语言和无声的态势语言取胜，不必从旁作多余的烘托、渲染。

其次，演讲的内容所涉及的多是现实生活中的当务之急。无论是政治、经济、学术、科技、世态、民情哪个方面，都是现实中亟待解决的问题。是什么？不是什么？应该怎么办？采取怎样的行动？演讲者要明确表态，使听众真正有所领会，从而知道如何努力，知道如何效法。演讲应该比其他任何面对群众的宣传、演示活动更能产生现实效应。

（三）演讲的鼓动性

演讲者的演说，往往是在历史发展中千钧一发的关键时刻，或是在生活中是与非、美与丑、善与恶尖锐冲突的令人激昂、感奋的情势中进行的，因此，这种演讲具有强烈的鼓动性是势所必然的。

在平常生活中，在现代化建设中，演讲也不能失掉它的重要特色——鼓动性。观众欣赏艺术演出，往往是在业余时间，以悠游消闲的心情走进剧场，大抵是为了得到娱乐；听众听演讲，占用的是黄金时间，他们投入那么大的代价，而且是那么多的人集合在一起，带着现实中亟待解决的问题来听演讲，其目的是为了排疑解难，陶冶性情，并得到美的享受。

演讲之美主要体现在鼓动效应。能使听众“惊醒起来，感奋起来”便是好的演讲。美国作家斯诺在他的《西行漫记》中记述了毛泽东向他讲述青年时代的一段故事：“黎元洪领导的武汉起义发生以后，湖南宣布了戒严令。政局迅速改观。有一天，一个革命党人得到校长的许可，到中学来作了一次激动人心的演讲。当场有七八个学生站起来，支持他的主张，强烈抨击清廷，号召大家行动起来，建立民国。会上人人聚精会神地听着。那个革命的演说家是黎元洪属下的一个官员，他向兴奋的学生演说的时候，会场里面鸦雀无声。”“听了这次演讲以后四五天，我决心参加黎元洪的革命军。”① 很显然，

① ［美］埃德加·斯诺著，董乐山译：《西行漫记》，116页，北京，生活·读书·新知三联书店，1979。

这个革命者的报告是具有强烈的鼓动性的。

一篇成功的演讲必然具有强烈的鼓动性，而演讲内容的逻辑力量和演讲者的激情，则是构成鼓动性的重要因素。

第二节 演讲的类型

社会生活无比广泛，行业各异，为了适应各种需要，就有了各式各样的演讲。

由于演讲者所代表的主体不同，演讲的目的不同，演讲的内容方式各有特点，便有了各种不同的分类。

正确地认识演讲的分类，对于我们真正掌握演讲的技巧和艺术，充分发挥演讲的威力，取得理想的效果是大有裨益的。俗话说，看菜吃饭，量体裁衣，在什么山上唱什么歌。由于内容不同，历史背景不同，听众的要求不同，场境气氛不同，演说的语言修辞、情态风格也各不相同。

古希腊亚里士多德的《修辞学》，从语言修辞的角度把演讲分为三大类：

1. 审议体修辞——用于公共场合和政治集会中的演说。
2. 法庭体修辞——用于法庭上的演说与辩论。
3. 藻饰体修辞——用于庆典礼仪以及祭祀仪式的演讲。

这种按演讲的用途和内容来分类的方法，至今仍为人们所袭用，并且是主要的分类法。除此之外，还可从其他角度来分类。

一、按演讲的基本内容、目的、用途来分类

（一）公务报告类

主要指党和政府、部队、人民团体、企事业单位的领导机构中，报告人代表整个机构、集体所作的施政报告。作为与正式文件、公告相辅的说明、解释，以及工作部署、工作总结、形势任务的分析说明、下级向上级的汇报和对来访参观者介绍情况、答问等等。

这类报告，有的关系到国家、政党的方针、政策，而且是代表整个机构、团体的权威性的演讲，因此有明确的政治目标，鲜明的题旨，文辞要准确、明晰、周密、警策，情感要适度。演讲报告稿撰写过程中要广泛征求意见，经过集体讨论。

与此类相近的，尚有用于外交、国际关系交往中针对各种情势、场合临时发表的声明、答问、抗议、驳斥等，根据具体情况，修辞风格可以灵活多样。

（二）思想训导类

这类演讲主要是向人们进行德育、智育、美育、法治等方面的指导，引导听众树立正确的人生观、世界观，认清国际形势，识别和抵制没落腐朽的思想意识，养成新的道德风尚和高尚的生活情操。

这类演讲最为广泛、普及。老一辈革命家和文化名人，如李大钊、鲁迅、毛泽东、周恩来、刘少奇、邓小平、陈云在这方面有许多成功的演讲。新时期以来，这类报告大为盛行，英模报告团，先进工作者报告团，曲啸、李燕杰、张海迪等的报告都深受广大

青年的欢迎。

这类报告要做到有理有据，循循善诱，以情感人。

（三）学术研讨类

主要是学术文化性质的演讲，以及关于工作学习方面的经验交流演讲。

学术演讲在古代就已比较盛行。公元前 6 世纪，希腊的伊索是著名的寓言讲述家，他惯用寓言阐述哲理思想。公元前 5 世纪，古希腊苏格拉底在雅典市场上与人谈话阐述哲学观点，柏拉图的《对话录》就是这类学术演讲的记录。我国春秋战国时代的孔子、孟子、老子、庄子、荀子、墨子、韩非子都有许多阐述自己哲学观点、政治观点的演讲。他们的著作大抵是演讲的记录。

五四运动之后，讲坛活跃，教育家蔡元培、社会学家费孝通、数学家华罗庚、美学家朱光潜、物理学家钱学森、地质学家李四光，都是擅长学术演讲的名家。

学术演讲要求内容有高度的科学性，观点新颖、条理清晰、语言准确严密，还要有一定的趣味性。在传播学术观点的同时，要以严谨的学术态度和高尚的学术品格鼓舞人、陶冶人。教学演讲在性质上与学术演讲大同小异。但在学校里，教师向学生传授知识的讲授，是严格按教学程序按部就班进行的，这与社会上（包括学校）临时组织的、机动灵活的演讲有所不同。

（四）法庭演讲类

是指在法庭上陈述诉状或进行答辩的一种演讲。这类演讲要求从主观、客观、主体、客体等方面进行综合分析，在事实充分的基础上，严格按照法律条文进行分析、归类，陈述时要求逻辑性强、用词准确，切忌空泛、浮华，在使用专业词汇时应得体、得当，归罪要准确。

无论是检察员的公诉演讲，还是律师的辩护演讲，他们都必须使自己的分析论证得到听众的认可（主要是审判长、陪审员的认可），否则，他们就不可能达到法庭演讲的目的。他们在演讲中体现出来的思想品格、正义精神，是首先能对法庭听众产生影响的无形力量。这类演讲能表现出法庭演讲的特色。

法庭演讲并不排除原告的起诉演讲和被告的辩护演讲。这类演讲也不乏好的范例，但一般具有情感性和片断的事实内容，缺乏对事实的全面分析、归纳以及对法律条文的准确适用。因此，这类演讲不能表现出法庭演讲的特色。

（五）礼仪庆典类

指国与国之间、社团集体之间以及个人交际的重大活动仪式和公众节日仪典、寿诞、婚丧等场合的演讲。这类演讲大都有固定的程式、规范。

礼仪活动的演讲，既要注意礼节性，也要有诚意和真情，时间不宜长。运用得好可以给人以鼓舞、启发、慰勉。恩格斯的《在马克思墓前的讲话》、林肯的《在葛底斯堡的演说》、毛泽东的《纪念白求恩》，就是这类演讲中最可贵、最著名的演讲词，在教育群众、鼓舞士气方面起了很大作用。在日常生活中，许多传播媒介都不乏具有良好口才、风趣幽默的主持人，他们都给受众留下了深刻的印象。

二、按表述形式分类

（一）专题演讲（命题演讲）

指事先作了充分的组织准备，讲题明确，演讲者已被指定的演讲。要求所讲内容系统、全面，符合主持人的意图和听众的要求。一般是先拟好稿件，或不脱稿演讲，或按原稿默记之后脱稿演讲。

（二）即兴演讲

即兴演讲又称即地演讲、即席演讲。兴，指兴致、兴趣。在演讲现场听到他人讲述所涉及的内容，一时触发而进行的临时演讲，或临时被征询、问难即时作答的演讲。演讲者事先并未拟好文字稿件，只是临时组织腹稿，或边讲边思，边思边讲。这类演讲要求构思迅速、反应敏捷。

即兴演讲首先要求现场感要强，即准确、机智地将当时听众关注的话题援引过来，讲话的针对性要明确，时间不宜过长。为了牢牢吸引听众的注意力，最好开门见山，开头的话要警策有力，针对要害、实质问题讲清楚，不要枝蔓开去，次要问题留待他人去讲。

（三）辩论演讲

这类演讲有设坛辩论，如我国的书院“讲会”；有组队辩论，如“狮城舌战”；有法庭辩论等形式。这类演讲逻辑性强，针对性强，火药味浓。陈述语言要有力、果断，切忌拖泥带水，拿腔拿调。

三、其他分类

（一）按演讲的情致、语言风格分类的有：激昂型、深沉型、严谨型、活泼幽默型。

（二）按演讲的场境状况分类的有：课堂演讲、法庭演讲、巡回演讲和广播电视演讲等。

（三）按演讲的理论与层次分类的有：基础演讲和高级演讲等。

第三节　演讲的社会作用

演讲是人们口头交际的重要方式。它在交流思想、传播信息、联络感情、协调行动、鼓舞士气以及培养人才等方面有巨大作用，它的优越性是其他交际方法和手段根本无法代替的。

一、演讲是进行宣传鼓动的重要手段

清末女革命家秋瑾于1904年在日本东京创办《白话报》，该报第一期的发刊词就是她亲自撰写的《演说的好处》。该文指出演讲有种种利益，如不限时限地，不花钱，听者多且听得懂，天下事都可知晓，等等。

马克思主义宣传家、无产阶级革命事业的领导者，都非常重视演讲在宣传鼓动群众和发动群众中的作用。毛泽东认为，从事演讲活动是每一个革命干部的义务和职责。他在《反对自由主义》一文中批评指出："见群众不宣传，不鼓动，不演说，不调查，不询问，不关心其痛痒，漠然置之，忘记了自己是一个共产党员，把一个共产党员混同于一个普通的老百姓。"①

在社会主义现代化建设中，演讲是进行革命人生观、革命理想、集体主义、爱国主义、社会主义和纪律、法治等方面教育的重要手段，它对社会主义两个文明建设起着重要的作用。

二、演讲是推广和传播科学知识的有效途径

由于科学技术的发达，现代有种种先进的传播工具，但演讲能使听众视觉、听觉直接得到真切的感受，演讲者的精神、风采、意志力引起听众的感应和反馈，产生现场综合效应，这对增强接受效果、造成浓烈气氛，具有重要的作用，这是任何先进的传播手段都无法代替的。因此，世界各国学术文化界的有识之士，都注重举办学术交流会、报告会、讲座会、专题辩论会，约请科学家、政治家、文学家、先进生产者以及各种专业人才登台演讲。这种做法深受群众欢迎，在推广传播科学文化知识方面起着巨大的作用。

三、演讲活动有利于培养能力

杰出的演讲家有多种才能和优异的素质。古往今来的伟大人物、杰出人才，多是在长期实践中练就的演讲能力。世界各国普遍重视演讲能力，往往拿演讲能力作为评价政治家才能素质的尺度。譬如美国前总统尼克松在他的回忆录《领导者》一书中，对他在多年的国际政治交往中所接触到的许多领袖人物作了评价。他十分推崇中国总理周恩来、英国首相丘吉尔、法国总统戴高乐三人的演讲能力。尼克松认为周恩来的敏捷机智大大超过他所知道的其他任何一位世界领袖，即是中国独有的、特殊的品德，是多少世纪以来历史发展和中国文明精华的结晶。他那优雅的举止、坦率而从容的姿态、谈判中高超的技巧，都显示出巨大的魅力和泰然自若的风度。同样，丘吉尔也是一位了不起的演讲家，他能使大厅里数千名听众，或使数百万名广播听众为之入迷。他擅长于把娴熟的英语和巧妙的表演技能结合在一起。尼克松还认为戴高乐的口才是用出色的表演技巧以及自己编造的巧妙的双关语等等，去争取各种观点完全不同的人的支持。

欧美各国以及其他地区许多国家的首脑，都有过演讲竞选的经历。这演讲本身既是培养能力又是展示自己才能的重要方式。

当代社会是开放的信息社会，一个国家的发展主要靠管理，而演讲能力是衡量管理人才的重要标准。作为管理者，应该在大量的演讲实践中提高自己的水平，不仅要会思考，而且要善于表达自己的思考，这样才能实现宣传、交际的目的。

总之，演讲可培养人的思维能力、表达能力，是造就人才的方式，同时又是人才自我实践的方式。当代青年，凡是有较强的人生价值观念和成才意识的，必然会重视演讲，注意开发、培养自己的演讲能力。

---

① 《毛泽东选集》，第2卷，360页，北京，人民出版社，1991。

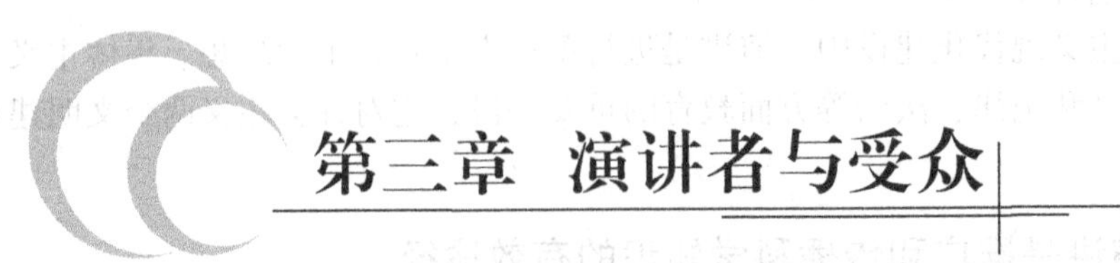

第三章　演讲者与受众

第一节　演讲者的修养

演讲者是在演讲活动中作为与听众相对角色的名称。只要对听众感兴趣的问题或有待解决的问题有新颖独到的见解，都可以以演讲者的身份对听众进行演讲。当代社会，人人都有条件、有机会担当演讲者的角色。

目前，中国还没有以演讲为职业的演讲家。许多颇有影响的演讲名家，都是以业余时间积极从事演讲活动的。群众中具有声望的演讲者，人们往往尊称他们为演讲家。

这里我们要侧重探讨的，一是世界上那些杰出的演讲家具有哪些良好的素质？二是作为时代青年，有志于提高演讲才能，成为优秀演讲家，应该注意从哪些方面去努力？——这两个方面结合起来，形成一个命题：演讲者应有怎样的修养？

一、正确、深刻的思想认识

一个演讲者，无疑应具有远见卓识，只有站得高，才能看得远。一个人只有站在为大众，为绝大多数人即为人民服务的立场上，才能胸怀宽广，眼光敏锐。如果只是站在为个人谋私利，从小集团的利益出发看问题，思想认识往往是偏颇的、错误的。明确了这一点，可以从如下两个方面去努力：

（一）认真学习，树立先进的世界观

一个人的认识水平如何，首先决定于他的世界观。中外历史上许多著名的演讲家，都是时代的思想家，具有在他所处的那个时代来说是先进的或比较先进的世界观。他能够体察群众的愿望，抓住时代的脉搏和历史发展的动向；他的所思所想，成为演讲的内容，才有号召力，才能激动人心。在黑暗的年代，他们的思想像照亮黑夜的明灯，他们的言词似响彻环宇的雷霆。德摩斯梯尼、西塞罗、林肯是这样，马克思、恩格斯、列宁、孙中山、毛泽东、周恩来更是这样。

当今之世，一个演讲者，应当刻苦学习，提高理论素养，提高科学辩证地看问题的能力，这样才能站在历史和现实的高度，正确认识和分析种种复杂问题，把握时代潮流，预见未来前景。

（二）深入群众，调查研究，勤于思考，增长见识

见多识广是优秀的演讲者必备的条件之一。马克思主义活的灵魂在于具体问题具体分析，不和实际紧密结合，理论就是空洞的、教条的。

演讲者面对广大听众，剖析事理，号召行动，而听众中的每一个人都曾在实际生活工作中遇到或解决过种种复杂的问题，若不能拿出丰富的实际材料来说明自己的观点，他所讲的内容便不可能有说服力、感染力。

二、高尚、优良的人格魅力

演讲者站在台上，或是以一个教育者的身份出现，听众的心目中真正把你作为“传道解惑”的师长；或是一个深情的挚友，平等相处。你的品格、性情也应该按一个高标准来要求。品格、性情不是一时可以获得的，而是长期修养形成的。

品格修养对一个演讲者来说至关重要。具体要求有以下三个方面：

（一）求真、务实的献身精神

作为一个有崇高信仰的演讲者，他在实际行动中应该有高度的社会责任感，以追求真理、坚持正义、扶正祛邪、献身社会为己任。

在中国革命的进程中，就有许多具有强烈的社会使命感的演说家，他们在演讲中敢于发表真知灼见，敢于为真理而斗争，同一切丑恶势力交锋。闻一多、邓演达就是这样的榜样。

在中国现代化建设中，仍要继续发扬公而忘私的献身精神。危险面前不退缩，困难面前不弯腰，勇敢捍卫人民的利益，同丑恶的事物作斗争。只有这样，演讲者才能受到听众的拥护和爱戴。马克思说：“如果一个人只为自己劳动，他也许能够成为著名学者、大哲人、卓越诗人，然而他永远不能成为完美无疵的伟大人物。”① “历史承认那些为共同目标劳动因而自己变得高尚的人是伟大人物；经验赞美那些为大多数人带来幸福的人是最幸福的人。”②

（二）真诚、正直的道德品质

什么叫真诚？从教育学、演讲学、公关学的角度来看，所谓真诚，就是对自己，要自尊、自重；对他人，要敬重、诚实。

自尊，就是意识到自己的人格尊严，感到自己的人格尊严值得珍重、爱惜。马克思认为，对不希望把自己当做愚民看待的无产阶级来说，勇敢、自尊、自豪感和独立感比面包更重要。真正理解了人生价值之所在的人，任何情况下都不会为了个人的物质利益放弃人格尊严。

尊人，就是尊重他人的人格。在尊重他人的人格时映现出自己的人格。这是一种道德的自我完善，一种道德美。敬人者人恒敬之。当个人受到他人的诚心尊重时，会在内心产生一种自我尊严感，会尽力做到不使对方失望，表现出自己与这种尊重是相符的姿态。这是一种人格感化力量。

正直，就是刚正不阿，行得正，立得稳，坦荡热诚，光明磊落。其身正，不令则

①② 《马克思恩格斯全集》，第40卷，7页，北京，人民出版社，1982。

行；其身不正，虽令不从。假如一个演讲者缺乏真诚、正直的道德品质，言行不符，表里不一，口是心非，是没有办法在讲台上站稳的。正如美国第十六任总统林肯说过的一样，你能在所有的时候欺骗某些人，也能在某些时候欺骗所有的人，但不能在所有的时候欺骗所有的人。

（三）友善、豁达的秉性和情怀

演说不仅要以理服人，而且要以情感人。演讲的三大特点之一的鼓动性，就是要求演讲者心中有一把火，去点亮每一个听众的心灯。具有友善、豁达的包容心态，不仅易于沟通，传情达意，而且还是一种人格之美，是一种修身之道。培根认为，不同的学问知识可以产生相应的性格特点，学问变化气质。读书能移人性情，社会实践更是这样。因此，演讲者不仅自己要加强修养，养成良好的性情，还可通过演讲启发他人，改变他人。作为演讲者，在生活中的各种场合或事物面前，要像大海那样，既有热烈、奔放的性格，又有友善、豁达的情怀。

三、广博、丰富的学识、见闻

演讲者丰富、广博的科学文化知识功底，是得到听众欢迎不可缺少的条件。演讲者有了广博的知识、见闻，才能胸襟宽广，视野开阔，思路畅达，材料和观点层出不穷，语言表达引人入胜。演讲者除了自己所从事的职业行当要熟练精通之外，无论是自然科学，还是社会科学、思维科学等各门知识，都应广泛涉猎。哲学给我们寻求真理的武器，逻辑学使我们思路清晰而论述严密，心理学帮助我们分析社会各阶层的心态（包括听众心态），经济学帮助我们分析生产与生产关系的规律……只有在科学文化知识方面既专又博，才能适应高速度、高水平的社会主义现代化建设；只有在知识、见闻的广博方面高于一般听众，才适于担任一个演讲者。

为了积累广博的知识，要注意向社会学习。现实生活是知识的源泉，在广大群众的生活实践中，有取之不尽的好材料。古人说："读万卷书，行万里路。"前者指的是学习各门知识，后者指的是长期而广泛地接触群众，接触生活。

四、准确、规范的表达技能

演讲是高水平的综合技艺，需要多方面的修养，尤其需要高超的语言表达能力，具体表现为声音洪亮，节奏感强，声情并茂，通俗易懂，姿态得体，适合时境等等。要从听、说、读、写、思五个方面进行综合训练。只要持之以恒，多多实践，定能造就过硬功夫。

以往的演讲名家给我们留下了许多感人的事例。古希腊的著名演说家德摩斯梯尼，开始学习演讲时存在三个严重缺陷：一是讲话时有个很不雅观的习惯动作——耸肩；二是呼吸短促，说起话来很吃力；三是语音不清晰，吐字不准。他第一次公开演讲失败了，但毫不气馁。为了安心练习演讲，他剃了阴阳头，把自己关在地下室里，双肩之上悬着利剑，对着镜子练讲，若再耸肩就会血流不止。他用这种方法纠正了耸肩的毛病。为了纠正呼吸短促和发音不准的缺点，他一边跑步上山，一边大声讲话，以增强控制呼吸的能力。

美国总统林肯青年时代做劳工的时候就注意练习演讲。他常常从乡村的伐木场步行几十里去听法庭律师的辩论。他还常常对着羊群、树林练习演讲。

闻一多是我国著名的演讲家，他的《最后一次演讲》是不朽的名篇。他非常注重演讲能力的提高，还在学生时代就常在宿舍内练习演讲，有时夜晚到户外凉亭、林中练习多遍才进宿舍休息。这些活动在他日记中多有记载。

总之，作为一个演讲者能有出众的表现，大都是以高度的思想修养和广博的学识、见闻为基础的。

第二节　演讲者的心理素质

演讲无疑是一种复杂的高难度的综合性精神劳动。演讲要获得理想的效果，要求演讲者具有较高的思想水平、文化修养、表达能力，此外还得具有良好的心理素质。所谓演讲者的心理素质，就是演讲者在整个演讲活动中表现出来的比较稳定的心理特点，以及这些特点的优劣之分、高低之分。运用心理学的原理研究、分析演讲实践中的心理现象（包括演讲者和听众两方面），探索其规律以指导实践，这是演讲学必须重视的一个课题。

养成良好的演讲心理素质，有助于演讲者在演讲活动中增强活力和兴趣，使演讲过程中的观察、思维、感情、意志等方面均达到最佳的境界，使演讲发挥最大的威力。

研究演讲者的心理特征，有助于克服在演讲过程中经常出现的怯场、自卑感，以及露才扬己、表现欲强等不良心理。

演讲者展现在听众面前，产生强烈的现场效应，使听众接受、认同、感应的，不只是演讲的思想内容，作者心理素质所产生的效应也不可低估。思想内容是演讲最重要的构成部分，它通过演讲者讲说出来，这些无疑会得到人们的关注。心理素质只是给人产生笼统的印象，似无迹可寻，往往会被粗心的演讲者所忽视。然而，从听众的角度来看，他们在听取、领会演讲的思想内容的同时，自始至终也在感受、领会着演讲者所表现出来的心态、气质，表面看似乎未曾明察，其实是在默默中领会、感应。

尼克松在《领导者》中谈到周恩来总理："周所具有的这种精微之处，大大超过了我所认识的其他的世界领袖，这也是中国人独有的特性。这是由于中国文明多少世纪的发展和精炼造成的。这种精微之处也出现在谈话中。周细致地区分隐晦的涵义的细微区别；在谈判中也可以看出，他迂回地绕过可能引起争论的地方。在外交上，他有时通过似乎是琐屑事件来传达重要的信息。……然而，即使他在亲自护理每一棵树木时，也总能够看到森林。""周还有着中国人另一种明显的品质，即坚定不移的自信心。这种自信是中国人在他们的本土上由于享有数千年文化的最高成就而获得的。"① 这里突出谈到的就是周总理良好的心理素质。

良好的心理素质是长期的、有意识的锻炼所形成的，不可能骤得，也无法确定怎样的指数和奋斗目标，只能提出几个努力方向，供探索者参考。

---

① ［美］尼克松著，尤勰等译：《领导者》，330~332 页，北京，世界知识出版社，1997。

一、自信

自信不仅是指对自己演讲的内容、观点、合理性、正义性、可行性的深信不疑，更确切地说，是指对自己一生所为之追求的真理，所从事的事业，所信奉的主义，所期待的目标，坚信其是合理的、美好的，而且是完全能实现的。

一个人怎样养成和提高自信心呢？毫无疑问，这首先与他所抱的人生理想和信仰有密切关系。马克思、恩格斯合著的《共产党宣言》中有这样的一段话："至今发生过的一切运动都是少数人的运动，或者都是为少数人谋利益的运动。无产阶级的运动是绝大多数人为绝大多数人谋利益的独立自主的运动。"① 当一个人想到，他的人生理想，他的信仰，他的言行，是在为全中国、全人类绝大多数人谋利益时，毫无疑问，他的自信心会增强。

毛泽东在《唯心历史观的破产》中说过："自从中国人学会了马克思列宁主义以后，中国人在精神上就由被动转入主动。从这时起，近代世界历史上那种看不起中国人，看不起中国文化的时代应当完结了。""精神上由被动转入主动"，② 这也就是自信心的获得和加强。这不是个小问题。当中国处于殖民地半殖民地境况的时候，鲁迅曾写文章明确宣告，"中国人"没有"失掉自信力"，因为我们民族"从古以来，就有埋头苦干的人，有拼命硬干的人，有为民请命的人，有舍身求法的人……这就是中国的脊梁"。③ 多多熟悉中华民族的历史，熟悉中华民族的伟大人物、优秀人物，这对培养自信力，提高自信心，以及在压力下的承受力，都是大有裨益的。

二、执著

所谓执著，换一个时髦的词来说就是"投入"，全身心地投入到为实现自己的理想、信仰、主张、目标而奋斗的实践中，以献身的精神百折不挠地、满腔热忱地去奉行和实现。换句话说，也就是强烈的历史使命感、社会责任感，或者说是顽强的事业心。这种为崇高的理想执著献身的心理素质，是在持之以恒的实践中养成的。一贯地认真做人，认真做事，就会养成对理想、对事业执著的心理素质。这种执著的心理素质，是能经受各种复杂的考验的。正像范仲淹在《岳阳楼记》中写到的："先天下之忧而忧，后天下之乐而乐。"以献身社稷苍生为己任者，不论个人得失浮沉，处于任何境况，都应保持稳定的心态。

具有自信而执著的心理素质，就会使得演讲者在整个演讲过程中情绪饱满，理直气壮，精神抖擞，意气风发，分析、论证势如破竹。

三、真诚

在人际交往中，人们最看重的是真诚这一品质。讲真话，做实事，露真情，最能迅

① 《马克思恩格斯全集》，第4卷，477页，北京，人民出版社，1958。

② 《毛泽东选集》，第4卷，1516页，北京，人民出版社，1991。

③ 鲁迅：《中国人失掉自信力了吗》，《鲁迅全集》，第6卷，118页，北京，人民文学出版社，1982。

速取得对方的信任。马克思认为，“轻信”是“最可原谅的缺点”。由于情况不明，被假象所迷惑而做了坏事，事后又能知错认错，这样仍不失为真诚，仍然会得到信赖。真诚，就是没有任何不纯的动机。

人们都说“真诚是演讲的第一乐章”，这是很有道理，很切合实际的。一切演讲者必须注意到，当你在听众面前进行演讲时，听众心里对你所做的第一个判断和评价，就是看你是不是以诚待人。你若有丝毫的虚假，矫揉造作，夸张失实，听众很容易感受到，感情上就与你拉开距离，演讲的效果就大受损害。

真诚表现在对人从心里尊重，对事对理持认真负责、实事求是的态度。群众是真正的英雄。既然从内心尊重群众，爱护群众，就应该与群众一条心，设身处地为他们考虑，传达他们的心声。

四、场境适应

场境适应是指演讲者临场时出现的慌恐、紧张的怯场表现及其克服。大多数演讲新手走上讲台，都会出现这种状况：一个人孤零零地处在大庭广众之中，一切细微的动作、情态、声息，都在众目注视之中，这时感到紧张害怕，手足无措，脸红冒汗；有的人甚至张口结舌，表情僵硬，手脚发抖，思维停顿。

即使是一些著名的演讲家，初次演讲时也往往会出现怯场的心态。古罗马演讲家西塞罗说，他从演讲一开始就感到面色苍白，四肢和整个心灵都在颤抖。著名政治家、演讲家、美国前总统林肯说，他初次演讲，总会有一阵畏惧感袭上心头。英国前首相丘吉尔第一次演讲简直是哑口无言。我国现代著名文学家沈从文，他在大学讲课，第一次走上讲台，也出现怯场，只好向同学们要求停顿片刻再讲。可见，演讲活动中出现怯场是常有的现象，如果不是特别严重，乃至影响演说正常进行，就不足为怪。克服怯场现象可以从多方面着手：

（一）事前做好准备

对所讲的内容做到胸有成竹，把握自如。写好演讲稿，熟悉牢记，这是一方面。此外，在日常的社交场合、集体会议上，尽量利用一切机会，热情主动地与人交流，逐渐养成习惯，练好口才，具备适应能力，一旦走上讲台，就能从容不迫地表达了。

（二）增强表达欲望

一心想到自己是与广大听众热切地抱着一个共同的意向和目标聚首一堂的，将要讲述的正是广大听众急切要求知晓的内容。自己责无旁贷，义不容辞，要将这一题讲好。诚恳、真挚、全身心地投入，计较个人的脸面、患得患失的心理自然会被克制和排除。认定自己终将成为一个出色的演讲家，开始从事演讲活动，即使遇到困难和挫折，这也是对自己决心和意志的考验。吃一堑长一智，认真总结经验教训，磨砺奋进，终将会获得成功。

（三）出场时的亮相

演讲者进入演讲场地，走上讲台，立即引起听众的关注，这也就是演讲活动的开始。演讲者在听众中出现的第一印象是很重要的。这个时候要显得心情愉快、精神饱满、稳重大方，给人以胸有成竹之感。进入场地时，步伐稳健、沉着，以亲切的目光，迎向初次见到的听众。走到讲台坐定后，以温厚谦和的目光，自然地、似不经意地扫视全场听众，与听众视线接触，这是双方第一次的感情交流。这时整个场面产生一种友善的气氛，讲者与听者之间有了初步的信任感。这样做有助于稳定情绪，避免怯场，也为即将进行的演讲作了很好的铺垫。

（四）降低效果标准

并非所有的演讲都是成功的，能游过英吉利海峡的人只是少数。我们对自己的要求最多是竭尽全力，争取下次做得更好，这样就不会有太多的心理压力。如能达到庄子所提倡的“无我”之境，完全忘记名利得失，成败荣辱，只将应准备的、应该讲的熟记于心，适当表达，可能效果会更好。

第三节　演讲者的受众

演讲活动由演讲者和受众即听众这两个基本因素构成。从演讲活动的整个过程来看，听众是主体，演讲是应听众的要求而产生的。演讲的内容要适应听众的需要，演讲的效果在于听众的反应，在于听众是否受到鼓舞，而且将之体现到实际行动中。所以有人说，听众是演讲者的上帝。也有人认为演讲者才是演讲的主体，那只是根据演讲的内容所作的判断。还有人认为演讲是演讲者的讲说活动，演讲者是主导。总而言之，演讲者与听众密不可分。由演讲的需要，到演讲的内容，再到演讲的反应、效应，构成两者的紧密联系。

一、一切从听众出发

演讲的目的是解决听众中存在的问题，提高听众的思想认识，鼓舞听众的情绪。时刻不要忘记，你工作的对象是听众。演讲的需求是从听众中来的。为了适应听众，在演讲的准备过程中，务必认真地在听众中作调查。调查的范围大致分为两个方面：一是有关演讲问题存在的实际情况；二是听众本身的情况。归结到一点，还是如何影响听众，满足听众要求的问题。在此有必要对听众作简要分析。

按照听众不同的职业，可以把听众分为工人听众、农民听众、知识分子听众、军人听众、商人听众、学生听众，等等。

根据年龄标准，可以把听众分为老年听众、中年听众、青年听众、少年听众，等等。

还可以根据性别分，根据文化层次分，根据职业类型分，根据需求目的分，根据可影响程度分（认知听众和行为听众），根据地区分，根据民族分，根据经济状况分，等等。

当然，很多情况下听众的构成是多元的，这就要求演讲者有较强的适应听众的能力。在演讲稿的写作中，注意尽可能多地运用听众所熟悉的材料，多涉及听众关心的问题，做到有的放矢。

二、谋求心理相容

求得心理相容，是演讲者在贯穿演讲全过程中必须遵循的一项原则。心理相容，即是在两个人或两个群体中，一方的言谈举止、思想观点、个性品格、风度气质，都能为对方心理所接受，或某一个具体方面为对方所认可。由于听众的千差万别，要使演讲者和听众双方达到完全的心理相容，是不现实的，而局部的心理相容则是可以实现的。这就要求演讲者关注听众的特点，以真情贴近听众，设身处地为听众考虑，极大限度地满足听众的心理需求，从而使自己的演讲建立在听众实际能够接受的基点上，力求实现双方的心理相容和心理的沟通。

在演讲中，实现心理相容的初级层次是，演讲者得到了听众的认可。更高层次上，是演讲者通过听众的理解、认可，求得情感发展的相通。而后在潜移默化中，逐步实现听众被自己的立场、观点和理论所"虏获"的目的，在理解的基础上，实现心理转换，求得认识的共同提高，最后达到双方的共识和美的升华。

听众参加演讲活动，会带着各种不同的目的，在对待听讲的态度上，也存在着种种差异。有的带着热情愿望听讲，有的持无所谓的态度，也有的"被逼无奈"带着怨气和对立情绪去听讲。对于后面几种听众，就需要尽可能地吸引他们，将他们"拉进"演讲中。要设法将自己与听众之间的鸿沟填平，缩短同听众的心理距离，尽力成为听众的朋友和知心者，逐步得到听众的信任和欢迎。演讲者应以坦诚的态度、灵巧的智慧、鲜明生动的语言，消融会场的"冰雪"，潜入听众的心田，达到心理上的相容。

三、驾驭心理定势

心理定势是一种客观存在的、固定下来的看问题的心理状态，它是人们认识问题的出发点和归宿。

（一）心理定势的特点

1. 同向强化特征

根据心理学研究，许多立场相异的人对同一信息、同一观点会作出不同的评价。人们常常会将同自己差距较大的见解，认定为相距更远、歧异更深的观点。相反，对于同他们的相距较近的观点，他们会认为似乎同自己的见解更为贴近。这就是心理定势的强化特征。在演讲活动中，听众往往会忽视与他们的信念或观点有矛盾的事实，而对观点相同者，更易于积聚和强化。听众的观点越是极端，就越不能接受与自己见解稍有不同的观点。

2. 抗阻干扰特征

心理定势一经产生并固定下来，外部的干扰，外来的想法、观点一般难以改变这种定势。在演讲中，若听众事先对演讲者所讲的观点具有否定的定势，由于能抗"干扰"，待演讲结束后，对于演讲者及其观点的评价会更为否定。反之，若听众事先的观点具有肯定的定势，评价就迥然不同了。

3. 吞并融合特征

若一种思想观念无相当足够的力量彻底改变一个人的心理定势时，必定会被原定势吞并融合。在听讲时，若讲述的观点同听众的定势相同、相近，或演讲者的阐述不能使定势改变，都会被原定势消化融合。

4. 变化发展特征

一个人的心理定势会随着主体和客体及其相互关系的变化而不断发展变化。如对于主体，知识、智力、需求层次的变化改变心理定势。对于客体，环境氛围、社会观念等的变化，都会导致心理定势的变化。

(二) 如何驾驭和利用心理定势

在演讲中，要有意识地利用心理定势的规律，巧作运筹，控制和驾驭它，使其顺从演讲者的“调遣”。具体说，可运用以下方法：

1. 演讲者须激发听众对你的兴趣，与听众求同，注重内容的新、奇、趣；

2. 尽可能使听众情绪保持兴奋、高昂，对出现焦虑不安、心绪不定的状况则要认真对待；

3. 重视为自己的立论选择权威性的证据，并进行科学的论证；

4. 将演讲的主要观点在关键部分和盘托出，如开篇和结尾处；

5. 注重对演讲对象的调查、分析，疏导有心理定势的听众；

6. 尽可能合理地选择好演讲的场所，创造良好的传播环境。

四、正视逆反心理

在演讲活动中，常常出现这种情况：一些听众出现交头接耳、厌倦、分心以至抬杠、挑刺、奚落、顶牛等干扰现象，即在部分听众中出现了逆反心理。有水平、有作为的演讲者应当科学地正视听众的这种心理现象。有责任感、正义感的演讲人应当勇于面对听众的这种监督和挑战。

演讲者是化解矛盾的主要方面。他应胸襟开阔，而不应暴跳如雷。应该善于避实就虚，甚至善于从“荒诞离奇”的部位入手，于谈笑之中化逆反为信服。真诚是化解逆反心理的武器，演讲者行为的正直、境界的高远、识见的精深、气势的浩然，都是化解逆反心理的法宝。除此之外，演讲者调动自己的机智，也可使听众的逆反意识改弦更张，使演讲场所转为顺境。

如果演讲者发觉自己面对着一些怀有偏见的听众，感到十分沮丧，准备针锋相对，以牙还牙，这是大可不必的。最好的办法，是以诚恳的心态向他们展示自己的性格、气质、人品、才气，以逐步消除他们的偏颇之见，冲破影响演讲效果的心理障碍。

不管讲演者喜欢与否，都有可能遇到“逆境”。出现逆反心理、偏见，并不可怕，它需要演讲者给予足够重视。凡不重视听众中偏见状况的演讲者，自然无法对其把控自如。对于听众的偏见，天真烂漫的人则会忽视它，而正直机敏的人才会正确利用它、改变它。

五、提炼理性色彩

如果说生动形象的事例是演讲的“骨肉”，诗的激情是演讲的“血液”，哲理则是演讲的“灵魂”。听众在听取演讲时，不仅满足情感的需要，更有明白事理、提高精神素养的愿望。因此，在演讲中不能忽略理性的升华、理论的传播。

有一定的理论深度，有真知灼见，能晓之以理并以理服人的演讲，才能满足人的心理需求，才是最受人欢迎的。理，即观点、主张、思想，是演讲的主心骨，是核心和根本。深刻、正确、启人智慧的思想，分寸适度的推理、分析、综合和严谨有序的逻辑论证，挖掘事物的本质和规律，揭示和阐述真理的力量，具有重要的意义，也是演讲的魅力之所在。

当然，在演讲实践中，理与情总是汇于一体，水乳交融。我们说的以理服人的理即是情感化了的理，情是隐含着理的情。实现以情促理，以理控情，“寓理于情而义愈至”的境界，正是演讲者的不懈追求。

演讲者要锤炼自己的理论功力，在演讲中倾注情感的同时，特别注意将情的真实激扬同理的正确深刻结合起来，才能使听众升华其情，走向哲理。那种在浓郁情感之中，蕴含启人心智的理性的演讲，就能使人在细心品味后，深悟出动人心魄的理性力量，进而达到乐中增智的效果，并转化为改造世界的现实行动。

第四章 演讲稿的写作

第一节 演讲稿的特点和作用

演讲稿又叫演讲词，是演讲者事先撰写好，以便进行练习及演讲时作为提示参考的专用文稿。它是演讲内容的主要依据，是使演讲获得成功的重要前提。历来的演讲名家，都重视演讲稿的撰写。林肯的著名演讲《在葛底斯堡演说》只有十句话，如此精练的演讲稿是经反复修改，一再试讲，征求意见后才定下来的。在演讲的前一天，他还对人讲，我还没有把它写得完全，虽然我已经改了两三次了。可见场上的优秀演讲与场下演讲稿的认真撰写是分不开的。

一、演讲稿的特点

（一）内容有鲜明的针对性

文章写成后，白纸黑字刊印出来，多是让读者随意选读。演讲稿则不同，它是为解决某一问题，即将面对特定范围或层次的听众而撰写的。因此，它必须具有鲜明的针对性。

优秀演讲的针对性表现在既要了解、掌握听众的思想状况、文化程度、职业习惯和心理，又要充分注意演讲的场合。还要求所讲的内容是听众密切关心、议论最多、最有影响的问题。由于演讲的时间短暂，内容要集中精练，不枝不蔓，语言风格也要适合听众口味。

（二）语言文辞上口、入耳（可讲性、可听性）

有人把文章比作“无声影片”，把演讲稿比作“有声影片”，这是很恰当的。演讲稿要求具有声韵之美，讲起来上口，听起来动听。言为心声，演讲的语言无疑更应富有感情，使听众具有强烈的共鸣。

孙中山曾经说过：“演说如作文然，以气为主，气贯则言之长短、声之高下皆宜。说到重要处，掷地作金石声……”① 演讲稿运用上口、入耳的语言，会引起听众感情上的强烈共鸣。高昂激越之声，使听众振作奋发；柔和清婉之声，使听众舒畅愉悦；低沉

---

① 陈华新：《孙中山先生的演说》，《羊城晚报》，1961. 10. 9。

忧郁之声，使听众沉思悲戚。

总之，撰写演讲稿，应注意语言修辞方面必须适合于有声语言的临场演讲。其特点是易于入耳，听众听得懂、愿意听，听了有效果。

（三）结构上要求纲举目张

任何文章，都有个谋篇布局，演讲稿在谋篇布局上要求更严格。阅读文章可快可慢，可以中途停顿，可以反复阅读。演讲则一气贯穿到底，不能停歇冷场。所以演讲稿特别要求条理清晰，层次分明，结构严谨，纲举目张。一方面使听众立即产生鲜明、深刻的印象；另一方面，演讲者对论点、材料烂熟于心，“举一纲而万目张”。对所讲的全部内容既要收得拢——用三言两语，甚至用一句话可以概括；又要撒得开——稍加提示，就可以滔滔不绝地展开讲，不至于照本宣科地读讲稿，或呆板失神地背讲稿。总之，提纲挈领，纲举目张，应是一切优秀演讲稿必须具备的特点。

二、演讲稿的作用

演讲稿在酝酿构思、写作、使用的过程中，为演讲的进行起着直接的作用。

（一）明确要求，搜集材料

确定了演讲的任务之后，为撰写演讲稿，一方面对演讲的要求作深刻而周详的分析和理解；另一方面，对听众的职业、年龄、性别、文化水平、政治素质、思想状况等方面尽可能详细地了解。然后针对问题，选取材料，寻找资料，求教他人，为演讲稿的写作做好充分准备。

（二）理清思路，确立命题

一些演讲名篇，都具有主旨明确、中心突出的特点。主题集中就能充分发挥演讲的鼓动性，给听众产生鲜明、深刻的印象。例如，恩格斯《在马克思墓前的讲话》，着重提出马克思对人类历史发展规律、剩余价值规律两大发现，充分肯定马克思的丰功伟绩，表达了对无产阶级伟大导师、共产主义学说奠基人的敬仰与怀念。又如1937年在延安召开的鲁迅逝世一周年纪念会上，毛泽东的讲话，着重谈到鲁迅的政治远见、斗争精神、牺牲精神，又把这三者概括为“鲁迅精神”，号召共产党员和革命干部学习这种精神。

只有主题集中，印象才能鲜明。无论是学术性演讲还是一般的情况、事迹介绍，都要对材料深入分析，精心提炼，做到主题集中，思路清晰，阐发深刻。

（三）依稿练习，控制内容

演讲稿写成后，便可据以进行讲前练习。对于演讲新手来说，讲前的练习尤为重要。试讲，反复默记，进一步的琢磨、补充，都要以演讲稿为底本。

进行演讲时，应将讲稿搁置一边，不要念讲稿或背诵讲稿。以念代讲，会使听众厌烦。由于对所讲内容烂熟于心，又有讲稿作依据，对所讲的分量、层次、纲目有所约束、控制；对演讲的时间也要有所控制。除非思考得比较成熟，一般勿作超出讲稿的临场发挥，以免感情突破了理智的控制，造成俗话所说的“走火”。

（四）保存资料，以供研究

写成的演讲稿，讲后妥为保存，以备继续使用，或将来作进一步的充实、提高，为进行演讲学的学术研究留下有参考价值的资料。

第二节　演讲稿的结构

要使演讲具有强烈的说服力，还必须在演讲稿的结构上下工夫。一次演讲，如果是重要的，带指导性的，总得提出一个什么问题，接着加以分析，然后综合起来，给以解决的办法。一篇演讲稿在内容结构上，大体应有三部分：提出问题、分析问题、解决问题；在形式结构上，相应有开头、主体、结尾三部分。

演讲稿的具体写作要求与一般议论文大略相同，惟其开头与结尾，有些特殊要求。

一、开头

开头有人称为“开场白”，这部分要求做到：与听众进行感情交流；引出话题，为主体作铺垫。演讲开始先有称呼语，称呼语分泛称和类称两种。

泛称适用于听众身份比较单纯的场合。一般有同志们、朋友们、父老乡亲们、老师们、同学们、士兵们……这类称呼简明有力，干净利落，切合实际。

类称适用于听众中有多种身份的场合，对各种身份的人大致要一一称呼到，显示对人的尊重，也使人感到亲切。如斯大林1944年8月20日在《最高统帅命令》中有这样的类称：“歼击航空兵、强击航空兵、轰炸航空兵和侦察航空兵部队的飞行员、领航员、空中射击员、无线电员、工程师、技师、机械兵、军官和将军同志们！”①

引言，有的说是“导入”或“序说”。引言继称呼语之后。良好的引言应明确、平易、简短、语调徐缓、亲切，以便与听众交流感情，引起听众关注题旨，进一步讲述内容。引言要注意避免的毛病是陈词滥调和公式化、概念化的套语，故作谦虚或夸张的失实言词。引言的格式多种多样，可以根据具体情况选定。下面介绍若干实例：

（一）破题式

即开门见山，立即提示主题。这一格式运用得最为广泛。如：“我主张将我们全党的学习方法和学习制度改造一下。其理由如次……”②“现在有一种不好的风气，就是民主作风不够。”③

（二）述因式

一开始就讲明演讲的因由、目的、动机等。如：“现在我们的经济体制改革进行得基本顺利。但是随着改革的发展，不可避免地会遇到障碍。”④

“今天邀集大家来开座谈会，目的是要和大家交换意见，研究文艺工作和一般革命工作的关系，求得革命文艺的正确发展，求得革命文艺对其他革命工作的更好的协助，

① 《斯大林选集》（下卷），北京，人民出版社，1979。

② 毛泽东：《改造我们的学习》，《毛泽东选集》，第3卷，795页，北京，人民出版社，1991。

③ 周恩来：《在文艺工作座谈会和故事片创作会议上的讲话》，《周恩来选集》，下卷，323页，北京，人民出版社，1984。

④ 《邓小平文选》，第3卷，176页，北京，人民出版社，1993。

借以打倒我们民族的敌人，完成民族解放的任务。”①

（三）描述式

描写形态、动作或情景，形象生动，饱含深情，引人入胜，发人深省。如：“3 月 14 日下午两点三刻，当代最伟大的思想家停止思想了。让他一个人留在房里总共不过两分钟，等我们再进去的时候，便发现他在安乐椅上安静地睡着了——但已经是永远地睡着了。”②

（四）烘托式

描述事物，造成气氛，富有潜台词。如：“我到上海约二十多天，这回来上海并无什么意义，只是跑来跑去偶然到上海就是了。”③

（五）借词设问

即兴式地借一个现成的字眼、称号、俗语、事端、景观，或其他话头设问、自答，引发与主题有关的议论。如：“今天我们能来纪念中华民国三十七岁的生日，是因为孙中山先生提倡革命，武昌起义，推翻‘满清’，我们才成为民国。什么叫民国，就是真正民主的国家，今天我们是不是真正的民主国家了呢？我想大家都知道得很清楚。”④

二、主体

主体，又称为正文，是演讲稿的主要部分，在这里对开头提出的问题，充分展开论证分析。这一部分要做到扣紧主题、层次分明、条理清晰、逻辑严密、张弛有致、变化有序、引人入胜、生动感人。

主体部分可分为议论型和记叙型两类。

（一）议论型

列举法　继引言之后，将互相联系的几个问题，一一进行论述。如：毛泽东的《青年运动的方向》，在引言中讲到：“今天……开这个纪念大会，我就来讲一讲关于中国青年运动的方向的几个问题。”⑤ 接下去，便讲述下列有关的几个问题：（1）将 5 月 4 日这一天定为青年节的意义。（2）中国革命的对象是什么？（3）过去中国革命的经验教训是什么？（4）“五四”以来中国青年起了什么作用？（5）抗日战争中中国青年应负的责任。（6）延安青年运动是全国青年运动的模范。

总分法　先明确提出总的论点，然后分层分段论述。如：鲁迅在《对于左翼作家联盟的意见》中先提出：“我以为在现在，‘左翼’作家是很容易成为‘右翼’作家

① 毛泽东：《在延安文艺座谈会上的讲话》，《毛泽东选集》，第 3 卷，847 页，北京，人民出版社，1991。

② 恩格斯：《在马克思墓前的讲话》，《马克思恩格斯全集》，第 19 卷，374 页，北京，人民出版社，1963。

③ 鲁迅：《关于知识阶级》，《鲁迅全集》，第 8 卷，187 页，北京，人民出版社，1981。

④ 冯玉祥：《国庆演讲词》，冯洪达、余华心：《冯玉祥将军魂归中华》，306 页，北京，文史资料出版社，1981。

⑤ 《毛泽东选集》，第 2 卷，561 页，北京，人民出版社，1991。

的。”① 然后列述几条理由，说明“为什么”。

递进法 首先明确提出论点，然后层层深入分析。如：毛泽东《改造我们的学习》的报告，开头提出将学习制度和学习方法改造一下，接着一层一层地分析：（1）20年来我们对马克思列宁主义的学习和运用已经进了一步；（2）但是，现在我们还有很大的缺点：不注重研究现状、不注重研究历史、生搬硬套外国的书本和经验；（3）将两种学习态度（主观主义态度和马列主义态度）加以对比；（4）依据上述意见，提出三点建议。——这样层层深入地论述，既符合客观实际状况，也抓住了问题的实质，使听众容易接受。

（二）记叙型

记叙型演讲主要是关于人物事件的报告、典型调查报告、经验介绍，等等。大致有以下几种方式：

时序法 人物的行为有先有后，事件的发展有时间顺序，有前因后果。按时序逐一叙述，顺乎客观规律，容易把握。但这样容易显得平淡、呆板。要注意在遵循主线脉络的前提下，根据人物事件中有意义的真实细节，作巧妙的穿插，增强感染力。

场境递进法 人物的行为和事件的发生，必然经历一定的空间、场所、境况。为讲述的方便或需要，可以根据轻重缓急，按空间顺序，逐一介绍。但要注意给人以清楚的视角景观，使人如身临其境，感同身受。

因果顺序方法 事物的发展必有其原因、过程、结果。讲述中可按逻辑顺序，先述因后述果。根据具体情况也可以采取倒叙方式，先展示结果，然后从容介绍原因、过程。后一种形式，多用于介绍科技成果、先进事迹。

三、结尾

结尾是演讲稿的重要组成部分，决不能轻视。俗话说：“编筐织篓，全在收口。”好的结尾，有如咀嚼干果，品尝香茗，令人回味无穷。结尾的任务是为照应开头，总结点明题旨，使听众加深印象，历久难忘，进一步启示听众努力奋发。演讲进行至末尾时，听众必易产生疲劳、松弛，此时演讲者决不能松劲，文辞更要精彩、警策，促人深思，耐人寻味，将演讲的气氛推向高潮。

结尾有多种多样，可以用哲理、格言、警句、号召、嘱咐、誓言、赞语等。有人说，结尾无定法，妙在巧用中。演讲者应敢于创新。

第三节 演讲稿的选材

演讲稿的写作，是以选取一定的材料为基础的。所选取的材料的质和量，在很大意义上决定着演讲稿的质量。

---

① 《鲁迅全集》，第4卷，233页，北京，人民文学出版社，1981。

一、弄清材料和主题的关系

材料是为主题服务的，主题与材料的关系是统帅与被统帅的关系。离开了主题，材料是零散、杂乱毫无意义的东西；而离开了材料，主题再好也无法表达。我们掌握了材料与主题的关系，就可以自觉地用主题去统帅材料和用材料去表现主题，这对于演讲稿的写作是很有意义的。

二、搜集材料

（1）用心观察。鲁迅说："留心各样的事情，多看看，不能看到一定就写。"平时，我们要认真仔细地观察生活，观察人，观察演讲活动；要善用自己的眼睛看表、看里、看点、看面、看深、看细、看过去、看现在、看将来……总之，要做"有心人"。把生活中各种各样的材料，用自己的"摄影机"拍摄下来，储存在头脑的"仓库"里，切不可心不在焉，视而不见，听而不闻，让生活中许多生动有价值的材料从自己身边溜掉。

（2）广泛采集。要写演讲稿，仅仅靠观察所得材料是不够的，还必须广泛了解情况，涉猎各种书报杂志获取信息。搜集材料的方法途径很多，总括起来，有一般采集法和专题采集法。通过长时间的采集、积累和储备，就可以建立起自己的"材料库"，等到用的时候，就显得得心应手，非常便利。

三、选择材料

材料只是为写演讲稿提供了取材的可能性；要写好演讲稿，必须对材料进行筛选。

（1）选用力助主题的材料。选择材料时必须看它能否有力地支持主题或为主题服务，即坚持这样一条原则：凡是能突出、烘托主题的材料就选用，否则就舍弃。能够有力支持主题的材料一般包括：演讲者自己受感动的材料；演讲者亲身实践证明了的材料；听众感兴趣的材料等。

（2）选用有强"磁性"的材料。所谓材料具有强"磁性"，就是说所选用的材料，一定要有强大的吸引力，像磁铁一样能吸住听众的心。

一般具有较强吸引力的材料都具备四个方面的特点：新、实、趣、道。

"新"——就是要有新人、新事、新成果、新情况，反映新面貌，讲出新"道道"。

"实"——就是具体、实在，使听众想得到摸得着，而不是什么空洞抽象的说教。

"趣"——就是要有趣味。既有动人的情节，能引起悬念，又活泼风趣，具有幽默感。

"道"——就是要富有规律性、逻辑性，使听众感到有条有理、心悦诚服。

（3）选用典型生动的材料。所选用的材料只有是具有鲜明特征和代表性的典型生动的材料，才能有力地揭示事物的本质，表现演讲的主题。

第五章　言语风格

言语风格，是由于人们对语言的使用受到不同交际环境的制约或影响而形成的一系列言语特征的综合。各种不同的交际条件是言语风格形成的外部因素，语言成分的不同特点和言语的不同表现是言语风格形成的内部因素。没有语言和言语表现，就无所谓言语风格。

语言和言语既有联系，又有区别。“语言”是指一种语言成分及语言系统、语汇成分及语汇系统、语法成分及语法系统，以及由语音系统、语汇系统、语法系统组成的整个语言体系。“言语”是指语言的具体运用。言语总是同一定的交际环境相联系，包括具体的个人、具体的场合、具体的任务，等等。具体的交际环境对语言运用有制约作用，才形成不同风格。所以，风格从根本性质上来说是“言语的”，这就是称“言语风格”的道理。

第一节　口语体与书卷体

口语体、书卷体是语言功能变化的结果。口头表达、书面表达只是语言表达的不同方式。口头表达是由人们说出来的，书面表达是由人们写出来的，不是语言本身的不同功能分化。所以，作为语体的口语体和书卷体，跟作为表达方式的口头表达和书面表达是性质根本不同的两回事。

口语体同口头表达，书卷体同书面表达有一种渊源关系。口头表达多取口语体或口语体成分，书面表达也多采用书卷体或书卷体成分。由于语体不等于表达方式，两种相互对立的语体已经形成，它们同表达方式就没有必然的关系了：口语体和口语成分可以见于书面，书卷体和书卷体成分可以诉诸口头，而且，无论口头或书面都会有既非口语体、又非书卷体的成分——通用体或通用成分。

口语体和书卷体的形成和使用，反映了交际对象方面——主要是文化层次方面的特点。所谓“大众语言”、“群众语言”与“学生腔”、“知识分子腔”，实际上形象地揭示了口语体、书卷体在交际对象文化层次方面的特点：前者是通俗的大众风格，后者是“读书人”的风格。

《现代汉语词典》中收了“口语”和“书面语”的词条，说口语是“谈话时使用的语言”，书面语是“用文字写出来的语言”。这里只是指语言的一种表达方式。“口语”、“口头语言”、“口头表达”与“书面语”、“书面语言”、“书面表达”这些说法，很多是就表达方式而言的。如张志公说：“‘语文’就是‘语言’的意思，包括口头语言和书面语言，在口头谓之语，在书面谓之文，合起来称为‘语文’。”① 又如叶圣陶说：“平常说的话叫口头语言，写到纸面上叫书面语言。”②

口语体和书卷体并不是一个口头说和写到纸面上的语言交际方式问题，而是一个语言功能变化中形成的体式，有其系统性和历史性。作此说明，是为了探讨在口头表达中口语体和书卷体的表现，以便认识口头表达中纷繁复杂的语言现象，找出规律性的东西，便利口头交际。

口语体和书卷体都有本语体特征的词汇成分、句法成分，但由于语体只是一种语言的不同功能变体，不是一种另外的“语言”，在大多数条件下，一个意思可以用具有这一类语体风格的语言成分表达，也可以用具有另一类语体风格的语言成分表达。如“日头”作为口语体的词，“日”则属书卷体的词。

在中国历史上，由于阶级的差别而导致的文化差别，在使用语言上，口语体和书卷体分野明显。一般劳动群众的口头表达和书面表达具有口语体特点，而文人和封建士大夫的口头表达和书面表达则具有书卷体特点，甚至出现两大语言类别——代表口语体的白话文和代表书卷体的文言文。

随着新文化运动的兴起以及外来文化的影响，现代汉语作为一种新的语言体系而产生，这本身就有一个对文言文和白话文的扬弃问题，部分书卷体词汇和口语体词汇以及语法现象吸纳进了现代汉语体系。现代汉语体系是以北方话为基础方言、以典范的现代白话文著作为语法规范的，从1996年修订第三版的《现代汉语词典》中我们看到，在其所收六万余条字词中，书卷体字词仅有五千一百余条，各地方言字词仅二千余条。就主要部分而言，应该说，今天我们所使用的现代汉语，既不是口语体，也不是书卷体，而是一种通用语体。这就构成了我们表达的方便，即用作口头表达也好，书面表达也好，都是一种语体。

那么，是不是说口语表达和书面表达就没有什么语体可言呢？有的，这就是由于表达方式的不同和言语交际风格的不同而出现的科学体、艺术体、谈话体等。如果说口语体和书卷体是“语言功能变体”，那么“科学体”、“艺术体”、“谈话体”则是“言语交际的不同风格”。

第二节 科学体风格

科学体同逻辑思维相联系，用于明确而严谨的论证和说明事理，词语概念的明确性、句法结构的严整性、修辞方式的消极性等，都是科学体的风格表现、风格特征。

① 《张志公文集》，第3卷，61页，广州，广东教育出版社，1991。

② 《叶圣陶语文教育论集》，138页，北京，教育科学出版社，1980。

一、句法结构的严整性

科学体特别要求概念明确、判断正确、推理和论述的严谨，这就要求用相应的句法结构来体现。

如：“在发电使用混合燃料——石油、煤炭和核燃料时，石油的消耗大幅度减少了。1973~1987年间，全国电力中，由石油作发电燃料的电力从17%下降到5%。”①

分析：

1. 为了把概念限定得更明确，使用了限制性说明性的定语，构成繁复的偏正结构：“在……核燃料时”作状语前置，“石油的”限定主语“消耗”；“1973……电力中”时间、范围状语提前，“由石油……的”这一个从句限定主语“电力”。

2. 为了限定概念，作了必要的说明。混合燃料指石油、煤炭和核燃料。

3. 句子与句子成分配合工稳。两句句式都采用了状语提前式。为了结构紧凑，表意清晰而严密，结构形式少变化。

4. 两句逻辑关系明确。“……石油的消耗大幅度减少了。……由石油作燃……从17%下降到5%。”上句提出论点，下句紧接着以论据论证。

作为科学体风格的句法结构，总体上说，语义明确，语义关系明晰，句型句式单一，大量选用以主谓句为主的完全陈述句，结构层次严密。

二、修辞方式的消极性

作为科学体内容，在修辞上采用消极修辞的方式。所谓消极修辞，就是尽量避免使用那些求得语言形象、生动、含蓄效果的修辞方式。如“比拟、夸张、模拟、双关、拈连、点化、移情、象征”等修辞方式，就难以进入到科学体内容中。

有些修辞方式如“排比、对偶”等，为了使语言简洁、明快、有节奏感，间或用到。如：“我们中国是世界上最大国家之一，它的领土和整个欧洲的面积差不多相等。在这个广大的领土之上，有广大的肥田沃地，给我们以衣食之源；有纵横全国的大小山脉，给我们生长了广大的森林，贮藏了丰富的矿产；有很多的江河湖泽，给我们以舟楫和灌溉之利；有很长的海岸线，给我们以交通海外各民族的方便。”② 句中的“有……有……”构成排比句式，增强节奏感。

总而言之，科学体有自己的语体系统和精确性、严整性的语体风格，不是零散的、个别的，而是像一条线贯穿着。多数辞格不进入科学体作品，是因为那些辞格与科学体偏重理解的庄重风格不相适应。

---

① ［美］奥斯丁·J·弗里莱：《全国辩论比赛的一次辩论决赛》，［美］奥斯丁·J·弗里莱著，李建强等译：《辩论与论辩》，568页，保定，河北大学出版社，1996。

② 毛泽东：《中国革命和中国共产党》，《毛泽东选集》，第2卷，621页，北京，人民出版社，1991。

第三节　艺术体风格

艺术体与形象思维相联系，因此它的总体语言特点表现为感受性。艺术体言语作品中的感受性集中体现为美感。如果说科学体词语偏重于理解，理解型或理念型词语是科学体的风格要素，那么，艺术体词语则偏重于感受，感受型、描绘型词语是艺术体的风格要素。

如："中国人民奋起于忧患，经历了成功与挫折的考验，必将紧紧抓住经济建设这个中心不放，坚持党的基本路线一百年不动摇，在推进祖国现代化建设的伟业中，以高山一般的毅力和大海一般的情怀，展示无与伦比的雄健身姿……"

"大海无垠，水也滔滔，浪也滔滔。"

"人类社会的进步与发展，永远是迎着风浪前进的。"①

分析：

1. 具有描绘型。"无垠"、"滔滔" 等。

2. 积极的修辞。"高山一般"，比喻的手法。"人类社会……是迎着风浪前进的"，比拟的手法。

3. 跳脱的句式。

长短句兼有，修饰成分活跃。"在……伟业中，以……毅力和……情怀，展示……身姿……"

状语成分由多重偏正词组、动宾词组、联合词组充当，构成复杂主谓句。"大海无垠，水也滔滔，浪也滔滔"，由三个主谓词组构成全句，句式精巧，节奏又有变换。

又如："在江河注入大海的地方，形成了一片难以逾越的沙洲，还有泡沫覆盖的巨大旋涡，沉船的残骸在那里翻飞。在外界的黑暗和床头的灯光之间，回忆汹涌而来，它们来自冥冥，撞击在光明上，时而淹没，时而显现，露出白森森的腹部和银灿灿的脊背。"②

分析：

1. 多描绘型词语。"翻飞"、"汹涌"，等等。

2. 通感的运用。"泡沫覆盖的巨大旋涡，沉船的残骸在那里翻飞"，"外界的黑暗和床头的灯光"，都有视感的运用。"回忆汹涌而来，它们来自冥冥，撞击在光明上"，"露出白森森的腹部和银灿灿的脊背"，视感、触感与心感互相连通，形成对客观世界的主观感受。

3. 形象而又怪诞地写出海岸与陆地、光明与黑暗、生与死之间的界限，逐日积累起来的泡沫最终使生命窒息。

---

① 张胜友：《历史的抉择——电影政论纪录片解说词》，《光明日报》，1992. 10. 26。

② ［法］鲍里斯·维昂著，周国强译：《岁月的泡沫》，125页，合肥，安徽文艺出版社，1994。

总之，作为艺术体的词法特点偏于感受型、描绘型，句法表现出形、音、义诸方面的变化与和谐之美，修辞特色具有积极性，多种修辞手法大量运用在语句中。但这也不排斥一种“白描”手法中的消极修辞，只是“白描”也重于描绘，从另一方面又更显艺术体了。作为艺术体一般用于书面表达，但有些场合也用作口头表达，且更添一分美感。

第四节　谈话体风格

谈话体的风格从总体上说是自然灵便，既不像科学体那样追求思想表达的精密，使用科学的概念、严谨的结构、繁复的句法，等等，也不像艺术体那样讲究词的修饰、形象的美感，大量使用古朴典雅、描绘型词语，变异而引人想象的语句，追求优美和谐的节奏。在交际对象、交际方式方面，谈话体既有倾向性，又有较广泛的适应性：适用于各种身份、各种文化层次的人，能适用于口头表达，也见诸书面，多自然地出现在口头交际中。

例文：

大乐特乐（单口相声）①

马三立

首先向各位观众拜年。我现在在北京工人体育馆向各位观众们祝贺，祝各位观众春节好，新春快乐，阖家欢乐，听了我的相声，大乐特乐。谢谢。

我叫马三立，年龄72岁，体重92斤。有人还夸我呢：马三立，你的名字多好听呀。其实不是，我的名字起得很不好。从字面上看，这个名字很简单，一二三的三，站立的立，马三立。我也不知道是谁给我起的这个名字，这些年我倒霉就倒霉在这个名字上了。马三立，这匹马剩三条腿才凑合立着。一碰就倒。马季乐了，马季的名字也不怎么样。马季的名字应该叫马跃。咱给他改名字他不改，叫马跃多好，是不是？万马奔腾，飞跃前进，多好。马季，挺好的马，绳子把腿系上，跑不了，憋了一身肉。

起名字是个艺术。姜昆这个名字怎么样？不行。姜昆，昆、困不分，昆、困同音。就跟下棋一样，一“将”，把老将困到那儿了。前两天他还告诉我，有人送他一辆小汽车，我说是你买的？还是人家给的？要是人家送的，不能要，自己存钱，买。人家的车不能要。车就是车（读jū）呀，我姓马，这儿有个马季，二马盘槽。你想想，一个高吊马，一个卧槽马，二马一将，困住了，你出将，那边车等着你，

① 胡大奎，张秉文主编：《语文》，第1册，18~22页，北京，高等教育出版社，1994。

准完。

我是专门研究姓名学的。起名字的艺术是很科学的。起名字要好叫，要顺嘴，笔画要简单，不要生字。《康熙字典》上都查不出来，叫那个名字干什么？那就不好。张王李赵的名字好起，给来个吉祥话就行。小孩子上学了，没名字，马老先生给起个名儿。

姓什么呀？

姓王。

王富贵。瞎编呗！吉祥话，小孩乐意，家里大人也乐意。

姓李。

李有财。多好，又有才能又有钱财。

姓张。

张富顺。反正是找吉祥话。

姓什么得要研究。张王李赵可以的。姓吴，这名字要考虑，要好好研究，不能瞎编。吴有财，老没钱。吴长寿、吴好运都不行。我有个朋友姓吴，是小学老师，我打一认识就爱上他这个名字了。姓吴，叫吴自有。自己的自，有无的有。他没着急的地方，不管缺什么自己就有。他弟弟叫吴自来。

姓余这个名字也要考虑，鱼不能离开水。余得海，余得水，余振江，余连泉，余景波，鱼离开水就坏了。叫余什么？余进锅，早晚熟了。

为什么商店，买卖家字号总要带德字、祥字、福字、成字、顺字？叫着顺嘴，顾客也容易记住。请几个朋友到饭馆吃饭，总要找个吉祥饭馆。

咱们几个哪儿吃？

"同福楼。"同福楼，你看人家饭馆怎么起的名字。同福楼，共同吃饭，大家有福，不信你不爱去。

"登瀛楼"，这字号，步步登高，有盈无亏。

"先得月"，捷足先登，任何事情你占先，先得月这字号多好。

饭馆字号起初是迎合顾客的心理，你想干什么？你爱好什么？饭馆字号起好了，等着你让你非去不可。

有几个爱喝酒的，一商量，喝酒。好喝酒，上哪个饭馆？"太白楼"。太白斗酒诗百篇，太白醉草退蛮书。好喝酒的，准去。

这几个人不好喝酒，好玩古玩玉器，琴棋书画，上"太白楼"干吗去？上"洞庭春"，洞庭之春。

几位好清静，上哪儿好哇？"蓬莱春"。

几位好转文，之乎者也，张口文章，哪儿去吃？"鸭子楼"，上那儿转去。合适呀。

大伙谁也不请客，谁也不扰人，吃多少钱大伙儿凑，这顿哪儿吃？"便宜坊"，又便宜，又方便。

单独一位下饭馆到哪儿吃？小食堂，一菜一汤，够了。

请大客，摆几十桌，到哪儿吃？"鸿宾楼"，鸿宾大宴。

结亲会友，到哪儿吃？“宴宾楼”。

过年了，请亲戚吃饭，哪儿？“艳春楼”，艳阳春光，庆贺春节。不请客，家里不做饭，全家大小到哪儿吃？“全聚德”。全家聚一块儿，得着。

由关外来的几位，沈阳、长春来的，到北京办公事，到哪儿去吃？“东来顺”。东北来的，顺事顺办，一切顺利，多好。

先进工作者，年终得奖，好几百块，工资又调了一级，到哪儿吃？“又一顺”。

几个人商量搭伙儿做买卖，订合同，哪儿吃？“聚合成”。聚合到一块儿，订合同，成了。

和外国人一块儿，合资，搞企业，做买卖，这到哪儿吃？“两益轩”。双方有益。

老头儿生日，这一顿到哪个饭馆，哪儿吃？“万寿厅”。

小孩子满月，给小孩办满月，这顿饭哪儿吃？“大福来”。小孩满月，大福来临。

搞对象，初次见面，两人蹓蹓，不能老蹓，要上一顿，这顿哪儿吃？“会芳楼”，单间雅座。

搞得不错，订婚了，哪儿吃？“同合居”，同心合一，永远同居。

结婚到哪儿吃？“天合玉”，天作之合，玉美良缘，天合玉。

离婚，吃完这顿饭就散了，到哪儿吃？吃包子：“狗不理！”

分析：

1. 通俗生动的习惯语。成语、俗语“阖家欢乐、上哪儿、结亲会友、万马奔腾、捷足先登、天作之合、又一顺、大福来、出口成章”等。

2. 简略活泼的句式。“（你）请大客，（你要）摆几十桌（席），（你们）到哪儿吃（席）？”句子短小简略。“同福楼。太白楼。蓬莱春。宴宾楼。东来顺……”大量的独词句。“瞎编呗”，“请几个朋友到饭馆吃饭，总要找个吉祥饭馆”，使用了无主句。

3. 灵活运用语言和修辞。“季、系、昆、困”等，引用：“同福楼”等饭馆字号。设问：“几位好清静，上哪儿好哇？”反语：“捷足先登，任何事情你占先，先得月这字号多好。”夸张：“太白斗酒诗百篇”，“不管缺什么自己都有”。

作为谈话体，往往和乡土气息、生活气息连在一起，方言、土语、俗语无不用到，而且较多地使用体态语、类语言。

对句子的结构要求比较随意，短句、散句、不完全句较多。

从语音的处理上看，异读、轻读、儿化处理复杂，颇有特色。

从言语风格总体来看，虽有不同的分类，但兼容性的风格大量存在，构成丰富多彩的言语现象，这造成了我们学习“演讲与口才”的难度；同时，正是由于言语表现的复杂和境界的无限性，也使这一门学问具有无穷的魅力。

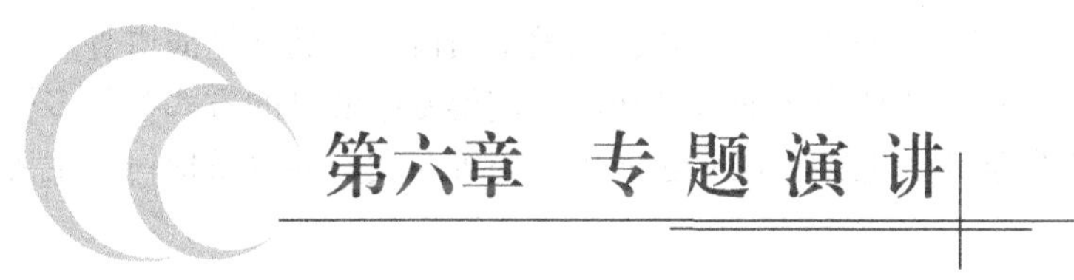

第六章 专题演讲

第一节 专题演讲的特点和方式

专题演讲是根据事先规定的命题或范围，在充分准备的基础上所作的系统、完整而又比较全面的演讲。它是一种最基本的、运用最普遍的演讲方式。它与即兴演讲和辩论演讲相比，具有以下两个特点：

第一，反复琢磨，拟定书面文稿讲什么，怎样讲，这是首先要思考的。接着，用充裕的时间，反复推敲，一直到完稿。随后，反复熟悉稿子，虽然脱稿演讲效果要强一点，但整个过程中却是受稿件潜在制约的。有无文稿作依据，这一条是拟稿演讲还是即兴演讲的分界线。辩论演讲有些内容虽可以作充分准备，但双方发言内容有很大的偶然性，很大程度上依靠临场发挥。因此，拟稿演讲更能体现出思维的条理性和严密性。

第二，系统阐述。具有完整结构的专题演讲，就是要求演讲者就某个选题进行全面而系统的阐述，做到论点鲜明，论据真实，论证严密；同时在结构上也要求完整。对演讲的层次、段落、开头、结尾、过渡、照应、引用、插叙等方面都有较高的要求，并非即兴演讲就某一点的随意发挥，或辩论演讲的机敏巧辩。这也正是专题演讲的价值所在,很多重要的问题，要阐明，要宣讲，唯此方式最佳。

专题演讲的方式一般有三种：宣读式、背诵式、提纲式。

宣读式的演讲是按照自己事先拟好的稿件，基本上一字不改地在台上照读。它的优点是词语准确，结构严谨，可避免因怯场引起的慌乱。很多隆重的大会上，常采用这种演讲方式，如政治报告、学术报告等。由于专心读稿，目光和听众交流不够，基本上是广播效应。

背诵式的演讲是台下背好稿，台上宣讲。这就使演讲者有可能与听众进行情感交流，吸引听众的注意力。这种方式很难做到与原稿一字不差，有时会用词不准确。如果不是老手，还会因怯场引起慌乱而急不择言。因此，这种方式往往变化成背诵与宣读结合，这就在取长补短方面有很大的灵活性，可以因人而异地改变读与背的比例。很多演讲采用这种方式，如报告团英模演讲、展览馆讲解员演讲等。

提纲式演讲是将内容按某种排列顺序浓缩为多级总分提纲，并在每小点内容上作些技术处理，如标点符号、提醒、警句、例证、数据、小引，等等，然后再按照提纲的思路打好腹稿，有时甚至将提纲也背了下来。登台后借助提纲再进行创造性组合。这种方式的优点是可以克服宣读式和背诵式等专题演讲的各种缺点，有较多的灵活性。由于演讲时要边想边讲，没有仔细斟酌的时间，一旦出现语塞或语病，演讲效果就会减色。若缺乏驾驭语言的能力或随机应变的经验，一般不用这种方式，特别是隆重场面的演讲更不宜采用。有些演讲也常采用这种方式，如教学演讲、产品推销演讲等。

由于科技的发展和传播媒体的多种功能，使得专题演讲的方式多种多样，如电视专题演讲、广播专题演讲、电话会议专题演讲，等等。我们要着重探讨的主要是临场性的专题演讲。

第二节　会议专题演讲

在各种会议上所作的演讲即会议专题演讲，它是传达上级指示，部署工作任务，统一思想，协调行动的重要手段。它包括开幕词、会议报告、典型发言和闭幕词等类型。

一、开幕词和闭幕词

开幕词是在比较隆重的大型会议的开幕式上主要领导人的讲话。主要作用是对会议的召开作介绍和说明，它包括会议背景、意义、宗旨、议程、要求和祝愿等几个部分的内容。

闭幕词是在比较隆重的大型会议的闭幕式上主要领导人的讲话。它对会议起着归纳和总结的作用，包括对会议回顾与评价，向与会者提出要求和宣布闭幕等几个部分的内容。

开幕词和闭幕词总的特点是简明性、鼓动性、礼仪性。发言者务必紧扣议题，观点鲜明，感情充沛。

二、会议报告

会议报告是发言人在会议上讲话的总称。它包括工作报告、传达报告、阐释报告、总结报告四种主要形式。

工作报告是有关负责人代表某一机关或企业、事业单位对本部门工作所作的报告。

传达报告是部门负责人对本部门有关成员传达上级的指示精神，包括党和国家的有关方针、政策等。

阐释报告是专项负责人对某些理论或实际问题围绕一定的中心所作的解释、阐述和补充。

总结报告是部门负责人对会议所作的总结，包括回顾与评价，强化中心议题，号召贯彻行动等内容。

会议报告具有一定的约束性和指导作用，特点是主题的集中性、内容的条理性、语言的通俗性和形式的灵活性等四个方面。由于报告项目较细，所列子目在口头语言表达上注意不要造成听者的误解，可用“第一个大问题的第一个小问题”之类的扩充式表达。报告应注意在肯定成绩、指出缺点时，还应有一些建设性的建议或对某些规律性问题的揭示，以便起到启发和警醒的作用。

作工作报告时，要注意言语表达的风格，以科学体风格为主，兼有谈话体和文艺体风格，这就能产生既严肃又活泼的会场气氛。作为报告的开头部分，应该概括报告的主要项目，并用“现报告如下”、“请予审议”之类的话承上启下。如果是改选换届的工作报告，正文主体部分一般要讲工作情况、成绩、存在的问题和今后的工作意见，还可以抓住带有本质和规律性的问题给与会者以指示或启发。

三、典型发言

典型发言是为了交流推广各种先进经验，有关人员在会议上的发言。典型发言的类型很多，从内容看有工作方面的典型发言、学习方面的典型发言、生产方面的典型发言、技术革新方面的典型发言等；从主体看有个人典型发言、集体典型发言、集体组织代表典型发言；从发言方式看有单一介绍、综合介绍、重点介绍、一般介绍等。

典型发言不能流于一般琐事，就事论事，要求发言的内容既独具特色，又要有普遍意义，能够指导面上的工作。要有一定层次的理论归纳法，抓住事物的本质，反映事物规律。所引用的材料要真实、准确，不能随意杜撰。对于材料的意义不要随意拔高或贬低。

第三节　赛场专题演讲

一、赛场专题演讲的特点及评分标准

赛场专题演讲是具有观摩性、竞赛性的专题演讲活动。这种演讲以宣传教育为主，辅之以提高自身能力，交流友谊，赢取名次等因素。作为专题演讲的一种类型，它也有听众的广泛性、阐述的系统性、观点的自我性和活动的真实性等特点。除此之外，还有竞争性、可比性、公平性三个特征。竞争性要求演讲者有参赛意识，可比性是演讲者之间水平的均衡性，公平性是对评委严格按评分标准评判的要求。

成功的演讲大致表现为以下三个方面：

思想内容：包括主题正确、鲜明；材料真实、典型、丰富、新颖。

表达技巧：包括语言生动、态势自然；结构严谨、条理分明；情感真挚、见解独到。

演讲效果：演讲者与听众交流融洽，听众产生认同，场上以多种形式表现出良好反应，知晓听众欲转为行为听众。关于演讲比赛评分标准，各个赛场有不同的量化要求，现举例如下，以供组织者参考。

例一：

上海市第五届大学生电影艺术节演讲比赛评分标准

项　　目	具 体 标 准	得分
演讲内容（4分）	以爱国主义为主题，结合参映影片内容，条理清晰，感情真挚	

续表

项　　目	具 体 标 准	得分
语言表达（3分）	清晰、准确、流畅，富有感染力	
精神风貌（2分）	服饰着装（1分） 精神气质（1分）	
现场效果（1分）	听众反应	
	总　　分	

评委签名__________

例 二：

武汉大学1997年“朗月清风”节目主持人

演 讲 赛 评 分 标 准

院系__________　　姓名__________　　得分__________

评 分 标 准	得分
1. 主题鲜明、思想健康	2分
2. 层次清晰、文词形象	2分
3. 语音标准、表达流畅	2分
4. 抑扬顿挫、感染力强	1分
5. 表情自然、体态大方	1分
6. 衣着整洁、时间恰当	2分

备注：

1. 演讲时间定为4~5分钟；4分钟时向选手提示时间，5分钟时提示选手终止演讲，演讲时间少于4分钟或超出5分钟均酌情扣分。
2. 五名评委评分累计为选手最后得分。
3. 评分精确到小数点后两位数字。

评委签名__________

例 三：

湖北省物资厅1997年“拥抱香港”

演 讲 赛 评 分 标 准

姓名__________　　得分__________　　评委签名__________

思想内容　（6分）	语言表达　（4分）
1. 主题明确	1. 普通话准确
2. 材料充实	2. 语速、节奏得当
3. 层次清晰	3. 感情色彩鲜明
4. 结构合理	4. 神情自然、举止大方

二、大型赛场演讲策划

（一）赛前策划书

制定策划书的主要内容有：主题，主办单位，综合介绍，顾问和教练聘请安排，指导、训练及检测安排，参赛单位，赛程安排（预赛、复赛、决赛），奖励方法及颁奖方式，工作要求（宣传、接待、会场选定及布置、秩序维持、奖品准备等），决赛程序设计，拟定评委、嘉宾、计时登分员，媒介传播方式，等等。

（二）赛前经费预算

本着节约原则，可从以下几方面考虑：会场租借费、印刷费、通讯费、音像器材租借费、电费、交通费、住宿费、饮食茶点费、文具费（胸牌、标牌、签到簿、留言簿等）、劳务费，等等。

（三）赛前准备工作

作为一次大型的演讲赛，要做多方面的准备。

从人的因素看，要落实大会主持人，大会发言人，大会参加人（参赛队员、评委、嘉宾、观众等），大会工作人员（迎宾人员、保卫人员、技术操作人员、其他服务人员），大会宣传人员（组织外部的新闻媒介人员、组织内部的宣传人员），等等。

从物的因素看，要落实几件事：会议通知、会议公报、广告宣传、会场安排、会议人员食宿、交通、文化娱乐、医疗保健安排，等等。

（四）比赛期间工作

比赛期间工作有摄像、照相、登分、总分、跟踪报道以及交通、食宿和部分人员参观、娱乐、迎送安排等。

（五）比赛结束后的工作

比赛结束后对整个比赛活动的总结发言，为有关人员的送行和大会材料的收集、汇总、建档。这些材料包括文字材料、音像材料、队员材料、评委材料、嘉宾材料、观众材料、宣传媒介材料、其他方面的材料（社会反响、组织者经验总结等）。

第四节　学术专题演讲

学术专题演讲是指表述科学研究成果，传授科学知识和阐述学术见解的专题演讲。

学术专题演讲具有独到性、科学性和专业性的特点。在听众为非专业人员时，应注意表达的通俗性。

学术专题演讲应选择有学术价值和现实意义的论题，同时要考虑自己科研能力的适应性。学术专题演讲的题目大小要适当，以便展开论述。专题演讲具有讨论的性质，因而发表的见解要有商榷的余地；要谦虚谨慎，切莫故作高深，用语玄妙，令听众反感；少用专业术语，尽量把深奥的道理和通俗的语言统一起来。

学术专题演讲与赛场专题演讲有些区别，前者的成功与否与自身有关，即只要论题有意义并作了科学的论证，就基本上成功了，哪怕是同一论题，思路及论证方式也应有所不同，可各有千秋。赛场演讲除自身外还与他人有关，若遇到较强的对手，比赛就可能失败。因此，学术专题演讲一般力求将自己的观点、意图表达清楚，让听众明白就行，不需要太多的手势和故作惊人之态，可淡化表演意识，以自身文化修养的底蕴外化为学者的气质、风度。

从形式因素看，这类演讲还应注意音调不要太高，也不应忽低忽高。音量不宜太大，语速不要太快，让听众尽量在舒适、安静、心情冷静的条件下聆听。如果说赛场专题演讲偏于情理相兼，情胜于理，以情感人，那么学术专题演讲应偏于淡化情感，理胜于情，以理服人。

学术专题演讲除会场报告式一人主讲外，还有会场或会议室一人对多人的答辩式演讲。内容还是根据某个专题，阐发自己的观点，征得对方的认可，获得通过的结果。因此，参加答辩者的演讲应紧扣问题作简练、明确的阐述，切忌添枝加叶，答非所问。心态上切忌紧张，只要具备了扎实的专业功底，对该类专题作了充分的知识准备和心理准备，就无怯场之理。作为一个答辩人同时也是一个被测试者，更应具有谦和的态度，出语少用“我认为”之类的臆断语。

这类演讲者要注意心理调适。因多年心血结晶——论文，有可能因通不过而痛苦，有可能因顺利通过而激动。因此，要有充分心理准备，调适心态，冷静作答，争取最佳效果。

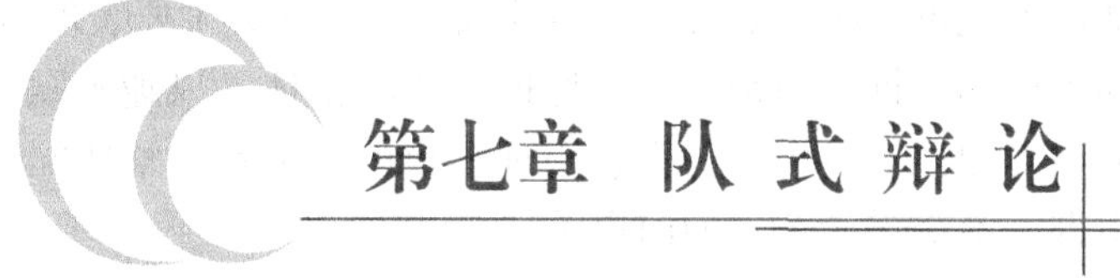

第七章 队式辩论

第一节 队式辩论的本质

辩论又叫论辩。辩就是辩解，辩明是非；论，就是议论、讲叙。辩论是质问和论争的过程，是对某个辩题作出合理判断的追求。

作为人类的一种传播活动，辩论存在于社会的各个角落。只要人们探讨客观事物的真假、是非、美丑、优劣、大小、深浅等问题，只要有认识的差异，就存在可辩点，就会出现辩论。

辩论有笔辩和舌辩。辩论口才就是对舌辩艺术的探讨。自 1993 年首届国际华语大专辩论赛以来，各个层次、各种范围的辩论赛在我国竞相开展。尤其是青年人，即使自己没有机会在辩论赛中崭露锋芒，也还是希望自己具备较好的口才、较强的社交公关能力的。因而学习、揣摩辩论艺术和技巧成为目前青年人中的一种时尚。

如果我们仅把辩论看做是提高个人的口才、辩才，增强自身素质的一种方式是不够的。语言的功能不单单在于表达，还可以用来交流信息，进行社会交际。语言还存在着思维的功能，因为语言形成的过程本身是一个思路的概括和整理，在概括整理的基础上，新的思想形成，思维能力得到提高。

队式辩论是辩论中的一种特殊形式，它既是为真理而辩，又是“游戏”之辩，它要有一定的“游戏”规则，是一种知识性和技巧性非常复杂的活动，是语言艺术的一个部分，但又可涵盖语言艺术的全部内容。它涉及逻辑学、修辞学、哲学、交际学等多种学科。作为语言的表达方式之一，它有以下几个方面的特点：

1. 竞争性强。队式辩论要求脱口而出，敏捷应对，质问论争，一决短长。

2. 技巧性强。辩论赛中，双方互有攻守，如何组织观点，如何反驳对方；何处曲径通幽，何处峰回路转，都有一定的技巧性。

3. 信息量大。在辩论过程中，往往需要旁征博引，纵览古今，横贯中西。衡量一场辩论赛精彩与否，信息量的多少是一个重要标准。

4. 观念新。时代所面临的问题如信息高速公路、电脑软件规范、安乐死、国际化大都市布局法则、现代决策论、非人力资源决定论、新国学立体论、文化新状态等，都无不在辩与论之列。

辩论就是使用语言来进行的一种竞赛。我们追求辩论艺术，不仅是因为它具有语言的魅力，更重要的在于它的思想魅力，在于展示深邃、科学的思想时那股撼人的精神魅力。语言、思想、精神这三者的统一，是古今中外一切优秀辩论艺术的本质，也是队式辩论的必然要求。若将辩论的本质阐发开来，可以表达为：在辩论时为了达到以理服人的目的，陈述和论证己方观点，揭示对方的矛盾和漏洞，使己方主要表现为辩论时反应敏捷、思维畅达、知识广博、推理缜密、口齿伶俐、谈吐得体、风趣幽默、举止端庄，等等。具体归纳为人格、知识、思辨、语言、心理、智谋、幽默、整体配合八个方面。认清辩论的本质是掌握、鉴赏辩论艺术的前提条件。

第二节　辩论常用的论证方法

辩论制胜的关键在于：你确立的论点是否正确，选用的论据是否真实而有证明力，用什么样的方法来论证观点和论据之间的关系。

论点被看做辩论的灵魂。在对同一事物的认识截然不同的辩论过程中，论点正确是立论的科学基础。辩论双方总是信心百倍地对自己的论点进行详细的论证。

论据是论点的支架材料，包括事实材料和理论材料。论据的选择必须真实，必须具有典型性。

连接论点、论据的纽带是论证方式。从论证目的看，有“立论”和“驳论”两种方式；从行文方式看，有“直接论证”和“间接论证”之分；从逻辑推理过程来看，论证又可分为归纳论证和演绎论证。作为论证中常用的方法主要来自逻辑推理。

一、立论的三种基本方式

（一）归纳法

这是运用归纳推理方式所进行的论证方式，是一种先分论后作结论的说理形式。它以事实和道理作论据，在简单枚举的基础上分析产生某一属性的必然性，从而证明某个观点的正确性。这是从众多的个别事例中把握共同点的推理方法。它以某类事物中一些对象或全部对象都具有某种属性作论据，论证该类对象都具有共同属性。

在归纳推理过程中，如果论据涉及某类事物的全部对象，是完全归纳法；如果是部分对象，是不完全归纳法，又称简单枚举法。根据某类事物中部分对象具有同一属性的现象作科学的分析，并揭示某类事物之所以具有某些共同属性的必然因果联系，推出的结论通常都反映了自然界和社会中的必然规律。在进行归纳推理时，切忌胡乱罗列事例，否则既无共同属性，又无必然因果联系，从而导致归纳不当。

（二）演绎法

这种论证方法的特点是：用普遍性的论据（比如一些经过实践证明是正确的经典名言或公众所公认的科学原理等作为理论根据），来证明或推断出一个新的特殊的论点。一个正确的演绎推理论证，不但论据与论题之间存在必然的联系，而且它的论据必然有普遍性和真实性的前提，这样才能推出一个带有个别性、特殊性和真实性的结论。

与归纳法相反，演绎论证是先总论，后分论。演绎论证通常是三段论式。

（三）类比论证法

这是运用类比推理形式所进行的论证方法。这种方法的特点是：由已知的事物所具有的某种特点、属性来论证同类或与之相似的某种事物也具有相同的特点和属性。类比推理的前提是：相比的两类事物必须具有内在联系，有相同之处，否则不能类比。

总之，立论要做到观点鲜明、思路清晰、论述流畅、论据确凿、紧扣论点、言简意赅。

二、论证与反驳的间接逻辑方法

（一）归谬法

主要特点是：以子之矛，攻子之盾。先假设对方错误判断是“正确”的，然后以它为前提，加以合理的引申，故意显露其矛盾和错误，使荒唐可笑的不合情理方面充分暴露，最终导出一个荒谬的结论，从而证明对方的论断是不能成立的。这种方法能在语言上产生幽默、讽刺的效果，也富于逻辑力量。

例如，斯大林在《马克思主义和语言学问题》中，在驳斥马尔的“语言是生产工具”这一错误观点时，就运用了归谬法。斯大林说：“有一个时候，尼雅·马尔看到他的‘语言是基础的上层建筑’的公式遭到了反对，就决定‘改造’一下，宣称‘语言是生产工具’。尼雅·马尔把语言列入生产工具一类，是否对呢？不，他完全不对。”“问题在于……有生产工具的人能够生产物质资料，但是同样这些人如果只有语言而没有生产工具，那就不能够生产物质资料。不难了解，假如语言能够生产物质资料，那么夸夸其谈的人就会成为世界上最富的人了。”① 斯大林的话，第一段引出“语言是生产工具”这一反驳的论题，第二段的最后部分就是运用归谬法来反驳这一错误观点的。

（二）喻证法

喻证法是用具体形象的比喻来证明论点的论证方法。有时对某些事物已经作了充分的分析论证之后，引起另一个形象具体的、与本事物相关联的事物作为对照，使说理深入浅出。这就是论证方法中的“比”。它分别有论证中的对比论证，如培根在《论学问》中谈到的，多诈的人藐视学问，愚鲁的人羡慕学问，聪明的人运用学问；有类比论证，如史鉴使人明智，诗歌使人巧慧，数学使人精细，博物使人深沉，伦理学使人庄重，逻辑与修辞使人善辩，学问变化气质；有比喻论证，中国有些成语如“螳螂捕蝉，黄雀在后”，“鹬蚌相争，渔人得利”，往往用作比喻论证的材料。

（三）引证法

引用经典语句、名家名言、格言谚语、科学公理等作为论据的论证方法。

引证法除引用经典著作的语句外，也引用格言、俗语一类的成语和科学公理等。除此之外，还有引用历史事实、借古说今的论证方法，以增强说服力。

三、反驳的基本途径和非逻辑表达方法

辩论时的反驳，除了综合运用上述论证的基本方法外，还可采用三条途径：反驳论

① 《斯大林选集》（下卷），525页，北京，人民出版社，1979。

点、反驳论据、反驳论证方式。通过这三条途径达到反驳对方谬误、澄清思想观念、证明自身正确的目的。

反驳论点包括反驳总论点和分论点；反驳论据则要揭示出论据的虚假性，包括论据事实的有与无、某一论据是否存在矛盾，作为同一论点的某一论据与另一论据之间是否存在矛盾。作为反驳论证，关键在于揭露对方的论点和论据之间缺乏必然的联系，缺乏逻辑关系，或揭露论证过程不合逻辑的地方，从而达到驳倒对方论点的目的。

除用逻辑手段反驳外，属非逻辑手段的表达方法有直接指斥法，即直截了当地指出对方的错误所在；有反问质疑法，即向对方提出诘难，置对方以进退两难之地。

第三节　辩论中的交锋点

交锋点就是辩论过程中双方争论的焦点，辩论的效果往往由交锋点所决定。一场激烈的辩论，其交锋点在哪里呢？

一、围绕定义的交锋

对一个概念下定义是一个科学问题，由于立场、方法不同，对事物的认识程度不同，便出现对事物的各种定义。在围绕辩题论争时所作的定义，往往站在己方立场，从对一事物的多种定义中择其有用而取之，视其无用而弃之。出现以定义攻定义的交锋。

例一：

'95国际华语大专辩论会决赛辩词①

辩题：（正方）知难行易

（反方）知易行难

正方一：……所谓“行”是人对外界事物作用的过程，包括对“知”的运用；所谓“知”是指对“行”的认识，解决做什么，为什么做和怎样做的问题。知既是一个过程，又是一个结果……

反方一：主席，各位评委，大家好！题目把知、行两个东西分开来，就是要我们讨论其中的难易程度。如果把纯粹的认知与行动弄得混淆不清，那么难易从何产生？对方辩友所犯的第一个矛盾就是把知包含在行的过程中。那么就请问对方辩友，这时候还有讨论行的必要吗？任何一个时代都需要知行的配合，但不同时代则需要不同的知行学说。大体而言，知只有两种，一方面是道德伦理的良知，一方面是科学经验的所谓知识……

正方二：谢谢主席！大家好！对方辩友提出了一个观点说：“说是一回事，做

---

① 余培侠主编：《唇枪舌剑》，360、362~366、371、373页，北京，华龄出版社，1995。

又是一回事。”显然，他们把今天的“知行关系”偷换成了“言行关系”。……知是一个艰难曲折的过程，它需要“天将降大任于斯人”的责任感，需要“吾将上下而求索”的勇气，更需要“众里寻他千百度”的毅力。因此，我方认为知难行易！谢谢大家！

反方二：……大家好！对方辩友告诉了我们怎样的命题呢？对方辩友告诉了我们，知而不行只是未知啊！对方辩友，在这样的命题之下，我们看看今天的立论点应该站在哪里？如果是这个样子的话，对方辩友告诉了我们，所有的知识、所有知道的事情都是假的，除非你一一去实现……

反方三：……对方辩友，早就告诉你：“知之为知之，不知为不知。”不要模糊了知的含义……

正方一：……我们讲知行相比，当然（是）就知、行两个过程相比喽，对方同学把知压缩成一个结果，而把行扩展为一个过程，那么一个结果一个过程如何比较难易呢？

例二：

首届国际华语大专辩论会决赛辩词①

辩题：人性本善

正方：台湾大学队

反方：复旦大学队

蒋昌建（反）：……我想请问对方，“人性是什么”和“人性本是什么”是同样的一个概念吗？你们如果连这个概念都没有根本建立基础的话，那你们的立论从何而来呢？我们多次问对方的善花里面如何结出恶果，对方说要浇水，要施肥呀。那我就不懂了，大家都承蒙这个阳光雨露的话，为何有那么多罪行横遍这个世界呢？难道这个水，那个肥还情有独钟吗？为何要跟恶的人作一个潇洒的“吻别”呢？……

王信国（正）：……所以，开始对方辩友犯的错误就是告诉我们说，人性是欲望，如果真的是欲望的话，人跟动物怎么分呢？人之异于禽兽者，己心就是一个本心的问题。所以我们说过人有善苗。今天对方辩友告诉我们说都是阳光雨露，没有错！但是有风吹雨打，因为你的风吹雨打，你的外在环境影响，你当然会做出恶的行为。所以，我们要纠正他，让他走向

① 王沪宁、俞吾金主编：《狮城舌战》，327、344、347、348页，上海，复旦大学出版社，1993。

善的世界大同……

二、围绕时态的交锋

事实的时态存在，往往在辩论中出现白热化的纠缠，是现实的还是未来的，是可能的还是现实的，是过去的现实还是现在的现实？这些问题往往构成交锋点。

例一：

首届中国名校大学生辩论邀请赛初赛第三场①

辩题：生态危机可能毁灭人类

正方：中国科学技术大学队

反方：武汉大学队

祝　贺（正）：主席，大家好！生态危机可能毁灭人类。这就是我方的观点……现在，生态危机不但早已出现，而且还相当严重，这主要表现在以下四个方面：1. 生态系统的环境已经被严重破坏，如水土流失、土地沙漠化等一系列问题。2. 生态系统的功能已经被严重破坏，如大气臭氧层减少、绿色植被减少等一系列问题。3. 生态系统的平衡已经被严重破坏，如部分物种灭绝、食物链中断等一系列问题。4. 人类自身的结构和平衡被破坏，如人口问题。

大家知道，事物发展是以内因为根据的。以上四点充分说明了生态危机已经严重破坏了人类赖以生存的生态系统，而这正是生态危机可能毁灭人类的内在根据……

唐　涯（反）：……我方立场是：生态危机不可能毁灭人类。第一，生态危机是人与自然关系在一定历史过程内的特殊表现。历史进程的规律告诉我们，人与自然始终处于一种动态的平衡之中，它不是绝对的此消彼长，而是相互制约、相互依存、不断发展的……第二，造成生态危机的原因是什么？是人类对自然的破坏性开采发展模式。它带来的环境污染、资源退减，不仅对人类的生存质量的提高产生了巨大阻力，甚至危及了局部地区部分人口的生产和生活。但是发展是事物新陈代谢的必然规律。正所谓“危则变，变则通，通则活”。而今自然、经济、社会相协调的新发展模式，正形成一股强大的浪潮，冲击和改变着旧的发展模式，从而使

① 张德明主编：《世纪之辩》，108、110~112页，上海，复旦大学出版社，1996。

生态危机能从根本上得到解决，并给人类向更高层次的迈进提供了现实基础和条件。第三，生态危机的治理被提上全球的议事日程，正体现了人类环保意识的增强……

例二：

首届中国名校大学生辩论邀请赛决赛①

辩题：外来文化对民族文化的发展利大于弊

正方：浙江大学队

反方：复旦大学队

杨敏海（正）：……先让我们为大家展示一幅波澜壮阔的历史画卷吧！在文艺复兴的欧洲，以四大发明为代表的中国古代文明使欧洲复兴成为可能。优秀的意大利古典作品哺育了具有高度英格兰民族性的莎士比亚。而中国呢，曾经与拥有古代西方全部文化遗产的阿拉伯人并驾齐驱的中国人却在此后的闭关自守中备尝落后挨打的教训。当我们今天再一次站在世纪之交的广阔舞台上，回顾几个世纪的世界文化的广泛传播和交流的时候，我们惊叹外来文化带来民族文化怎样的崛起和飞跃……

况　皓（反）：……文化只包括精神层面和价值体系。而对方却告诉我们文化包括物质层面，这显然是偷换命题。民族文化是指主权国家内主导文化变迁的民族精神和价值体系。外来文化是指来自本民族之外的价值观念和思维体系。今天的辩题是全称判断，对方应该告诉我们无论何时何地在何种情况下，外来文化对民族文化的发展都是利大于弊……

赵惟锲（正）：……今天的辩题是一个事实判断的问题。也就是说，当我们站在世纪之交的中国展望下个世纪的时候，我们回顾的是人类几千年的文化发展史。可是，对方辩友似乎对世界各族文化传播和交流的历史事实不感兴趣，而陷入到一个历史猜测的环境中去……

① 张德明主编：《世纪之辩》，212、214、215、220页，上海，复旦大学出版社，1996。

三、喻证交锋

为了形象地表达，双方往往打比方来说明问题。比喻虽有形象性、生动性和感染性，但缺乏严密性、逻辑性和准确性，因此给对方留下许多可被攻击之处。

例一：

'95国际华语大专辩论会初赛第三场①

辩题：（正方）愚公应该移山

（反方）愚公应该搬家

正方三：生物学的基本常识就是，人体内有病毒侵入的时候，一旦克服可能形成抗体，就是抵抗能力，但是没有抗体的人可能会招致死亡啊！同样的嘛，在困难面前常常搬来搬去，回避问题，其结果是不言而喻，不堪设想的了。

反方一：难怪对方辩友看见那个山那么仇恨，原来对方辩友是把山当成了细菌；我们可不这样认为，如果山要是细菌的话，陶渊明怎么还会“悠然见南山”呢？应该是“愁眉向细菌”才对啦！

例二：

'95国际大专辩论会初赛第二场②

辩题：（正方）治愚比治贫更重要

（反方）治贫比治愚更重要

正方二：那我告诉对方同学，如果你现在治贫困，你给了他一条鱼，但是明天、后天鱼从哪里来呢？对方同学似乎只是知道“临渴掘井”，但是，如果这个井干了，那么你们是不是要渴死呢？

反方四：首先把那条鱼吃掉以后，再去学那个钓鱼的办法……

四、引证交锋

为了使事实清楚，往往要引用大量的材料，从而显出较强的说服力和深厚的知识底

① 余培侠主编：《唇枪舌剑》，262、273页，北京，华龄出版社，1995。

② 余培侠主编：《唇枪舌剑》，238、252页，北京，华龄出版社，1995。

蕴，以便构建出庞大而又稳固的逻辑体系。

例如：

'95国际大专辩论会初赛第二场①

辩题：（正方）治愚比治贫更重要

（反方）治贫比治愚更重要

反方二：……我将从理论上向大家证明，在治贫与治愚都重要的情况下，治贫比治愚更重要。著名心理学家马斯洛将每个人的需要分为几个层次，并按照重要性的不同将它们组成一个金字塔。他指出在这个金字塔底层是最优先最重要的需要，即生理需要，然后才是安全、社会、尊重和自我实现的需要。……无论是从个人的层面，还是社会的层面，无论是马斯洛的理论，还是马克思的理论，都证明治贫比治愚更重要……

反方三：……刚才对方一辩同学说过："知识就是力量。"那么我请问你，培根有没有说过："当我们都不能够把食物化成热量的时候，又怎么能够把知识变成力量呢？"……首先我方认为，生存权和温饱权是人类的最根本权利，此所谓"民以食为天"。……俗话说："富人思来年，穷人愁眼前。"假如你十分充满怜爱的对一名已经饿得骨瘦如柴的索马里儿童说："孩子，你得去读书呀！你可不能放弃明天。"那孩子他一定会非常无助地对你说："求求你，先给我点吃的吧，我可能连今天也熬不过去了。"……在他眼里，死亡可能是今晚的星光，而受教育则是明天的太阳……

正方四：对方同学刚才谈到索马里儿童问题。我倒要请问对方同学，30年前我们看到索马里儿童在挨饿，为什么在30年后的今天，更多的索马里儿童还在挨饿？请正面回答。

反方一：索马里的治贫效果确实不理想，但是治愚的效果很不错，并没改变贫的状况啊！索马里的识字率由70年代的5%，上升到80年代的60%，可是它还是那么穷。

五、说理交锋

通过议论，阐明事理，是说理论证。它是辩论过程中的主要方式，由于双方各执其理，从而构成交锋。

① 余培侠主编：《唇枪舌剑》，238、244、245、247~248、249页，北京，华龄出版社，1995。

例如：

首届中国名校大学生辩论邀请赛初赛第四场①

辩题：离婚率的上升是社会文明的表现

正方：山东大学队

反方：浙江大学队

王　建（反）：……我想提醒对方辩友，离婚和离婚率是一个概念吗？如果你们连这个概念还没有区分清楚的话，你们的立论体系又从何来呢？我方认为，离婚率上升不是社会文明的表现。下面由我从理论层面论述我方观点。第一，社会文明是一个社会和人性处在和谐、稳定、有序的状态。从根本上说，就是个人、家庭、社会三者之间协调、发展互相促进。从古人的“烽火连三月，家书抵万金”，到现代人的“我想有个家，一个不需要多大的地方”，不都反映了人们对家庭的依恋之情吗？家庭虽小，容下的却是人类巨大的情感。当我们大家脑海里浮现出社会文明的情景时，那一定是每个家庭其乐融融、和睦美好的景象，而不是什么离婚率上升。第二，决定社会文明的核心因素是社会生产力，而随着生产力的发展，阻碍人们相互建立感情的因素会逐渐地减少，建立在感情基础上的婚姻会越来越多，从这个意义上说，离婚率应该下降才对啊。第三，离婚率上升造成了许多社会矛盾，形成了许多社会负担……朝三暮四、杯水主义的外遇型离婚更使多少女性受到了心灵上的创伤。如果说社会文明总是表现为如此沉重的负担，那么千百年后人类岂不是被自己创造的文明压得喘不过气来吗？第四，人是社会的人，人的全面发展需要社会与人性的和谐统一……教育人们不仅要慎重地对待结婚，更要慎重地对待离婚。因此，我们说文明的社会有理性的人类一定能够成功地整治离婚率上升这一社会痛症。谢谢！

陈　飞（正）：主席、大家好！刚才对方辩友一直在强调和谐、稳定，那么我想请问，一个整天硝烟滚滚的家庭，是对于夫妻双方好呢，还是对于孩子好呢？对社会又利在何处呢？我们判断一件事物是不是社会文明的表现，关键是要站在历史的

① 张德明主编：《世纪之辩》，134、139~142页，上海，复旦大学出版社，1996。

高度上用发展的眼光来判断。刚才对方辩友只给我们列举了一些表面的现象，然而事实并非对方辩友所想象的那么简单。首先，刚才对方一辩说，离婚率的上升是道德沦丧的产物，这是以偏概全的。众所周知，不结婚的人可以不道德，不离婚的人同样可以不道德。马克思早已说过，离婚仅仅是对下列事实的判定，即：某一婚姻已经死亡，它的存在仅仅是一种表面和骗局，因此那种宁可容忍夫妻之间彼此欺骗，也不允许他们自由离婚的做法才是不道德的。难道我们能够允许这种不道德的行为，继续以道德的面目存在下去吗？刚才对方辩友说“离婚率的上升会给孩子们带来巨大的痛苦”，这也是只知其一，不知其二。美国著名的心理学家德斯帕特告诉我们：“在一个关系紧张的完整家庭中，父母的冲突对孩子们的影响要比父母离异坏得多。”君不见，有多少孩子在父母的吵闹声中，流着眼泪离家出走，又有多少孩子有家不愿回，流浪在外而误入歧途。他们是有一个家，然而这样的家带给他们的又是什么呢？从另一方面来看，正是那些视离婚率的上升为洪水猛兽的人们用冷眼、白眼对孩子们另眼相待，才使得他们在饱尝了家庭的苦果之后，又倍感世态炎凉。如果你们真正为孩子们着想，为什么不多给离异家庭一些宽容，给那些父母离异的孩子多一点同情、温暖和理解呢？最后，对方辩友说，稳定的家庭是社会稳定的基础。然而稳定的家庭未必是幸福的，因此我方认为，幸福的家庭才是社会稳定的基础。对方辩友可曾知道，在那些貌似稳定的家庭背后又隐藏着多少人间悲剧。林肯总统曾经说过：“如果把我婚姻不幸的一半分给这个世界，那么这个人间将不再会有一张笑脸。”为了不让类似的悲剧再次重演，为了让这个美丽的人间多几张笑脸，请尊重人们摆脱痛苦追求幸福的权利吧！谢谢。

第四节　辩论能力与诡辩术

一、辩论能力

辩论是口头语言训练的一种高级形式，除了注意掌握辩论的规律和技巧，还要在辩论实践中不断培养和提高下列能力：

(一) 辩论中"说"和"听"的能力

关于"说"，我们要根据具体的语言环境来分析。由于辩论双方不同观点的交锋，辩论的环境气氛，论战对手之间舌剑唇枪的言语刺激，使辩论者的语言思维处于兴奋状态，言语交际的反应速度大大地加快了。这时，对辩论者"听"的能力，组织话语进行"说"的能力，都提出了更高的要求。

作为"说"和"听"的能力，主要表现在：对对方辩论的观点、论证的言语内容能及时作出简明的概括，作出及时准确的判断和选择，并提到一个论证的高度进行分析和反驳。判断包含着对对方发言的内容哪些属于应该给予反驳的，哪些属于放过去不予理睬的；选择则是要及时抓住对方发言中的问题（荒谬、疏漏或矛盾之处），及时提出质疑或反驳。这就要求辩论者能不失时机地从对方的发言中敏感地找到问题，并能敏捷地组织起反击的话语进行辩驳。

(二) 应变能力

辩论性的言语交际常常是即兴式的。辩论进行过程中注意把对方的发言作精确的概括，以便树起驳斥的靶子。有时为了作临时产生的针对性辩驳，要求对自己的思维语言内容作秩序上的调整，并且迅速熟练地组织新的思维语言。这一切都体现出驾驭语言的应变能力。

一般地说，辩论时的环境和气氛使辩论者的思维处于紧张、兴奋的状态，反应速度大大加快，常常会闪现出智慧的火花，使辩论者注意力的指向性、思维的敏捷性和灵活性、推理能力及现场应变能力都能得到很好的锻炼。

二、诡辩术

(一) 诡辩的涵义

诡辩，是指违背常识和逻辑的似是而非的辩论方法。它常常和不正确的立场、观点相联系，通过歪曲论题、论据和论证方法达到辩论的目的。

诡辩给社会带来很多麻烦，给人们接受真理、抛弃谬误造成了许多阻碍。从认识真理出发，必须揭露和批判诡辩这种虚假、欺骗的辩论手段。

诡辩和巧辩在古代无甚区别，"诡中有巧，巧中有诡"。现代人们通常以真假来区别诡辩与巧辩，即诡辩是错误的辩论，巧辩是正确的辩论。但是，在争胜负的辩论赛上，"似是而非"的诡辩成了出奇制胜的秘密武器，我们也往往称巧辩；在滑稽、相声、幽默艺术中，许多笑料、"包袱"均是利用诡辩术制造的，使我们获得愉快的享受。

因此，对诡辩的具体运用，我们还不能简单地一概而论。

(二) 诡辩的主要表现

1. 偷换概念

这是指偷偷改变一个概念的内涵或外延，使之变成另外一个概念。

例如，对于同一件事，我们说"好得很"，反动派则说"糟得很"。有人据此事例作了两点逻辑推导：革命人民有革命人民的逻辑，反动派有反动派的逻辑，由此可见"形式逻辑"是有阶级性的。这一例以"形式逻辑"偷换了一般具体"逻辑"，从而导致错误结论。

2. 转移论题

是指在辩论中将原论题转为另外一个论题，从而回避在论题上的难堪处境。

例如，甲：人为什么要有理想呢？

乙：什么是人？

甲：人是社会动物。

乙："动物"又是什么？

3. 含糊其辞，模棱两可

辩论者故意使论题模糊不清，观点含糊其辞，似是而非，以便在不同的情况下做不同的解释，为自己的目的服务。

例如："唯心主义有片面性，唯物主义也有片面性。"又如："改革有改革的好处，不改革有不改革的好处。热衷于改革的人和极力反对改革的人，都有点偏激。"

4. 虚假前提

是指在辩论中推论的前提是虚假的，这些前提大都属于一些似是而非的东西。

例如：世界上存在这种概念就存在这种事物；世界上存在"鬼"、"神"、"上帝"的概念；世界上一定有鬼、神、上帝的存在。

5. 预期理由

是指在辩论中引用自身尚待证明的判断，作为论据来证明论题的真实性。

例如："假如宇宙是无限的，那么它就不能有一定的中心，但是一切物体都是以地球为中心的，因此，宇宙就是有限的。"其中，"地球中心说"的真实性没有得到论证，只能是诡辩。

6. 以偏概全

是指将只适用少数特殊事例的属性，推广到全部中去的辩论方法。

如仅根据个别农民子弟进大学后"一年土，二年洋，三年不认爹和娘"的现象，全面否定高等教育。

7. 机械类比

是指故意把某些偶然的表面的相同（或相似）而本质上不同的对象拿来类比，从而推论出它们在其他方面也可能相同或相似的辩论方法。

如拿钟表和宇宙相类比，钟表是由许多部分构成的和谐体，宇宙也是由许多部分构成的和谐整体。钟表有一个创造者，宇宙也应有一个创造者，那就是上帝。这样的类比是荒谬的。

8. 以人为据

以人为据，是指在辩论中把目标转移到"个人"身上，不评价论证论题，以对人的某些方面评价，代替对人的观点的评价。

9. 循环论证

是指用论据来证明论题，又以论题来证明论据，反过来，以论据的真实性依赖论题的真实性来论证。

如鲁迅在《辩论的魂灵》中这样描述辩论者的语言："我骂卖国贼，所以我是爱国者。爱国者的话是最有价值的，所以我的话是不错的，我的话既然不错，你就是卖国贼无疑了！”①

（三）诡辩的实质

从诡辩的种种表现可以看出，无论对什么事，诡辩者总能找出一些理由来辩护和反驳，表面上似乎很有道理，实际上却似是而非，混淆了对事物的本质认识。诡辩者看问题的方法，脱离了事物的客观性，强调了主观随意性，究其本质，从认识论的角度分析，诡辩采用的是绝对主义、相对主义和折中主义的论证方法。

1. 绝对主义的诡辩方法

绝对主义把矛盾双方割裂开来，夸大一方，否定另一方。如公孙龙的“白马非马”论，夸大个别与一般的区别，否定两者的统一。

2. 相对主义的诡辩方法

相对主义强调同一事物的相对差别，抹煞不同事物质的区别。如用“人不能两次踏进同一条河流”、“此刻的我不是刚才的我”来否定“河流与河流”之间、“我与他人”之间的区别。

3. 折中主义的诡辩方法

含糊其辞，模棱两可，随机应变，视情作解。“又是这个，又是那个”；“一方面，又一方面”，这就是折中主义的倾向。

（四）诡辩的识别和辩驳

不愿诡辩或不愿陷入不自觉诡辩的人，要注意做到以下四点：

1. 不要硬性说服或强加于人，若要硬性说服对方，就可能使辩论失常，导致诡辩。

2. 不要舍不得终止辩论。当正常的辩论被对方的诡辩和强辩搅得无望时，要毫不犹豫地终止辩论，否则，辩论将要变为争吵。

3. 下结论要慎重，对于那些违背常识、违背逻辑、违背道德的推论，不管多么诱人，都必须有勇气抛弃。

4. 切勿不懂装懂，把问题弄明了再辩，诡辩有可能大大减少。

（五）区别于诡辩的雄辩、巧辩、强辩

雄辩之“雄”，意为强有力，在议论与争论中，运用卓越的智慧、出色的言辞明辨是非，出奇制胜，可谓雄辩。几千年的古代文明，造就无数雄辩家。中国古代有“辩者”一词，就是专指以辩论为业的人，现代社会中雄辩家也比比皆是。

某一报告文学，介绍天津著名律师赵光裕以雄辩之才为我国合资企业赢得数十万元利益的事迹：天津制药公司与美国第八大制药公司准备签订一份合资合同，美方代表提出必须将商标等工业产权折合美元作为美国投资构成的一部分。这意味着，美国可以少拿出一大笔款，而年终照样分红。美方强调说：“我们的商标在国际上是有信誉的，有助于推销合资公司的产品，而且这个商标是在中国注册的，必须受到保护，使用必须付费。”中方谈判代表一时拿不出好主意，担任中方谈判律师的赵光裕沉着应战。他说：“美方商标已经在中国依法注册，当然应受到保护，非经议妥代价，任何人无权使用。

① 《鲁迅全集》，第3卷，29～30页，北京，人民文学出版社，1981。

但是，这与本合同无关。双方经理已经商定，合资企业产品的45%由美方负责外销，55%由中方负责内销。内销产品不用美方商标，至于外销用什么，是美方的事。如果美方为了自己的销售方便，外销部分可采用自己的商标，这怎么能要合资企业付费呢?”中方于“山重水复”之外，看到“柳暗花明”之景，这欲进先退、字字千钧的一席话扭转了谈判僵局。可见滔滔善辩离不开卓越的智慧、出色的言辞。

巧辩与诡辩在古代没有多大差异，“巧”中有“诡”，“诡”中有“巧”，在词义上存在交叉性。二者区别在于：诡辩首先是假的，而巧辩可能是真的。它们有美丑、善恶之分，如果是正直一方利用“似是而非”的诡辩制服了邪恶或荒谬的一方，我们往往称为“巧辩”。

例如古代有位学者讲迷信，一次他指挥工匠将院中一棵挺拔俊秀、挡风遮阳的大树砍倒，理由是：“房院四方像个口。木在口中是‘困’字，不砍树木不吉祥。”一位少年嗤之以鼻，驳道：“房院四方像个口，口中有人是‘囚’字，房中之人不都成了囚犯吗?”学者哑口无言，再不做砍树的蠢事了。

少年利用似是而非的诡辩驳倒学者，先由他那里“借来”一个虚假前提，而构出另一个虚假联系，得出荒谬结果。这种辩论为了驳倒诡辩而使用归谬法，从而称之为巧辩。

强辩，有勉强、硬要之意，胡搅蛮缠，强词夺理即是。例如有个人到医院看病，医生找个话题说：“今天天气不错。”病人说：“纯粹胡说八道，这里天气不错并不等于全世界在今天是好天气。例如北极，今天天气就很坏。”医生说：“我们这里不是北极嘛。”病人说：“你不应该否认北极的存在，否则就是歪曲事实真相，就是别有用心。”综上所述，雄辩、诡辩、巧辩、强辩都是辩论过程中可能遇到的，都需要我们在实践中不断增长辩才，以找到适当的辩论方式。

第五节　辩论的模式

辩论赛是按一定的比赛规则进行的。比赛规则确定辩题、辩场、人数、时间以及辩论的阶段分布和发言顺序。不同的规则规定了不同的竞赛模式，国内外比较流行的模式有以下几种。

一、四对四模式

从现在的辩论赛看，四对四模式又分为两种：

（一）新加坡模式

1. 陈词阶段	共18分钟
①正方一辩陈词	3分钟
反方一辩陈词	3分钟
②正方二辩陈词	3分钟
反方二辩陈词	3分钟
③正方三辩陈词	3分钟

反方三辩陈词　　　　　　　　　　3 分钟

2. 自由辩论阶段　　　　　　　　　共 8 分钟

正方任意一位辩手先发言，然后反方发言，依次轮流，必须交替发言，一方发言完毕，对方必须马上发言，否则时间照记。各方累计用时 4 分钟。

3. 总结陈词阶段　　　　　　　　共 8 分钟

①反方四辩陈词　　　　　　　　　4 分钟

②正方四辩陈词　　　　　　　　　4 分钟

实际用时 34 分钟

这种模式是国际大专辩论会的模式。因为 20 世纪 90 年代我国兴起的辩论赛就是在这种模式的影响下产生的，所以，人们对此模式比较熟悉，现在很多高校的辩论赛就是运用此模式。

(二)“蓝带杯”模式

1998 年暑假，由中央电视台主办的“蓝带杯”全国大专辩论会推出一种新的辩论模式，它在新加坡模式的基础上加入了公辩阶段，目的是为了加强双方交锋的冲撞力。

该模式分四个阶段：陈词、公辩、自由辩论、总结陈词。三、四阶段完全与新加坡模式相同。第一阶段：双方一、二位辩手分别陈词，各 3 分钟，由正方先起，交替发言。公辩阶段规则及要求是：

1. 每方三辩向对方一、二、四三位辩手分别提三个问题，每次提问时间限时 10 秒钟以内，首先由反方三辩提问，正方回答。

2. 一、二、四三位辩手必须各回答问题一次。发言顺序不限。三位辩手回答的总时间不得少于 1 分 20 秒，不得超过 1 分 30 秒，若总计时不足 1 分 20 秒，将在下面的自由辩论中为对方多加 30 秒的时间。

3. 双方问答完毕，由三辩做公辩小结，阐明自己发问的意图，指出对方回答的弊端，首先由正方总结，各 2 分钟。

公辩阶段总用时 8 分钟。

“蓝带杯”模式实际用时共 36 分钟。

二、三对三模式

这是我国“第二届中国名校大学生辩论邀请赛”推出的“辩论赛新模式”。它是辩论赛研究人员在综合各种辩论模式的基础上，为了突出、强化“辩”的效应而制定出来的。

1. 赛前辩论方案介绍　　　　　　共 8 分钟

①正方教练介绍辩论方案　　　　　4 分钟

②反方教练介绍辩论方案　　　　　4 分钟

2. 正式比赛开始

(1) 陈词阶段　　　　　　　　共 14 分钟

①正方一辩陈词　　　　　　　　4 分钟

②反方一辩陈词　　　　　　　　4 分钟

③正方二辩陈词　　　　　3分钟
④反方二辩陈词　　　　　3分钟
（2）盘问阶段　　　　　　共3分钟
①反方三辩向正方三辩提问　10秒
②正方三辩回答
答毕向反方一辩提问　　　30秒
③反方一辩回答
答毕向正方一辩提问　　　30秒
④正方一辩回答
答毕向反方二辩提问　　　30秒
⑤反方二辩回答
答毕向正方二辩提问　　　30秒
⑥正方二辩回答
答毕向反方三辩提问　　　30秒
⑦反方三辩回答　　　　　20秒
（3）自由辩论阶段　　　　共8分钟
①正方任一辩手发言
②反方任一辩手发言
正反方轮流发言，每方累计用时4分钟
（4）总结陈词阶段　　　　共8分钟
①反方三辩陈词　　　　　4分钟
②正方三辩陈词　　　　　4分钟

实际用时共41分钟

“新模式”对教练的要求：

第一，赛前一小时，需向评判团提交书面材料一份，内容包括：本队对辩论立场的理解、逻辑框架设计、主要论点论据、对对方立场的分析等有关辩论的战略、战术设计的考虑。

第二，辩论方案介绍包括：破题、对辩论双方的立场分析、己方逻辑难点的处理办法，自由辩论战术设计等。

这部分内容仅供评委参考，不列入评判项目。

对辩手的要求：

第一，辩手回答要简练，提问要明了。

第二，对对方提出的问题必须回答，不得回避。如果对方没有提问，被问一方发言内容可自定。

第三，提问者不得反驳，回答者不得提问，也不能反驳对方观点。

“新模式”最大特点在于增加了盘问阶段，要求有问必答，从而能使双方针锋相对，增强了辩论的激烈性。

三、二对二模式

这种模式主要有“俄勒冈式”，又叫“盘问式”，台湾大学生辩论赛流行这种模式。

1. 正方一辩结构性发言　8分钟
   反方二辩盘问正方一辩　3分钟
2. 反方一辩结构性发言　8分钟
   正方二辩盘问反方一辩　3分钟
3. 正方二辩结构性发言　8分钟
   反方一辩盘问正方二辩　3分钟
4. 反方二辩结构性发言　8分钟
   正方一辩盘问反方二辩　3分钟
5. 反方一辩辩驳性发言　4分钟
6. 正方一辩辩驳性发言　4分钟
7. 反方二辩辩驳性发言　4分钟
8. 正方二辩辩驳性发言　4分钟

实际用时共60分钟

这里的盘问要求：被盘问者必须回答问题，不能反问。盘问者可随时中断对方的回答，提出新问题，但不能反驳对方。

四、一对一模式

这种模式最有名的是美国的“林肯—道格拉斯”辩论模式。1858年，林肯与坚持黑奴制度的法官为解放奴隶曾多次进行辩论。为了纪念林肯，美国把一对一的模式以林肯的名字命名。现成为美国中学生辩论的正式模式。

1. 正方结构性发言　6分钟
   反方盘问　3分钟
2. 反方结构性发言　7分钟
   正方盘问　3分钟
3. 正方辩驳性发言　4分钟
4. 反方辩驳性发言　6分钟
5. 正方辩驳性发言　3分钟

实际用时共32分钟

第八章 法庭辩论口才

第一节 我国法庭辩论的性质及语言特点

一、我国法庭辩论的性质

“我国法庭辩论采用‘民主集中式’的诉讼形式，调动各个方面诉讼参与人的积极性，要求辩论双方遵守以事实为根据，以法律为准绳的诉讼原则，依据法庭调查中已经查明的事实证据，遵照有关法律规定，围绕被告人的行为是否构成犯罪，应否处以刑罚，有无加重、从重或减轻、从轻的情节等问题，大胆秉公发言，当庭辩论，这是符合我国实际，并能反映我国法庭辩论性质的诉讼表现形式。”①

“民主集中式”的诉讼形式特点表现为：法庭采用辩论式，审判长主持法庭辩论活动，当庭审核一切事实证据材料。“诉讼双方辩论发言的权利相对等；检察人员、律师和审判人员在法庭辩论中，分工负责、互相配合、互相制约，但审判长起主导作用。”②在以事实为根据，以法律为准绳的共同原则下，不同意见相互辩驳，使案情越辩越明，也使审判人员收到“兼听则明”的效果以保证判决公正、合法。所以说法庭辩论是审判公诉案件必经的重要程序，其目的是，通过控诉一方和辩护一方的辩论，来揭示案件的事实真相。③

在法庭辩论阶段，公诉人出庭发表支持公诉的演说并进行答辩。其主要任务是揭露犯罪，根据事实和法律，对被告人的犯罪事实提出控告，同时注意听取被告人及其辩护人的陈述和辩解，并对此作出答辩。律师在法庭辩论中的主要职责在刑事诉讼法中的明文规定是：“根据事实和法律，提出证明被告人无罪、罪轻或者减轻、免除其刑事责任的材料和意见，维护被告人的合法权益。”所以律师在法庭辩论中的辩护发言的根据是案件事实和国家法律。律师虽然是从有利于被告的方面提出辩护意见，但他决不受当事人的意志约束。在法庭辩论中，公诉人侧重于对被告人罪行的指控，律师则侧重于对被

---

①② 陶髦：《我国法庭辩论的诉讼形式之探讨》，载中国政法大学学报《政法论坛》，1987年第3期。

③ 谢宝贵、崔青山编著：《怎样当好公诉人》，第121页，法律出版社，1988。

告人合法权益的辩护。他们从正反两方面来全面地审查判断案件事实和运用法律，以保证不冤枉一个好人，也不放过一个坏人，做到公正地“以实论理，以法论罪”来审理案件。

二、法庭辩论言语交际的特点

从语言运用，即言语交际学的角度来分析，法庭演说即是指按法律规定在法庭上享有发言权的诉讼参与人的当庭公开发言。包括法庭控告发言、法庭申述发言、法庭辩护发言三方共同参加的一种司法言语交际活动——法庭辩论。法庭辩论这种口头语言形式，是在法定的诉讼言语环境中，控诉与辩护双方，为完成特定的言语交际任务，以法庭演说的形式而进行的一场针锋相对的争辩。双方展开辩论时，思维紧张、活跃，听说的言语交际进入了一种较高层次的要求。辩论是在这样的情况下进行的：论辩人要一边倾听对方的发言内容（这包括发言中对事实的陈述以及根据事实和法律所进行的论断和推理）；一边要从中选取最佳信息，立即对此形成个人的见解，依据事实和法律组织答辩或反驳的话语进行法庭演说形式的表述，以期说服对方，说服法庭及法庭听众。所以，在法庭辩论阶段，无论是公诉人的控诉演说，还是辩护人所发表的辩护演说，说话人的最终目的都是最大限度地说服法庭（包括法官和听众，也包括辩论的对手）接受自己的主张，于是怎样说才能收到最佳的法庭效果，就成为法庭辩论中司法口才语言运用的探讨课题。

第二节　法庭辩论的主要特征

辩论的司法口语表达类型，在遵循法律规定和依据事实以及具有针对性的前提下，除了具有法律性、针对性之外，主要具有以下突出的特点：

一、防预性

辩论的双方，在参加法庭辩论之前，都是作了一定的思想上、材料上和口语表达上的准备的。辩论双方或一方，毫无准备就跑到法庭上参加辩论，不仅不符合我国法律的规定，而且是一种不负责任的行为。

在常规情况下，辩论双方尤其是公诉人和辩护人，都是依法查阅卷宗、讯问或者会见被告人和进行必要的调查研究，撰写公诉词与辩护词，各自部门进行集体讨论并思索辩论的对方可能要提出的问题，等等。富有辩论经验的司法工作者，一般信守这样一句常理：“九备一说。”也就是说，九分准备，在法庭上的直接口语表达仅仅是一分而已。所以，法庭辩论前的准备工作是十分重要的。

二、临庭性

临庭性，即在审判长的主持下，在特殊的场合下，面对特殊的对象，在特殊的气氛中，辩论双方面对面地阐述、争论、反驳和面对面地向审判庭提出各自的请求和主张等，所以，法庭辩论的临庭性是其突出的特点之一。

三、职责性

职责性是法庭辩论的又一突出特点。职责性包含以下几点：其一，辩论双方的各自职责是确定了的。如公诉人的职责是揭露、证实和请求惩罚犯罪；辩护人的职责是辩驳、辩护；公诉人不得为被告人进行辩护，辩护人不可代替公诉人对被告人进行控诉。其二，刑事附带民事案件的辩护人，不涉及附带部分的辩护。代理第三人索赔的代理人，不得对被告人刑事部分进行辩护，也不得代理公诉人对被告人进行公诉。

四、均等性

法律规定，在法庭上辩论双方的口语表达机会是均等的。如允许公诉方发一次言，也得允许辩护方发一次言，不得以某种借口任意剥夺一方的发言权。当然均等性不是必须你一言我一语，允许你一言我二语，允许你一言我不语，也允许你不说我来说。

另外，均等性强调不得打断对方的发言。还要强调单一性，即出席法庭的公诉人，如果是两人或辩护人是两人的，两人中只能有一人一次发言，而不能两人轮流说。如在同一方，你说说我讲讲如唱双簧一样，是不严肃的，更不符合法庭辩论的均等性。

五、敏捷性

在法庭上进行辩论有两种突出的情况：一种是各自事先有准备的即防预性的言辞争辩；另一种是临庭性体现出来的现实的言辞争辩。对前一种当然要注意对方的反驳，对后一种当庭言辞则必须具有敏捷性。

敏捷性，体现在对对方反驳的话能听得清，大脑思维能准确地抓住症结，并能迅速地作出回答，而且言语流畅、声音响亮。

六、攻守性

出庭辩论的双方，都是为了协助审判机关对被告人准确地定罪量刑。因此，那种认定公诉方是处于守势、辩护方处于进攻地位的说法是欠妥的。应该从法庭辩论的目的、性质上来理解，即双方都处于守势，同时又都处于进攻的地位；在这一点上甲方是进攻，乙方是固守，但在另一问题上，可能甲方是固守，乙方变成了进攻，所以，法律上和司法实践上都表明了辩论的双方都具有攻守性。同时，从整个法庭辩论的全过程来看，其攻守性还表现在发言机会的均等性上，不可能允许某一方从头说到底，而使另一方只有回答的义务而没有反驳的权利。反驳就是进攻，有些问题的回答，阐述本身也是一种进攻的方法。

七、流畅性

流畅性主要体现在以下几点：

第一，法庭辩论不是发表学术论文，更不是作大报告，因此并不要求辩论双方在如何衔接等章法上作过多的思考。但是就每个独立的问题而论，首先其论述或反驳的要素应齐全，即讲述一个问题要有论点、证据和论证方法等必备要素，有条有理，顺当自然；要素若不齐备，则必然疙疙瘩瘩。

第二，简洁、明了。具有司法口才的法庭辩论者，他所讲的每一段乃至每一句话，都力求让对方听得清清楚楚、明明白白。通常情况下，在两轮或三轮辩论中，辩论的双方所讲的话都比较短、比较少，其中概念性的、修饰性的、纯理论性的话几乎不再出现，而且多引用的是证言、物证、法律的具体条款等。因此，所说的话不可能很多很长。

第三，通俗易懂。法庭辩论是为法庭的审判目的服务的。那种在法庭上放肆地大讲叫人听不清、听不懂的玄话、杂话、胡话、废话的诡辩家，本身就不具备司法工作者应有的素质，那些话只能引起众人的愤懑甚至唾骂，也不可能在法庭上达到他们的任何企图。

第四，流畅性。要求辩论双方尽量使用通俗易懂的语言进行辩论。这样做，不仅可以取得较好的辩论效果，而且使自己讲话时，也不至于别别扭扭、疙里疙瘩，或者吞吞吐吐。

八、铿锵性

出席法庭参加辩论，理所当然地要讲话，法庭上的辩论虽然十分肃静，但是也必须具有一定的音量。音量不足者或者讲话声音过高，都是不适宜参加辩论的。辩论者发出的声音应力求清脆、响亮。

第三节　辩论双方的一般性技巧

法庭辩论双方共同的技巧，在司法实践中常用的有如下几种：

一、善于争取主动

主动是被动的对称。被动是法庭辩论失败的主要因素之一。主动，就有可能取得法庭辩论的胜利。

善于争取主动，其技巧有二：一是法庭辩论前善于设题；二是法庭辩论中善于出击。

所谓善于设题，就是在法庭辩论的一般范围内，自己为对方设想可能要进行辩论的题目。在通常情况下，设题主要包括以下六个大范围：事实、证据、定性、量刑、适用法律条款、程序等。善于设题者往往比较主动。而对那些对方说什么自己就及时进行反驳什么的人来说，有时很容易不自觉地陷入对方设置好的辩论范围之中，甚至无法发挥自己大脑思维的独立性。

所谓善于出击，则是在已经开始法庭辩论时，一方要将自己事先准备争辩的观点千方百计地表达出来；另一方面就对方进行反驳的错误症结所在，千方百计地予以点破，使对方陷入被动的境地。

二、善于把开头话说好

在法庭辩论时的开头话，不同于写文章的前言。不能用类似文章的引言硬套在法庭辩论的开场白上，即使是事先写好的公诉词、辩护词，在法庭上也不宜照着念，还需要根据当时的各种情况和条件，进行适当的口语表达。如想把开头的话说好，应该注意以下三点：

一是善于借他人之口开头。所谓善于借他人之口开头，主要是借审判人员之口、借被告人之口，作为公诉或辩护的开头。如请求审判长读审讯笔录、证人证言、法庭调查笔录等，待读完之后，再加以阐述，借被告人之口，就是让被告人答复法庭调查的某一情节或某些问题作为开头，然后再接下去进行辩论。

二是善于提出一个涉及关键性的问题让对方答复，然后作为开头，这主要是在起诉书、公诉词或辩护词发表之后，就其中某一关键性问题上的漏洞或不妥当之处，让对方作出答复，从而使问题明显地暴露在辩论者和主持辩论者的面前，然后对所暴露的问题进行剖析与论证。

三是所谓善于针对辩论的焦点开门见山地开头，就是针对辩论者所发表的基本见解、主张或观点，有理、有利、有节地反驳到底。这种技巧如同单刀直入，具有先发制人的辩驳力。

三、善于使用第一手材料

所谓善于运用第一手材料，就是辩论双方善于将自己在办案过程中，亲眼看到的和亲耳听到的，并经过反复查证属实的事实和证据，说得一清二楚、明明白白，而且要说得具体，包括重要细节在内。

由自己深入实际所获得的确凿材料，其潜在力量较大，它给人以坚信不疑的信任感，只要善于表达明了，当然效果甚好。反之，尽管办案人员占有第一手材料，其潜在力量再大，但如在辩论时表达不清或者轻描淡写，不但使人难以信服感到遗憾，而且往往会落得被对方牵着鼻子走的结局。

四、善于引用法条

法庭辩论的开始阶段和最后一轮的辩论言词中，往往集中在对具体法条的理解和适用上。在司法实践中，较多的检察员、审判员、律师对我国颁布的主要法律相当熟悉。这不仅是他们工作的需要，而且也是他们积极自觉地掌握专业本领的具体体现。法条在每件公诉案件中是定罪量刑的准绳。离开了准绳是无法办案的。

现在的问题是：有不少办案人员按照法条抄写法律文书还可以，但在临庭辩论时离开了法规汇编，往往是记不准、说不清、说不全，甚至说不出或者说错。这是辩论失利的重要原因之一。

善于引用法条，不仅要对每一条法条序码说得出，而且要对每条中的第几款、第几项也要背得出，而且需要明白其中的具体内涵，以及与其相关的条、款、项的内在联系，与案件事实准确无误的关系。如果上述四个方面都能掌握自如，则在辩论中就会胸有成竹，做到冷静、沉着，而且比较容易化“险”为夷、反“败”为胜。

五、善于利用对方言辞信息

法庭辩论不但是辩论双方的口语交锋，而且口语交锋的权利是均等的。这就是说，对方讲话时自己要认真地听，最好还能记下一些重要的原话。反之，对方发言时，自己一门心思在背原先准备好的辩论稿，一门心思在翻阅带在身边的材料、法规，或者心不在焉想别的什么事儿，轮到自己发言时，往往缺乏针对性，甚至会说出风马牛不相及的话来。因此，高度集中思想、充分发挥自己的听觉作用，在法庭辩论中十分重要。

所谓善于利用对方言辞信息进行论辩，一般包含以下几层意思：一是从对方一段完整的话中，听得出主旨是什么，意图是什么；二是对方一段完整的话，是否合理合法，漏洞或不当在哪里；三是在对方一段完整的话中，有无要反驳的信息，若有该如何反驳；四是对方这一段完整的话，与案卷中或庭审中他本人说过的话、与证人的话、与被害人的话，有无矛盾的地方，若有矛盾或与其他讼诉参与人的话相互矛盾，又如何反驳、争辩，等等。

在上述四点的基础上，若能善于抓住对方言词信息，针锋相对地用一句或一段完整的话，以其之矛攻其之盾，使之陷入矛盾之中，并失去辩论的锐气和主动权，其辩论的效果也是较理想的。

六、善于拒绝无味的辩论

法庭辩论的时间是十分宝贵的，因此，必须十分珍惜时间。在法庭辩论中，有时会出现对方揪着问题不放的情况，或者死不认账。在这种情况下，辩论者要善于拒绝说。

所谓善于拒绝说，一是不重复说，如果对方反驳的仍是起诉书、公诉词或辩护词中的问题，那么你就只需点明已在前面说过不再重复则可；二是当对方揪住某一问题或与定罪量刑无碍的枝节问题不放时，你可以采取拒绝的口吻说一句“×××提出的问题不影响本案的定性或量刑”即可；三是对被告在清楚的事实和确凿的证据面前仍死不认账的，律师可在适当时机声明拒绝继续为被告人辩护，公诉人可以声明公诉人的发言到此结束。

上述几个方面，近似于辩论者不辩论，是一种近似于不语的沉默。这不仅在一定的时机和法庭上有着巨大的震动力，而且在辩论技巧上是戛然而止、干脆有力，看上去是退一步，实质上是进两步。

七、善于顾此顾彼

善于辩论的辩论者，往往会用一下子提出多方面问题的方法使对方陷于困境中难以招架。没有辩论经验的辩论者，往往会照对方提出的问题作长篇答复。还有一种情况是：多被告人的团伙、集团性案件，而且公诉人、辩护人又不止一个，相互辩论的内容又相互牵连在一起，有时不注意也会说出顾此失彼的话，所以，在法庭辩论中，还要善于顾此顾彼。

所谓顾此顾彼，一是当对方一次性提出多个问题而每个问题又都与定罪量刑十分密切时，辩论者只需回答每个问题的要点，绝不要详加阐述，以便缩小回答范围，给自己留下思考的时间。如果对方在你回答要点之后，就多个问题中再提出一两个问题，则可予以稍加具体的答复。二是对于对方一下子提出多个问题，而其中真正关键性的问题却只有一个或两个，在这种情况下可巧妙地说："暂且答复×××人提出的××问题。"实质上"暂且"的涵义就是说，其他问题不予答复。三是这一辩护人的辩护发言，不可把罪责向另一辩护人的被告人头上推，更不宜当庭出现辩护人相互之间发生争执，而是仅仅就被告人的事实进行辩护。

上述三点都是顾此又顾彼的具体技巧，运用得好，往往会有较多的辩论余地，否则就会出现手忙脚乱的不利情况，阵脚一乱，往往导致辩论彻底失败。

八、善于补救失误

所谓善于补救失误，一是对已说出的无碍根本问题的不适当的话，能够善于在下一轮发言中说得更周全些，如果没有再补说的机会，待法庭辩论终结后，可在休庭时向对方解释清楚即可。二是说了直接影响定罪量刑的错话，必须要善于立即给予更正。但在更正时不必声明"刚才我讲的话错了"等，而是用"审判长、陪审员，请允许我更完整、更准确地说明一下我刚才的发言"，实质上就是承认前面的话说错了。作为辩论的主持人，一般来说，辩论的对方是能够理解你这句话的涵义的。如果对方抓住前面说错的话进行反诘，你这时也就可以主动地答复对方："请××人明白或理解我说明的话。"一般情况下，到此对方如果再揪住不放就是极少有的了。如果真的还有这种对手的话，则重复一下更正后的原话，绝不多作解释，否则是不妥当的。何况，法庭辩论仅仅是法庭辩论，辩论的每一句话并不等于判决的断语或结论。三是说了不该说的话，能够善于马上用理智控制自己，在可能的条件下（如仍有发言机会）尽快转换口气，并在庭审后主动向对方赔礼道歉。

九、善于放松情绪

放松的反义是紧张，而法庭辩论的致命伤往往由紧张所导致，所以法庭辩论者应该使自己的情绪尽量放松。

所谓善于放松，一是情绪上自始至终要放松；二是除特殊情况外，要坚持用适中的语速；三是善于说清发言中的序码号，用来间隔一段段话，使说出的话条理清楚；四是不被对方的言辞所激怒。

十、善于利用语速快慢及声调高低

利用语速的快慢来取得法庭辩论的有利条件，一般情况下不宜利用。因为用得不恰当会忘记我们进行法庭辩论的目的。但是，在必要情况下也可运用这一技巧。

所谓善于利用语速，主要是用一个接一个反诘、一个更比一个快的反诘，让对方回答，而且是让对方跟着自己快速的语速作出回答。在通常情况下，一连五个快速反诘，而对方能准确无误地回答五个的是较少的，往往是越快错的或答不上的越多。

当然，如你想用飞快的语速反诘，另一方则是沉着冷静有素的辩论者，你也是难以占优势的。因为你好像在火里，而他好像在水中。

不过，对于那种富有鼓动性、煽动性或狡辩的辩护人是适用这一技巧的。达到运用这一技巧的目的后，立即指出其错误，从而煞住其不符合法庭辩论宗旨的言语。

第四节　辩论常用的论证方法

论证方法是指论辩者根据论题的不同，以及所掌握的论据而确定的，是在论辩中具体使用何种论据，采用哪些推理方式，从哪一方面展开论述的阶段性论证的整体结构形式。

论辩中的论证方法主要有六种，即例证法、引证法、喻证法、反证法、因果法、综合法。

一、例证法

例证法，是一种直接列举与所论问题密切相关的事实，从正面证明己方论点的论证方法。这种方法在论证中运用得极为广泛，在辩驳中也十分重要。司法实践中，公诉人对被告人的起诉，一般都是首先运用例证法，列举犯罪事实，证明被告人的行为已构成犯罪，然后运用引证法，对照法律条文建议定罪量刑。运用例证法应注意以下问题：

第一，要避免“有例无证”，即所举事例必须具有证明力，必须是与所要说明的问题密切相关的典型事实。

第二，要避免“有例无论”。举出了具有证明力的典型事实，如果不加以必要的论述，则无法将所举之例与论点联系结合起来，成为“两张皮”，其证明力自然受到削弱。

第三，适当掌握所用例证的数量。有时一个例子即可证明论点；有时则需数个例子证明论点。总之，需根据问题涉及的范围确定例子的数量。

例如，姚锦云危害公共安全一案，公诉人对姚锦云罪行的论证采用的即是例证法：

首先，从作案地点看，北京是我国的首都，是我国的政治中心；天安门广场是全国各族人民和国际友人的游览胜地。被告人姚锦云选择这个地方实施犯罪活动，残害无辜，严重地危害了公共安全，损害了祖国的声誉，在国际和国内造成的恶劣影响是不可估量的。

其次，从犯罪时间看，1月10日是星期日，上午11点左右，国内国际游客络绎不绝。被告姚锦云选择这个时间驾车高速向人群猛冲，造成的严重后果是可想而知的。

再次，从犯罪手段看，姚是司机，是一个有完全责任能力的人。她十分清楚，驾驶汽车高速向人群猛冲会发生什么样的后果。姚恰恰是选择汽车作为犯罪工具，以不低于70公里的时速，开足马力向密集的人群猛冲，造成无辜群众被撞死5人、撞伤19人，姚所驾驶的“华沙”牌轿车被撞毁，金水桥正桥西侧汉白玉栏杆被撞坏，造成了特别严重的后果和恶劣的影响。用以上事实，有力证明了“被告人姚锦云的罪行特别严重，手段极其残忍，情节极为恶劣，后果特别严重”，必然地得出“已构成危害公共安全罪”，必须“依法从严惩处”这一结论。

二、引证法

引证法是引用论辩双方均无异议的科学公理、法律条文、哲理名言、历史事实或者对方在论辩中使用的观点和论据，通过演绎推理，来证明己方观点的正确。

使用引证法应注意，所引用的理论性论据首先必须是论辩双方公认的，其次必须与己方所阐述的观点之间具有不相矛盾的内在联系。

1932 年 10 月，国民党当局以“危害民国罪”审判陈独秀，作为陈的义务辩护人，章士钊在法庭上引用孙中山“民主主义即共产主义”一言，责问道：为何孙总理宣传共产主义，奉为国父；陈独秀宣传共产主义即为危害民国？于理、于法能服人乎？章据此推断陈宣传共产主义无罪，应予当庭释放。

三、喻证法

喻证法也叫类比法，是把本质上具有相同或相似之处的事物放在一起进行比较，在比较中，通过揭示已知的某一事物的某一属性，从而说明另一事物也具有同一属性的一种论证方法。

在刑事诉讼中，公诉人和辩护人对适用类推问题存在不同意见时，往往需运用类比论证的方法阐述己方观点。

某地农民严×家的一头肉猪被疯狗咬伤，严×不顾乡政府“不准出售，等待处理”的明令，将该猪冒充兄弟家的生猪出售给某地食品站。事发后，该猪已混入肉联厂的 1 万余头生猪中被宰杀处理，无法清查，致使上述肉类必须全部进行无害处理，给国家造成 23 万元的经济损失。市检察院认为被告人严×违反食品卫生管理规定，情节严重，根据刑法第 164 条，以贩卖假药罪提起公诉。

辩护人认为起诉书认定的事实基本准确，被告人应当依法受到刑事处罚。但此案定性为贩卖假药罪显属不当，在法庭辩论中运用喻证法作如下发言：“本案的危害行为我国刑法分则没有明文规定，只能根据我国刑法第 79 条以及其他有关规定，以类推原则定罪。从被告的行为看，其所侵害的直接客体是国家对卫生检疫的正常管理活动。我国刑法第 178 条规定的违反国境卫生检疫罪有三个特征：（一）行为人违反国境卫生检疫规定；（二）行为人违反国境卫生检疫规定的行为，已经引起应检传染病的传播，或者有引起传播的严重危险；（三）行为人违反国境卫生检疫规定是故意的，即明知应当接受卫生检疫而故意逃避。本案被告人的行为特征除了与‘国境’这一特定范围不符外，其余均与违反国境卫生检疫规定罪的特征十分相似，因而，对本案依照刑法第 178 条的规定类推定罪。”

最后，法庭采纳了辩护人的意见，报经最高人民法院审核，裁定核准类推，以违反卫生检疫规定罪，判处被告人严×有期徒刑三年。

四、反证法

反证法是一种从反面论证己方观点的方法。这种方法必须首先提出要证明的正面论题，然后立出与所要证明的原论题相对立的反面论题，接着运用其他方法证明这个反面论题是假的，即加以否定，从而根据形式逻辑的排中律，从反面证明己方的原论题是正确的。在自己的观点难以找到确实充分的证据来加以证明的时候，用反证法来论证，同样能取得说服别人的效果。

原告窦×与被告韩×系两亲家，两家曾合伙购买一辆旧汽车，价格6 000元，其中原告出资4 000元。后两家发生纠纷，并在汽车归属问题上争执不下。原告即诉至法庭，要求被告退还4 000元出资，并参与分红。被告辩称：车是自己一人所购，与原告无任何关系。原告代理律师考虑到本方当事人出资时无任何书面证据。在法庭辩论中即采取反证法，指出：假定车是被告一人所购，而在刚才的法庭调查中，被告说不出购车资金来源，一再诡辩："钱是借的，借谁的忘记了。"在营运期间，被告没有必要与原告各记一本账，登记收支情况。可见，原告出资4 000元虽无书面证据，但从以上情况出发，结合其他旁证，完全可以认定。

五、因果法

原因与结果，是客观世界普遍联系和相互制约的表现形式之一。引起一定现象的现象是原因，由于原因的作用而产生的现象是结果。因果法就是揭示客观事物这种普遍性质的关系的，没有无结果的原因，也没有无原因的结果。因果法，一方面是用原因推断结果，即原因在先，结果在后；另一方面是用结果推断原因。作为一种论证方法，它的过程往往是通过分析说理的方法来揭示客观事物的因果关系。

律师论辩过程中，一般是采用先因后果的论证方法，这是符合事物常规的。

震惊全国的蒋爱珍杀人案二审时，辩护律师白长林在法庭上简述了蒋爱珍的情况后，提出这样一个问题："就是这样一个要求上进，并不断进步的青年，为什么会突然杀人而成为罪犯呢?"接着律师从确凿的事实出发，提出了下列原因：第一，上诉人在作案前人身权利和自由权利受到了严重的侵害。开始被当做该医院派性斗争的牺牲品，成为"捉奸"的对象，人格被侮辱，名誉被毁坏。第二，一四四团党委不仅未采取措施平息此事，反而派出"奸情"调查组，加剧了对蒋爱珍的迫害，以致大量侮辱、诽谤、谩骂蒋爱珍的大字报和低级下流、污秽不堪的漫画的出现，对蒋爱珍的迫害长达半年之久。第三，在迫害一再升级的情况下，蒋爱珍十分气愤。但她相信组织，寄希望于高一级的地区领导能为她澄清事实、洗刷冤屈，但并未引起上级的重视，希望落空。第四，蒋爱珍是"破鞋"的舆论愈造愈广泛，恶劣影响的扩散，可谓家喻户晓，童叟皆知。接着而来的又是要求对蒋爱珍进行"贞操检验"。对一个未婚女子来说，人格尊严的侮辱和损害，达到了登峰造极的地步。同时，她又被剥夺了人身自由，住处被非法搜查，行动有人跟踪盯梢，往来书信被查拆扣压。这样，才使她在精神绝望和崩溃后，失去了理智，采取了犯罪的手段——持枪杀人。到此，我们对这一犯罪结果的原因，就有了深刻而全面的认识。这种论辩对法庭准确定性、适当量刑是很有参考价值的。

六、综合法

综合法是在分析的基础上，把事物的各个方面在思维中结合成一个统一整体加以研究的逻辑方法。如当我们考察了一个案件的各个方面与各个因素以后，还需要把各个方面或因素结合起来考察，形成一个整体的认识。综合法也是认识事物，形成概念的重要逻辑方法之一。人们凭借此法才能把事物的各个属性结合起来，然后得到一个完整的认识，形成一个完整的概念。当然，综合法绝不是任意的拼凑法，必须是按照客观事物本质的联系去综合。

蒋爱珍杀人案二审时，辩护律师白长林对大量事实进行分析论证后指出："综上所述，蒋爱珍杀人是出于被迫害而产生的义愤，归案后认罪态度较好，在拘押期间有立功表现。因此，本辩护人认为：石河子地区中级人民法院判处蒋爱珍无期徒刑、剥夺政治权利终身，量刑过重，特提请法庭给蒋爱珍以从轻的公正处理。"这个辩护词比较长，经过律师本人简要地综合，我们也有了比较集中明确的认识，而这个整体的认识，也只是律师辩护的目的。律师在口头论辩时，尤其在讲的问题较多、发言较长时，这种方法即更显其重要性。因为，首先，口头发言无物质载体，听者主要靠耳朵听、大脑记，时间太长，可能出现漏听、漏记；其次，发言时间太长，听者的记忆容量因大脑疲劳而有限，从而可能抓不住重点。所以，律师需要加以归纳、综合，给各方一个简要、明晰的印象。

第五节　辩论常用的辩驳方法

辩驳是针对某一问题，列举理由、否定别人的观点和主张。论证是立己之论，辩驳则是破他人之论。立论和驳论是相互联系、相辅相成的两种论辩方式。立论中往往包含驳论，如反证法；驳论中又必须包含立论，如果没有自己鲜明的立场观点，任何驳论都是软弱无力、毫无意义的。在实际论辩中，反驳对方的观点与为己方观点辩护是紧密结合在一起的，无论作为目的还是作为方法都是相互转换，密不可分的。由于论证是由论题、论据和论证方式三个要素构成，所以，辩驳也可以从三个方面入手：反驳论题、反驳论据和反驳论证方式。在一个辩驳过程中，既可以从上述三个方面中的任何一个方面入手进行反驳，也可以从两个或三个方面入手进行反驳。从法律论辩的对象出发，律师进行辩驳可以从以下三个方面入手：

一、从释义正名的角度辩驳

释义是指正确解释概念判断的内涵，揭示其本质含义。正名指纠正被歪曲了的解释，恢复事物的本来含义，使概念真正达到名实相符。

震惊全国的蒋爱珍杀人案，经石河子地区中级人民法院一审判决，判处杀人犯蒋爱珍无期徒刑，剥夺政治权利终身。被告蒋爱珍不服，上诉到新疆维吾尔自治区高级人民法院。该院刑事审判庭依法公开进行审理。蒋的辩护人白长林律师认为，一审判决认定蒋爱珍"行凶报复而持枪杀人"的定性"确属对上诉人犯罪动机认定不当"，以致造成"量刑过重"。所以，他首先从"报复"这一概念的内涵进行分析：

> 报复行为和义愤行为是不同的。报复一般指行为人对正义行为的恶性对抗，这种对抗如构成犯罪，其行为人的主观恶性较大，社会危害性也大。例如对批评或揭

发自己错误的人不满而采取的对抗行为，即为报复。义愤是指行为人对非正义行为的对抗，这种行为如构成违法犯罪，其行为人的主观恶性较小，社会危害性也较小。虽然报复行为、义愤行为如达到触犯刑律的程度都构成犯罪，但由于社会危害性不同，在依法处罚时，对报复行为量刑要从重，对义愤行为量刑要从轻。

以上对“报复”概念的正确解释和理解，正是一种辩驳。概念解释清楚的同时，也完成了辩驳的任务。

二、从事实、证据方面进行辩驳

这种辩驳从揭露对方事实、证据的虚伪性入手，表现出两个特点：对对方的判断或观点所依赖的基础釜底抽薪；用自己提供的可靠真实的事实和证据取而代之。这两方面的目的是一致的，即亮明自己的判断或观点。

律师论辩作为具体的司法实践，必须遵循以事实为根据、以法律为准绳的原则。比如刑事案件无论是对犯罪事实的认定，对犯罪性质的判断，还是对法律条款的运用，其中最重要的是事实准确。事实不准必然定性不准，定性不准，引用法条和量刑必然不当。辩护人在法庭上为被告人无罪、罪轻或者减轻、从轻、免除处罚而进行辩护时，都必须根据事实提出意见。事实证据被驳倒，其他方面也就不攻自破。

例如，乘客李某由于在公共汽车车门关闭时还想攀车，以致坠车受伤死亡。起诉书指控售票员胡某犯交通肇事罪，其根据有三条：一是“违反规章制度”；二是死者“右脚被车门夹住”；三是被告人“犹豫不决，没有采取紧急措施”。辩护人在辩驳时，用多方面的具体事实和材料，将公诉人的论据一一驳倒。对第一条，辩护人指出：当时车站确实无人候车，以此证明被告人当时在操作上并无违章行为，并提供证明该事件的四个证人；对第二条，辩护人除列举“中门关闭，车已开动”，李某才仓促赶来攀车的有关事实和通过“检查死者的伤痕”证明死者右脚没有被中门夹住外，还用原车、原人在原地做了反复调查试验，用铁的事实证明了右脚被车中门夹住完全不是事实；对第三条，辩护人运用科学的方法计算时间，证明了被告当时不是“犹豫不决”，不是“不采取紧急措施”。这样，以无可辩驳的事实驳倒了起诉书中的三个论据，被告人犯交通肇事罪这个论点不攻自破。

三、从影响全局的关键性情节或细节方面进行反驳

律师在论辩过程中，必须紧紧抓住那些牵一发而动全局，影响整个案件性质的情节或细节。只要发现对方在这些方面存在破绽，而且又是关乎全盘的，就猛烈地进行反驳，使其全线崩溃。1933 年 2 月，希特勒党徒为了迫害共产党人，欺骗世界舆论，经阴谋策划，纵火焚烧了国会大厦，然后诬告季米特洛夫等共产党人是纵火犯。5 个月后，在德国莱比锡对所谓“罪犯”进行了审判。开始两天，被法西斯利用的被告卢贝昏昏欲睡，惟证是认。法西斯分子踌躇满志，以为季米特洛夫也会在他们的审判攻势下低头认罪。为了开脱自己的纵火行径，法西斯分子想证明烧毁国会大厦是卢贝一个人干的，以掩天下之耳目。季米特洛夫明察秋毫，抓住几点与本案全局有关的重要情节质问

卢贝：

1. 你为何犯下这种反对德国工人阶级的罪行？又是谁同你一起干的？

2. 既然在此之前，你连一个小木屋都点不着，何以能在坚实的大厦内燃起大火？

3. 纵火烧国会大厦所需要的材料是从什么人那里得来的？

4. 难道纵火者不是由通往国会大厦的那条地道走的吗？

以上所问的，正是法西斯分子想掩盖的，也是一点即破的。这种质问实质上是一种巧妙的策略性辩驳，从这一点上驳斥了敌人的诬陷阴谋，也即揭露了他们的致命弱点，使到庭的听众心领神会——真正的纵火犯就是法西斯分子自己。

从关键性的细节上辩驳，往往最能揭示事物的本质。季米特洛夫正是紧紧抓住戈林（原告）和三个警察在党证问题上相互矛盾这一细节，对戈林提出了质问："你为什么在散布的一条消息中硬说从卢贝身上搜出一个共产党的党证，而逮捕卢贝的三个警察都在法庭上供述他们没有在卢贝身上搜出党证？"用铁的事实揭穿谎言，使对方无言以对。季米特洛夫抓住这一细节，一下子揭露了国会纵火案是法西斯分子事先策划的阴谋。因为，在没有搜到党证的情况下，戈林就宣布搜到了党证，并以此一口咬定是共产党人干的，这显然是对共产党人的有意陷害。

可见，抓住对方与案情关系重大的情节、细节上的虚假进行反驳，既可以出乎意料地取得论辩的主动权，使对方一时措手不及，无力迅速组织反击，还可以以此作为突破口，一鼓作气，猛追不舍，使对方陷入被动，取得论辩的胜利。

律师论辩中辩驳的常见具体方法，主要有以下几种。

（一）归谬法

归谬法是从对方似是而非的观点出发，先假设对方的论点是正确的，然后通过演绎推理或类比推理的方法加以引申，得出违背常理，自相矛盾或者对方所不能接受的结论来，从而证明对方论点是错误的，达到驳倒对方的目的。

归谬法有以下几个特点：

1. 只能适用于反驳对方的论点、以对方的论点作为主要目标进行论证。

2. 具有先退后进的特点。假定对方论点为真、为正确，此为退；从对方的论点、论证引出荒谬的结论，此为进。退是为进创造条件的，进是退的继续和必然结果。

3. 使用归谬法必然能从对方的论题中推导出荒谬的结论。

根据以上特点，在使用归谬法时应注意考虑以下两个条件：

第一，必须具备一个能够推出荒谬结论和前提的论点；

第二，必须具备能够推出一个荒谬的结论，推不出荒谬的结论，或者推出的结论不荒谬的，不能使用归谬法。

例如，被告曹×一天骑车外出，途中几个小孩挡道，曹×向其中一男孩腹部猛踢一脚，前行三十米回头看见该小孩紧捂着肚子，但没有理会，扬长而去。后该小孩因肠穿孔死亡。被告人的辩护律师说："被告与死者并不相识，无冤无仇，没有预谋过程，是偶尔失足致死人命，属于过失伤害。"被害人家属的委托代理人当即反驳："辩护人把被告的行为说成是'应当预见，因为疏忽大意而没有预见，属于过失犯罪'，是站不住脚的。照这样推论，岂不是所有的犯罪都可以成为过失了吗？就连杀人犯也可以说：我杀人时应当预见我可能把人杀死，因为疏忽大意没有预见，而把人杀死了。”

（二）正误法

正误法是在论辩中直截了当地明确指出并纠正对方使用的观点概念、事实论据、论证逻辑的错误，从而推倒对方论点的一种辩驳方法。

正误法所直接指正的对方错误，比归谬法引申揭示的对方错误更为明显。一般情况下，只要一经指出，便不容对方置辩，即是无可辩驳的事实。

正误法同样是战胜诡辩的有力武器。使用正误法必须看对方辩论的概念、论据、逻辑的错误，而后简明扼要、准确无误地直接加以指正。如果是自己也搞不清楚的问题，则不可随便运用此法，否则，会适得其反。

例如“七君子案中”，王造时在反驳对救国会“煽动罢工”的指控时指出：“不是援助罢工风潮，而是援助罢工工人。我们为了工人没有饭吃，没有衣穿，才援助他们的。我们不但自己援助，并且希望当局对于日本压迫下的工人也加以援助。”基本概念一经指出，对方的错误论点不攻自破。

（三）诱入法

世间的事物是复杂多变的，论辩双方又往往势均力敌，同样警惕，同样灵活。有时候，论辩对方的致命错误，有如活靶，游移不定，贸然使用归谬法或正误法很难取到较好的效果。这时候就需要采用委婉迂回的手法，不动声色，一步一步地使对方错误形成定势，或者一步一步地使自己手中可以致命的“秘密武器”逐渐接近对方的要害，最后使用论证中的例证法、引证法、喻证法或辩驳中的归谬法、正误法，以迅雷不及掩耳之势给予稳、准、狠的一击，使对方难以逃脱彻底被歼的后果。此即为更为复杂的辩驳方法——诱入法。

例如，公元前399年，雅典的著名哲学家苏格拉底被人指控有罪，罪状是：不信神；引诱、败坏青年。审判之日，法庭上聚集了501名审判官，还有许多旁听观众。苏格拉底作自我辩护时，对指控者之一的迈雷托士以诱入法对付：

苏：迈雷托士，请说一说你是否认为使青年尽量学好是首要的事？
迈：是的。
苏：现在请你向在座各位指出谁使青年学好？
迈：法律。
苏：这不是我所问的，我问是什么人，什么人首先懂得这一行——法律。
迈：在座的审判官。
苏：他们全使青年学好，或者只有一部分？
迈：全部。
苏：听审的人呢？也使青年学好吗？
迈：他们也使青年学好。
苏：元老院的元老们、议会议员们呢？
迈：他们也使青年学好。
苏：这么说，除了我，全雅典的人都使青年学好，唯我一人败坏青年，是吗？

迈：是的。

苏：我问你一句：关于马，你是否这么想，举世的人都对马有益，只有一个人对马有害？或者相反，对马有益的只是7个人或少数人——马术师，而多数用马的人对马有害？当然是这样，不管你承认与否。迈雷托士，你已充分表明对青年漠不关心，你显然对所控告我的事，自己毫不知晓。

苏格拉底的诱问步步紧逼，使迈雷托士终于作出了“除苏格拉底之外，人人都有益青年”的回答。苏则出其不意地用一个尽人皆知的浅显比喻指出这是荒谬的：对于马有益的是大多数人，而对于马有害的反而是马术师。同样，教导青年也是一种专门技术，并非人人都能。几问几答，暴露出迈雷托士对于败坏和辅益青年，并无清楚的概念，所以也就没有资格以“败坏青年”为罪名来控告苏格拉底。迈雷托士最后终于不自觉地被苏引导到自己否定自己的地步。而这期间也正好给苏格拉底以充分的时机，来淋漓尽致地阐述自己的观点。

四、分析法

分析法是对产生错误论点的条件以及错误论点的危害，进行由浅入深、由表及里的解剖和分析，并运用多种论证说理方法一一批驳，从而最终驳倒敌论的一种复杂的辩驳方法。分析法所针对的是错综复杂的事物和观点。它所要辩明的事物可能联系着许多不可割断的其他事物；它所要阐明的一个判断可能是由许多复杂的概念组成；它所要驳斥的论点可能又由许多是非难辨的判断相支撑。对于这种情况，首先必须逐条分析，层层说理，而后再逐条辩驳。分析法有时还要作情理、事理和心理的分析。

分析法是律师论辩中最常用的综合说理式辩驳方法。如果将分析法和诱入法结合使用，可以得到更佳的效果。美国已故前总统亚伯拉罕·林肯在做律师时为小阿姆斯特朗所作的无罪辩护即是一典型例子。该案的关键是原告方证人福尔逊的证言，他说自己亲眼看到小阿姆斯特朗用手枪击毙死者。在法庭上，林肯是这样开始他的发问和辩驳的：

“你发誓说认清了小阿姆斯特朗？”

福尔逊答：“是的。”

林肯接着问：“你在草堆后，小阿姆斯特朗在大树下，两处相距二三十米，能看清楚吗？”

福尔逊答：“看得很清楚，因为月光很亮。”

林肯：“你肯定不是从衣着方面认清的吗？”

福尔逊：“不是的，我肯定看清了他的脸，因为月光正照在他脸上。”

林肯：“你能肯定时间在十一点吗？”

福尔逊：“充分肯定。因为我回屋看了时钟，那时是十一点一刻。”

林肯问到这里，转过身，对大家说：“我不能不告诉大家，这个证人是个彻头彻尾的骗子。这天晚上是上弦月，到了十一点钟，月亮早就下山了，因而不可能有月光照在被告脸上。退一步说，也许证人记错了时间，那么，就算提前一些时候，月亮还没有下山。但那时月光只能从西边向东边照射。证人所在的草堆在东，被告所在的大树在西，如果被告面向草堆，月光不能照到脸上。既然如此，福尔逊说在二三十米外看清了被告的脸，纯属彻头彻尾的捏造。”

审判结果，小阿姆斯特朗无罪获释。

林肯在这次论辩中，首先使用诱入法使福尔逊证词的观点逐步定势，然后使用分析法分析事理，终于揭穿了证人的谎言。

第六节　法庭辩论与修辞术

在法庭辩论中，充分的理由、确凿的证据、严密的逻辑再加上有力的语言表达方法，是说服对方、使自己获胜的保证。现仅以公诉人出庭公诉答辩得失的实例略作修辞分析，看修辞艺术在法庭论辩中举足轻重的作用。

一、论辩与修辞情境的追求

郝×故意伤害一案，被告人是百货公司的售货员，在营业时与顾客发生口角，动手打了顾客，致顾客死亡。开庭审理此案时，有300多名营业员参与旁听。公诉人在法庭提出公诉，一再强调被告作为营业员应“百问不烦，百拿不厌”，结果，在法庭辩论阶段出现了被告的辩护人发言台下静悄悄，公诉人发言台下乱哄哄的局面。

为什么会出现这种被动的现象呢？从主观上看，却是公诉人发言时用语不当引起的。

“百问不烦，百拿不厌”是一句带有夸张修辞色彩的语言，是营业员用以衡量工作态度的一种自我规范，在审判法庭上拿这一标准来指控被告的犯罪行为，自然会伤害那300多名旁听营业员的自尊心。一再强调这句，势必引起他们的反感。公诉人忽略了法庭旁听者中有300多名营业员这一特定的修辞情境，在法庭上，无意中把营业员接受群众监督的自我道德规范当做了一种束缚，并且重复使用这一不合修辞情境的语言，使答辩出现了被动的局面。

法庭旁听群众成分如何，是发表公诉词时要考虑的重要的修辞情境。发言人必须尽量了解听众的成分，掌握听众的心理。把自己置身在听众当中，才能有效地对听众实施言语影响，使自己的通报事实，说服理由，授意的情感观点通过言辞被听众所理解并接受。一般情况下，旁听的群众大都是其他行业的职工、干部，可以用一些普通的法律用语。而对一些难懂的法律名词，则尽量不用、少用，必须用时应加以解释，把某些法律专用术语变成通用语言。如果参加旁听的群众多是工人、农民，就应注意用语的朴实、具体、易懂、大众化，使他们听得明白。

下面是公诉人在一桩拐卖儿童案件中，根据旁听群众多是街道妇女的情况发表的一段公诉词：

被害者的父母亲为找孩子，曾在15家报刊上登寻人启事，到5个省进行寻找，

> 花了2 000多元。孩子与父母分离了4个月之久，给父母、孩子在精神上造成巨大痛苦。并且，厂里还为寻找孩子先后派出48个职工，花费2 500余元，给社会造成经济上的损失。

这段公诉词在修辞上最突出的特点是选用数量词，使所说明的事理十分具体，目的是着重揭露了罪犯对被害者家庭、对社会所造成的严重危害后果。在发表公诉词的过程中，旁听群众鸦雀无声，当听到公诉人控诉罪犯给社会造成的严重危害时，他们愤怒地要求让被告站起来，以示痛责。

二、论辩与修辞题旨的明确

向法庭揭露犯罪，证实犯罪，提请法庭依法追究犯罪人的刑事责任，促使被告人认罪伏法并起到宣传法制、教育群众的作用，是公诉人出庭支持公诉的根本目的。为此公诉人出庭发表公诉词或进行法庭辩论时，都应围绕这一目的进行。从修辞的角度来讲，使用语言要注意修辞题旨的明确。

张××交通肇事一案，辩护人提出："铁路交叉口有弯道，有扳道房，又有树木，夜间行车不易瞭望，无法预料，不负刑事责任。"辩护人的这种说法显然是在为当事人推脱罪责。对此，公诉人是怎样答辩的呢？

公诉人一方面承认这一事实是客观存在，有一定理由；另一方面明确指出："不易瞭望并不是不能瞭望，司机应当特别注意瞭望，严格按照交通规则'通过交叉路口时一看、二慢、三通过'和'看不清火车动向不走'的规定执行。这次事故的发生就是因他违犯了这一规定，疏忽大意造成的。因此他犯的是疏忽大意过失罪，应当负刑事责任。"

以上答辩说明公诉人在反驳辩护人的偏见时，注意了符合辩题的修辞题旨，运用修辞手法上的同义手段进行充分说明，前两句诉之以理，后两句讼之以交通法规，从多方面批驳"不易瞭望"的说法，从而顺理成章地得出"肇事者犯的是疏忽大意过失罪，应当负刑事责任"的结论。

三、论辩与词语句式的选择

被告刘××到其堂兄家玩，趁其堂兄不在家，将其堂嫂强奸。奸后刘出来小便时，其堂嫂将堂屋门闩住。被告踢门又要进屋，其堂嫂不开，被告便拉弯窗户的钢筋，打破玻璃。其堂嫂趁被告翻窗之机跑出告发。法庭辩论时，辩护人提出：

> 被告第二次进屋是再次行奸还是拿其衣服，事实不清。

辩护人提出的辩护理由有一定道理，或者是事实。但是，不能作为从轻、减轻刘××罪行的理由。公诉人如果硬性地否定或者不加分析地直接反驳，就缺乏说服力，所以应该考虑怎样组织语言，进行最有效的答辩，以取得最佳的法庭效果。

因此，公诉人首先抓住体现被告犯罪情节的几个动词（作案时的关键性动作），作了扼要揭露，然后转入正面答辩：

> 被告第一次进屋，强奸行为已实施完毕，强奸罪已构成，他第二次强行进屋，更说明了被告粗野，至于进去的目的，由于被害人的逃脱而没有表现出来，但这一问题清与不清，并不影响其强奸罪的构成。

这一段答辩词在修辞上很有讲究。公诉人选用词语准确，句式恰当。他首先答辩的是被告第一次进屋行为的认定事实，选用了两个肯定式完成时的单句，构成排比句式：

强奸行为已实施完毕；

强奸罪已构成。

选用完成时不仅符合认定的事实，而且在修辞效果上，第一，使语意表达斩钉截铁，表示在原则性的关键问题上丝毫不能退让；第二，揭露犯罪一针见血，观点明确，毫不含糊其辞；第三，排比加强了语势，肯定式与完成时配合使用，使答辩有理、有力。这是第一层。第二层答辩的内容虽然不是本案的实质性问题，然而都是辩护人提出要求答辩的问题。对此，公诉人在第一层答辩的基础上，选用“强行”、“粗野”两个很有分寸、也很准确的词语一带而过地说清，并不与辩护人过多纠缠。但是，不是硬行驳回或置之不理，而是在第三层采用了婉言答辩的方式。第三层的语气跟第一层比，显得平和委婉，但柔中有刚。这一效果的产生与下面的修辞手法有关：

第一，选用“清与不清……并不影响……”这种肯定与否定重叠的选择句式，既表达一种和缓的口气，又包容了辩护人提出的“不清”的意思，属于婉言答辩。

第二，用“至于”开头，引进辩护人提出的话题。由于“至于”后面语气上的停顿，显示了辩论“被告人第二次进屋的目的”这一话题无足轻重，带有轻视而不屑一辩的意味。有意避免了在与定罪关系不大的枝节问题上的纠缠，这乃是一种微妙的婉言答辩。上例以肯定式和完成时的句式定局，用恰当的关联词语进行婉言答辩，在修辞上很有讲究。

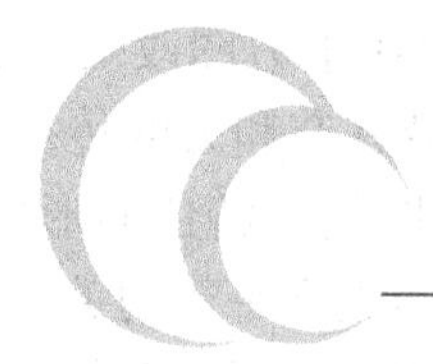

第九章　节目主持人口才

第一节　节目主持人的兴起和发展

节目主持人的出现和兴起，无论在西方还是东方，无论在20世纪50年代的美国和欧洲，还是在80年代的中国大陆，其根本原因都是社会的进步和发展，不外乎政治、经济、科技三大方面。从世界范围来看，社会的发展，带动了大众传播事业的发展。"节目主持人"这一名称首先在1952年出现于美国的电视新闻节目中。几十年来，以节目主持人为中心的形式已推广到世界各地。1981年元旦，中央人民广播电台《空中之友》节目由徐曼作为主持人对台广播。同年夏天，赵忠祥在中央电视台作为《中学生智力竞赛》的节目主持人。随着广播、电视事业的发展，节目主持人的活动越来越频繁，他们活跃于政治竞选、文艺演出、体育竞技、学术交流、经贸往来等现代社会生活的各个领域之中。那些风格独特、各有千秋的主持人形象，已经在广大观众心目中留下难以磨灭的印象。

我国节目主持人的兴起和发展，除了上述原因之外，还有三个方面的原因：

一是最根本、最重要的，莫过于改革开放政策带来的思想解放和经济腾飞。改革开放后，政治宽松，思想解放，经济发展，人的精神振奋，这样的政治、经济大环境，既对广播电视宣传改革提出了挑战，更提供了节目改革的极好机遇。

二是广播电视改革的深入发展。近十来年来，我国的广播电视事业发生了可喜的变化，这些变化波及和带动了广播电视宣传的各个层面，从传播观念到节目制作。如广播电视节目从内容到形式提倡"三贴近"，即贴近群众、贴近实际、贴近生活；传播方式上，充分发挥"人际交往"在现代广播电视传播中双向沟通的作用，赋予大众传播"人情味"的亲切、新颖、多元的色彩。

三是国际上广播电视传媒的激烈竞争，卫星技术实现的跨国、跨洲传播，也触发了我们节目改革的紧迫感、责任感。

正是在这样的背景和条件下，借鉴国外广播电视的理论和实践，我国的主持人节目与节目主持人应运而生，大踏步地走到听众和观众面前。

从传播者和受众的角度看，主持人节目的传播特色可以概括为四点：个性化、人格化、人际性、参与性。"个性化"、"人格化"是指传播者一方的特色；"参与性"是指受众一方在传播中的能动性；“人际性”是指传受双方在大众传播中所具有的直接交流、即时反馈的状态。

个性化 我们知道，大众传播与人际传播的主要区别在于传播者和接受者之间横亘着收音机、电视机这些媒介物，这些媒介物既是大众传播的物质条件，又会造成传者与受者之间关系的非人格性。而采用节目主持人形式，其用意即在于力图改变这种“关系的非人格性”，同时，作为传播者队伍中的一员，主持人是最具亲和力的传播者。职业的分工要求主持人以淡化了官方色彩、媒体色彩而具有“个性化”特色的形象出现，作为媒介向大众进行传播的中介人物，主持人以朋友的身份及与大众平等的关系，以个性化的视角和个性化的表达方式进行传播，在传播中，主持人不仅重视传播的目的，同时注意受众的需求、受众的接受能力和习惯，使传播更易于被广大听观众接受，从而缩短了传受双方的心理距离。

人格化 节目主持人的形式赋予主持人在传播中一定的自由和较多的创作天地，因此，在主持人想方设法满足受众各种各样需要的传播过程中，受众通过主持人的选题、立意，通过主持人语言中透露的文化品位和情绪格调，通过主持人的语言表达，对主持人的价值取向、道德观念、文化底蕴、情感倾向、思维方式、表达特点、语言习惯、兴趣爱好、审美情趣乃至脾气秉性，一句话，对主持人整个的人品都有较清晰的认识和评价。于是，受众会因为对某位主持人的信赖和喜爱钟情于其所主持的节目，这便是主持人节目“人格化”的传播特色的来由和所在。

参与性 为了更有效地实现传播目的，达到优化的传播效果，主持人节目十分注重在传播中与受众的交流，重视受众的反馈。这种传播观念上的变革，又得益于高新技术在广播电视传播中的应用，出现了多种受众参与的节目形态。在参与型的主持人节目当中，受众能够与主持人或其他节目参与者进行直接的交流，他们是节目的重要“构件”，甚至是节目的主体。

人际性 是指主持人节目把“面对面”的“人际传播”特色引入了大众传播。大众传播是一个过程，在这个过程中，职业传播者利用机械媒介广泛、迅速、连续不断地发出讯息，目的是使人数众多、成分复杂的受众分享传播者要表达的含义，并试图以各种方式影响他们。非主持人节目中，受众除了接受信息外，很难进行人与人之间的交流，主持人节目开通“热线”和“现场观众参与讨论”，为广播电视传播中的人际交往创造了条件，提供了环境，传受双方有了真正的交流和即时的反馈，区别只在于人际传播的内容同时进入了以公开性和广泛性为特点的大众传播。

由于文化、教育的普及，受众智力水平的提高，主体意识和民主、水平等意识增强，报幕员和播音员的程式化传播已不适应。节目主持人以民主、平等的态度来主持节目，以知心朋友的语气来侃侃交谈，使受众情不自禁地参与到传播活动中来，传者与受众的心理距离缩短，传播效果大大增加。尤其是一个德、才、学、识、艺、貌俱佳的节目主持人，更是大众传播媒介的“明星”。据美国有关机构调查，最优新闻节目主持人对美国生活的辐射力，仅次于总统、国会议员、企业界巨头、工会领袖，排名第五位。可见，高层次的节目主持人理当是富有修养、胸怀宽广的时代英才。

第二节　节目语境类别

主持人是依托具体的栏目而存在的，栏目是主持人生长、发展的沃土，是主持人施展才华的舞台。一粒种子，先要适应环境才能存活，然后再以其生命力，创造出令人凝眸遐想的光景。主持人的语言要想做到与栏目和谐，不管主持人在栏目制作中参与程度如何，无论是真正意义上的栏目的“灵魂”，抑或仅仅“出声出像”，都必须对自己主持的节目有较为深透的理解和把握。它包括两个方面：一是节目类型的共性要求；一是具体栏目的个性特点。不同类型的节目有不同的分工，从范畴、功能、目的、内容、形式、风格，都有各自的特点；同时，不同类型的节目，其服务对象、传播对象虽有交叉，但也存在差异，而且当今传播观念、传播格局正朝着“窄播化”、“细分化”发展，意在为各类有不同需求的听、观众提供针对性更强的专门化服务，所以主持人必须考虑节目服务对象群体的文化修养、生活经验、接受能力、语言习惯，根据对象特点调节自己的语言，以实现有效“对接”。

栏目的语境类别对主持人语言必然提出不同的要求和风格，其中既有同一类别语境的共同性，也有不同类别语境之间的区别性、多样性，一般地说：

新闻评论类主持人的语言特点，富于深刻思辨性、朴素敏锐性、平易明朗性、快速反应性；

综艺娱乐类主持人的语言特点，富于热情生动性、亲切大方性、机智灵活性、雅俗共赏性；

教育服务类主持人的语言特点，富于亲和周到性、深入浅出性、新颖透彻性、服务引导性；

体育类主持人的语言特点，富于明快晓畅性、活跃机敏性、客观大度性、知识欣赏性；

少儿类主持人的语言特点，富于活泼可爱性、聪颖清晰性、形象生动性、耐心示范性；

……

这些区别性差异，有语言内容方面的，有词语运用方面的，有声音形式方面的，它们融合在一起，显现出各自不同的语言样态，在同一栏目类型中显现出相对统一的共性。这些共性特点是在适应节目自身要求、传播对象要求的基础上，主持人在实践过程中逐步形成并为大家所承认的。主持人面对自己主持的栏目首先要有“归队”、“定位”的意识，那种全不考虑栏目特点，完全依照自己的语言习惯行事，“以不变应万变”的做法，肯定是行不通的。重者与节目风格格格不入，轻者会影响节目的整体和谐性。

演播室（或录音间）与直播现场，时空环境不同。演播室比现场干扰少，环境熟悉，轻车熟路，主持人思想容易集中，而且在不开“热线”、“不带观众”录制节目的情况下，语境稳定，基本没有变动，主持人的语言活动按“既定方案”走，操作起来相对简单一些。现场（含外景地）往往噪音大，干扰多，容易分神，而且现场和现场还不一样，新闻事件现场与文艺演出现场比较，前者的主持人往往面对摄像机（或录音话筒）说话，语言对象是不在现场的听、观众；后者则是面对在场的观众。另一方面，又因为节目类型的区别，听、观众接受心理的区别，主持人与听、观众互动关系的区别，显然主持人语言形式中的感情浓度不同、声音高低轻重的幅度也不同。

主持人节目的发展过程，得益于改革开放的政治、经济形势提供的有利条件，节目传播在一定程度上突破了以往"单向传播"的局限。最典型的要属广播中的"热线"节目和电视中有观众参与的谈话节目，在这类节目的直播过程中，或节目录制过程中，主持人与嘉宾，与听、观众的谈话，发话人和受话人的位置经常互换，都有信息的输入和输出，还有及时的反馈，实际上形成了语言活动的闭合回路，是实实在在的双向交流、双向传播过程。双向传播的实现不仅有了及时的反馈，重要的变化是受众地位的加强，传受双方相互依存，相互冲突，听观众可以参加讨论、发表意见并传播出去。在这些颇为特殊的语境中，一方面受众的真正参与，迫使主持人不断调整自己；另一方面各类节目的同步直播也罢，模拟直播也罢，不管事先做了多么充分的案头准备，仍可能有一些不可预测的情况出现。在这种情况下主持人无可逃避，并难以由他人"面授机宜"，即便是采用录制方式的电视谈话节目，为了营造实实在在的谈话氛围，主持人力求以直播状态进行。在节目录制过程中一般"谢绝"任何"重拍"或导演的调度指挥，更倾向于凭借自己对节目的深刻把握，临场处置各种问题。

主持人节目形态的多样性，也使主持人所处的时空语境相对复杂一些，有虚拟语境，有真实语境，有单一语境，有复合语境，且常常处在动态变化之中。主持节目的现实语境既有比较单一、比较稳定的"单向传播"语境，也有较为复杂的"双向传播"语境，还有在同一时空环境里主持人的交流对象经常变化的复合语境。心理学研究者把口头语言分为"对话"和"独白"两种形式。通常把聊天、座谈、辩论、质疑等情况下的言语活动称为对话言语；把报告、讲演、讲课等比较长时间的独白的言语活动称之为独白言语。对于节目主持人来说，这些语言活动的方式是随着语言对象的转移而变化的。如综艺类、竞技类节目主持人的语言对象一般有三种：在现场的观众（一对众）、现场的采访（一对一）、电视机前的观众（人对机器）。对这三种语言活动，主持人从心理感觉到声音形式都需要做出调整，才不会让观众感到突兀和不可理解。比如第一种交流对象，因为要面对全场，这种"独白式"的语言，主持人的声音变化、面部表情，比起日常生活要求更有外显的力量，同时目光还要有注视、环视、虚视的交替使用。当转为现场"一对一"的采访，或面向并不在场的电视机前的观众说话时，主持人的音量、语气、口吻都要进入"对话式"，不过，"一对一"采访是真正的"对话式"，后者可是"人对机器"的模拟"对话"。主持人的语言再短暂，也属于"独白式"，它还不比面向现场观众的"独白"，主持人能够从眼前观众的眼神、表情中捕捉反馈信息，而主持人面对镜头说话，则是无从获取反馈的虚拟语境中的"独白式"。这样的复合语境，这三种语言状态的细微差别，及三种状态的灵活转换，都是主持人应该注意到并能熟练把握的。

第三节　主持人的语用规则

一、主持人的语用规则

社会语言学的理论指出：语言的运用与社会行为规范和社会结构间存在有规则的联系。语言行为的规则对整个语言形式来说是一个起控制作用的因素。语言学家格赖斯曾提出会话的“合作原则”，并在这个总原则下归纳了四类不同的准则：

数量：提供适量的信息
A. 根据需要提供信息
B. 不要提供不需要的信息
质量：尽量说真话
A. 不说自己认为谬误的话
B. 不说缺乏充分证据的话
关系：说话内容切题
方式：表达清楚明了
A. 避免表达含糊
B. 避免歧义
C. 讲话简要
D. 讲话要有条理

在纷繁复杂的社会和微妙多变的情态中，人们的谈话或顺应这些准则，或有意无意地违反了以上一些准则，显然，顺应者交际顺畅，谈话效率高，而背离者交际受阻隔，谈话效率低。我们可以把格赖斯提出的会话准则看做是四个向度、四个角度、四个标志，质、量、关系、方式，这四个概念可以说是对话情境的四个层次，处于内核的是“质”，处于最外延的是“方式”。语义学家的这个研究成果，是指一般意义上的、普遍意义上的会话而言，却为提出主持人的语用规则提供了很好的思路。结合主持人语言活动的规律，针对当前主持人语言活动的实际，立足于主持人的语用层面，学者们尝试对格赖斯的会话准则加以利用和改造，提出几点适用于主持人的语用规则，即话语的有效性、话语的可接受性、“我”做话头的控制性（合理性）。

二、话语的有效性

主要从三个方面把握：

1. 主持人语言信息导向正确。主持人要有强烈的责任感和使命感，政治立场、政策分寸、道德观念清醒，特别是在自己“把关”的录制现场、在有受众参与的语境中，不管直播还是录播，更要自觉做好“把关人”，所说的话要符合党和人民的利益，要真实准确，经得起推敲。仅凭道听途说便信口开河，在日常生活中都是不足取的，在面向成千上万受众的广播电视节目中更是不能允许的。

2. 主持人语言信息的丰富性。主持人在节目中经常以谈话的方式进行传播，有较大的灵活性和语言的冗余量，但它并不能简单地与日常的闲聊画等号，不能信马由缰，话题飞转，必须紧扣节目设定的话题，为受众提供他们未知、欲知、需知的信息，尽量减少不必要的附加信息和冗余信息。滔滔不绝不等于有效信息，有的主持人没话找话，废话连篇，什么“今天又是一个星期天，这个星期天与以往的星期天有什么不同呢?想想也没有什么不同……”这实在是浪费广播电视资源，浪费受众的时间，用鲁迅的话说，无异于“谋财害命”。主持人在节目里的语言活动，无论直接传播信息，还是交流思想观念，或者沟通感情，他的语言内容都应该与节目的话题、与受众的需求紧密相关，用简洁的语言清晰明了地传达较为丰富的信息。

3. 主持人语言信息的“诚信原则”。一方面主持人对受众要以诚相待，说话者的品格具有巨大的影响力，是一切说服手段中最有说服力的手段；另一方面，主持人所谈观点本身的可信度要高，要提供确凿的证据或严密的逻辑证明。体育竞赛转播是拥有众多听众、观众的热门节目，主持人的解说与观众的欣赏“相依相伴”，什么时候说，应当说什么，说到什么程度，其中的信息质量不容马虎。尤其在评价人和事时，要注意身份，要本着“诚信原则”说话。1997 年全国足球甲 A 足球赛，八一队客场挑战大连万达队，主持人的解说倾向性明显，他说：“八一队的小伙子拉的拉，拽的拽，十八般武艺全都用上了。”八一队倒地铲断在先，当万达队铲倒八一队队员时，他说：“这是以其人之道还治其人之身。”当八一队射门过高时，他嘲讽道：“刚才天上好像没有飞机飞过，打高射炮干吗?”主持人的这一番话有信息量，但是表现出狭隘的地方主义，引起球迷极大的反感，并在报上发表了批评意见。

三、话语的可接受性

在主持人节目语境中，话语的可接受性主要从两个方面入手：一是礼貌原则、谦逊原则；一是适宜性、得体性。

（一）礼貌原则、谦逊原则

人与人相处，本当互相尊重，讲究礼貌，这是人类文明历史的传承，是中华民族道德、伦理的传统，也是精神文明建设的一个重要方面。在中国文化中，谦逊的含义是“谦虚恭谨”，谦虚是内在品质，恭谨是谦虚的外化。虚怀若谷，恭敬谨慎，对尊长或宾客彬彬有礼，举止稳重，是民族文化倡导的待人处世的基本态度。在主持人节目传播中，礼貌、谦逊还直接关系到主持人在受众心目中的形象和声誉，并且与受众的自我需要有关。根据马斯洛的需要层次论原理，人类具有五个层次的需要：生理需要、安全需要、社交需要、尊重需要和自我价值需要。其中生理需要、安全需要属于低级需要，社交需要、尊重需要和自我价值需要是高级需要。从受众对主持人的期待心理看，往往“朋友”色彩多于“权威”色彩，受众大多以闲适心情收听、收视节目，常常是“一心二用”、“三心二意”，而非正儿八经地“聆听教诲”，在这种散淡的收听、收视状态下，吸引受众的听觉和视线，要靠节目的精彩，要靠主持人的真诚服务。主持人在面对受众时，无论从哪个角度讲都理所当然地要遵循礼貌和谦逊的原则。

尊重受众，不是“说说而已”的事情，是否有真情会精细地体现在语言行为上，一方面是谈吐谦和亲切，多用谦词敬语；另一方面是与受众真正的平等交流。

说话注意自己的身份，多用谦词和敬语，是人际交往中的起码要求。礼貌言语，主要表现在称呼用语的正确运用上，也表现在敬语和谦语、禁忌语和委婉语的运用上，还表现在其他词语和句式的选择上。有的主持人缺乏起码的礼貌用语习惯，不管跟什么人说话，都得一声“哎，×××”来开腔，就像一个大大咧咧、不懂礼貌的“愣头青”，或者是拍肩膀、搂脖子的中学生。有些主持人文明教养“缺课”，不拘小节，做了主持人更是“自我膨胀”飘飘然起来，经常以命令、指示、教导甚至指责的口吻说话。在有的“热线问答”节目中，当听众好不容易打进“热线”，受宠若惊地表达自己的心情时，只听主持人极不耐烦、冷冰冰地丢上一句：“快说，说答案！”言外之意是：“少套近乎！想蒙奖品，没门儿！”在一次青年歌手大赛上，主持人笑容满面地对获奖歌手说：“说说你的感受，简单点！”这“命令式”的腔调与主持人的表情、与现场气氛很不协调。有的主持人自以为是，动不动就说：“我想，你应该同意我的观点。”一个“我想”，似乎有与受众商榷的意思，然而紧接着的一个“应该”，便把平等、礼貌丢得远远的，活像主持人竖起一根食指点到你的鼻子尖上。

心里装着受众的主持人则不然，沈力在一次修改解说词时，看到这样一句话：“您懂得了膳食营养平衡的道理，就应该举一反三。”沈力在旁边批道：“什么叫‘就应该’，这是命令式。如果把它换成‘还可以’，不是更好嘛！就二三个字，感觉很不一样。”还有一些儿童节目主持人在对小朋友交待游戏规则之后，不说：“你们听清楚了吗？”而是说：“我说明白了吗？”询问角度的转换，体现了主持人自谦尊人的美德，透出主持人处处为小朋友着想，避免居高临下的良苦用心。

此外，主持人与受众的“朋友”关系、“服务”关系，从总体上讲是不变的，尤其在有受众参与的节目中，听众、观众是主持人请来共同完成一次节目的，遵循格赖斯指出的谈话中的“合作原则”显得十分必要。如果说，人们在日常交谈中有可能故意违反“合作原则”，那么，在主持人节目中，传受双方的交谈一般都怀有一个共同的愿望：相互理解，相互配合，精诚合作。再者，有亲和力的人，善于传播的人，必定是很有涵养的人，也是善于与他人打交道并乐于与别人合作的人，主持人应当把自己修炼成为这样的人，体察“民心”，善解人意。在吸引受众参与的谈话节目里，主持人的主导作用，不等于说话的“主角”。谈话不是演说，更不是训话，所以一个人不可以霸占所有的时间，不可以长篇大论地絮聒不休，旁若无人。主持人要给参与者说话的机会，不可常常轻易地打断别人。在节目里，有经验的主持人总是能为听观众着想，即便当对方谈话与节目要求不一致时，也能耐心地、以委婉的方式提醒，不伤害对方的自尊心和积极性。有时，听众急于参与节目，只顾忙着拨电话，没有听清讨论的问题，有的主持人嗔怪地给了个“闭门羹”：“呦，你提的问题不是我们今天谈话的内容！请导播接进下一个电话！”体恤对方心理的主持人却能用热情而委婉的语言，把讨论题再说一遍，欢迎他参加讨论。在《实话实说》节目录制之前，主持人都要交待有关的注意事项，比如，为了摄像能准确、及时地把镜头对准发言的人，因此要求发言者站起来说话。一次，有位小女孩忘了这个嘱咐，崔永元轻声地提醒她：“请站起来说，在镜头里你会显得高一些。”这种为对方利益着想，以提出建议的方式，婉转而有效地达到目的的语言艺术，只有真诚地尊重受众，而非口头上喊喊“受众是我们的上帝”的主持人，才能很自然地做到。

（二）适宜性、得体性

具体说，就是说话要合身份、合语境、合语体。合身份，即合乎主持人与谈话对象的关系，不让人感到唐突、没礼貌、难以接受；合语境，即合乎谈话的场合、谈话目的、谈话对象的具体情况；合语体，即合乎广播电视语体的总要求，合乎节目风格特点的语言气氛和格调。这里我们集中谈谈与对象心理直接相关，为有效地达到语言目的所应注意的方面。

据统计，目前，我国的广播人口接受率已达到85.5%，电视人口接受率达到87.4%①，广播电视节目传播对象之广泛，是其他媒介不能比拟的，但是广泛性也带来了复杂性、多层次性。不但广播电视节目的受众，从性别、年龄、职业、文化程度到各自的需求、心绪，都有很大区别，而且主持人直接面对的采访对象、谈话对象也经常处在变动中，常常要面对各方面完全不同的人。如何调整自己的语言，使之适宜与对方交流，是主持人的语用规则，也是主持人的基本功。

主持人采访的人或者与之谈话的人，很少是熟悉的人，要想达到预期目的，主持人要根据对方的身份、文化水准、理解能力和谈话习惯，调节自己的语言方式，尽快使谈话进入一个能有效“对接”的状态，不至于“对牛弹琴”、“南辕北辙”。敬一丹能自觉地注意到对象的具体情况，并生动地概括为“见什么人说什么话”，她说：“对处于合作关系的采访对象，主持人抱有尊重、平等、体谅的态度，使之保持积极放松的状态；对于批评报道中的某些采访对象，主持人则应有敏锐的洞察力、客观而机智的提问、主动自如的把握能力。对于不同职业、不同年龄、不同文化的采访对象，主持人采取的交流方式应最大限度地因人而异。”她到一个无水村采访，在了解村民缺水的困难时，敬一丹不是一本正经地说：“请您谈谈没有水资源，给你们村生活、生产带来哪些影响?”她知道这种书面化的语言会阻碍交流，她采用“拉家常”的办法与在水坑边洗衣的大娘、小媳妇聊天，细致而真实地展现了画面所无法表现的东西：

敬：要是不下雨。您在哪儿洗衣服？

群众：下边那村，离这儿五里地。

敬：洗菜呢？

群众：我们不洗菜，我们没菜，就吃点儿土豆，腌点儿咸菜。

敬：那洗澡呢？

群众：我们不洗澡。洗啥澡？拿啥洗澡？

敬：年轻的姑娘结婚，在哪儿洗澡？

群众：那也没地方洗。一家几口人洗脸，都是孩子先洗，再是媳妇洗，最后是

---

①《广播电视发展录》，见《中国电视报》1998年第19期。

男人洗。洗完的水不能倒，还得喂猪。①

语言的适宜性、得体性还要求主持人了解对象的心理，不强加于人，不强词夺理，不“想当然”，不说可能伤害别人的话。沈力在主持《夕阳红》节目时，非常细心地注意到这一点，处处站在老年人的角度，体验老年人的心理，说出的话让人爱听，具有说服力。有篇串联词，年轻的编辑是这样写的：

俗话说，破家值万贯。老年人一辈子勤俭惯了，家里什么东西都舍不得扔，都觉得有用，可事实呢，又都派不上用场，反而使家里显得乱糟糟的。

沈力觉得这样说过于生硬，于是她把代表年轻人看法的话（从“都觉得有用”之后）删去，不直接下结论，口气和缓地说：

俗话说，破家值万贯。老年人一辈子勤俭惯了，家里什么东西都舍不得扔，可年轻人对这一点，却有不同看法，遇到这样的事儿。该怎么解决呢？

因为类似原词的话老年人平时听得多了，这样一改，避免了可能引起的反感，让老年人心平气和地听听年轻人的意见。

第四节　口语表达艺术

主持人口语表达之所以称之为艺术，是因为语言的驾驭本身就讲求艺术性。主持人在口语表达中的艺术处理取决于节目性质和形式的特定要求。在这里，我们不妨对不同类型主持人的口语表达方式进行一下比较。

新闻性节目对主持人口语表达要求有一定的规则。联播型节目以动态事件性硬新闻为主，主持人的声调运用要庄重、严肃、沉稳。杂志型节目也并非都采取大体一致的声调，早间新闻多用简洁、明快、轻松的语调，深度的专题新闻节目则要深沉、凝重、明朗。

娱乐性节目主持人在口语表达上则没有限定性的章法，是严肃、深沉还是幽默、风趣，完全取决于节目性质、主持人对内容的感受程度和个人的风格。例如，美国娱乐节目主持人之王埃德·沙利文的语言掷地有声，但语调却非常沉静，然而沙利文的“老石头面孔”和冷处理的语调却吸引观众达20余年。而《今晚》节目主持人约翰尼·卡森则以谈笑风生的滔滔独白吸引观众，卡森笑容可掬的面孔和幽默风趣的语调令观众为之倾倒。中央电视台节目主持人程前主持节目绘声绘色，语调的抑扬顿挫掌握得恰到好处，他生动活泼的语言和松弛洒脱的神态受到观众的喜爱。

体育节目主持人在口语表达上具有自己的特色——激昂、热烈、节奏快。在某种程

① 敬一丹：《重在交流感》，见《语言文字应用》1997年第4期。

度上，体育节目主持人不仅要用准确的语言传达信息，还要用生动的语言渲染气氛。

服务性节目主持人的口语表达往往比较平缓、热忱，这是节目性质所规定的。中央台《为您服务》节目主持人李扬和张悦虽然各自的音色不同，但语气、语调的把握基本是一致的。

儿童节目主持人的口语表达通常比较温和、亲切，这是节目面对的特定对象决定的。中央台《七巧板》节目主持人鞠萍在孩子们心中的“大姐姐”形象的树立同她主持节目的语气是分不开的。

通过上述的比较，我们可以看到不同类型节目在口语表达艺术处理上的不同要求。作为新闻性节目主持人，不能简单地模仿其他类型节目的表达方式，要考虑到节目性质、内容以及特定观众对象的特点。

主持人的口语表达方式形成了各种各样的风格，归根结底，是电视节目多样化发展的需求。主持人表达技巧的运用是离不开节目的特定要求的，脱离节目内容、性质、形式去单纯追求技巧是舍本逐末。但是，反过来不去讲求技巧也势必反作用于内容的传达效果。因而，主持人在语言技巧的运用上还应注意克服以下几点“通病”。

其一，不能为追求生活化而不加选择地使用日常口头语言。主持人使用的语言是在大众日常口头用语中经过选择、提炼的，口语化是人格化、对象化传播的有利手段，但绝不是不讲求规范。口语表达虽有自成体系的艺术标准，但也不完全排斥书面语言的使用。主持人驾驭语言能力高低主要看掌握语词的丰富和选择恰当词语传情达意的准确生动程度。因此，提高口语表达的根本途径是下苦功学习语言。

其二，避免啰嗦、重复。“在一些情形之下，过多的啰嗦反倒使人感到厌烦，使人失去耐心。不要重复，有些内容只奏效一次。”①

其三，不要装腔拿调。有些主持人为使自己的表达不露背稿的痕迹，故意讲求表面上的自我渗透，其结果说出许多个“我听说”、“我看到”、“我认为”……这样故做文章，让观众感到是在装腔拿调。

其四，调门不宜过高。有些主持人在现场报道、体育转播、重大户外活动等节目中，音调拔高，甚至于高声喊起来，观众耳边一直响着一种高八度的声音，搅得心情烦躁，再好的内容也只好调换频道。

其五，感情要适度控制，不要说过火过头的话。主持人虽然以真实的个人身份主持节目，但代表的是电视机构。因此，主持人要让观众感到既是一个富有饱满感情的人，又是一个善于控制感情的人。比如，一位著名主持人在一次中日女排比赛现场解说中感情曾失去过控制，这就如同是新闻节目现场主持，其中的教训值得吸取。当时中国队比分领先，裁判却明显地偏向东道主日本队。该主持人在解说台上看得清清楚楚，感情的天平也随之倾斜了。他喊了起来：“不管日本队怎么喊，双方的实力差距明摆在这儿哪。”“我们已经是世界冠军了。”比赛结束，中国女排第一次拿到世界冠军，女排队员激动地哭起来。该主持人也流泪了，声音几乎提高到最大限度：“诗人们，你们写首诗吧！作家们，你们写一篇文章吧……”这两段解说感情色彩虽然浓烈，但缺少一定的

① 罗伯特·希利亚德：《广播电视写作》，第220页，沃兹沃思出版公司，1984。

控制，中国观众或许可以接受，但外国观众会感到气度不够。在进行现场的节目主持时，要特别注意感情的流露，最好不要在感情控制上出现纰漏。比如，眼含热泪，话语哽咽。观众想听主持人说话时，主持人说不出来多少话，说出的话不是过于激动就是过于感动，这样就减弱了主持人引导观众的作用。节目主持人语言的特色是生活化、口语化、个性化。他应该给受众以知心朋友般的亲近感或信赖感。节目主持人的语言不宜采用宣读式、报告式、灌输式，应采用谈心式、对话式。他的个性化应表现为自身独特的艺术魅力，即他的语音语调，他的语词风格，他的形体语言等多方面。

第十章 导游员口才

第一节 导游语言的多样性、差异性

中国地大物博，历史悠久，有丰富的旅游资源，仅《中国自助游》一书所提供的统计资料可以看到以下内容：

传统节日有春节、元宵节、立春节、浴佛节、端午节、七夕、中元节、中秋节、重阳节、圣纪节等56个；

旅游节庆有冰雪节、冰灯节、灯节、地戏、风筝节、泼水节、牡丹节、荔枝节等63个；

列入联合国《世界遗产名录》景点名单的有长城、故宫、泰山、黄山、黟县西递村、西藏布达拉宫、云南三江并流（怒江、澜沧江、金沙江）等29处景点，其中4处为自然遗产，21处为文化遗产，4处为文化和自然双重遗产；

国家级历史文化名城有承德、大同、呼和浩特、南京、泉州、洛阳、武汉、江陵、琼山、成都、同仁、喀什等99个；

国家重点风景名胜区有八达岭、鼓浪屿、丹霞山、桂林漓江、赤水、苍岩山、衡山、太湖、庐山、泰山、五台山、乐山、盘山、杭州西湖、长江三峡、黄河壶口瀑布、扎兰屯等153个；

国家级自然保护区有长白山、科尔沁、伏牛山、珠穆朗玛峰、青海湖、六盘山、西双版纳等140个；

国家级地质公园有石林、张家界、嵩山、敦煌雅丹、丹霞山、枣庄熊耳山等44个。

如此丰厚的旅游资源使得中国的旅游产业兴盛起来，到目前为止，全国拥有的旅行社达2万多家，各类导游人员达几十万人。正是这样一支队伍加上特定的环境，构成了我国旅游行业的核心竞争力。

随着我国与世界经济的接轨，旅游资源共享已成既定事实。

以往我国旅行社的主要工作环境是在国内，工作对象主要是国内游客，中国加入WTO后，已有数十个国家与中国签订了互相开放旅游资源的协定，一批批的国内游客在走出去，一批批的国外游客在走进来，导游员的工作环境和对象也发生了很大变化。工作环境的变化是增加了国外环境，工作对象的变化是旅客中外国游客急剧增多，新的情况对导游工作提出了更高的要求。

第二节　工作环境与对象的强烈适应性

导游工作环境的流动性、多样性是它与其他各项工作的一个明显区别。仅以迎接工作为例，迎客时，导游口才的表达就要历经三种环境的变化。到机场、港口、车站迎客，是导游工作的开端，这时的环境是人群熙攘的交通转换枢纽地。旅游者又经沿途颠簸，生理上与心理上表现出一种强烈的疲劳感和不安定情绪。因此，导游人员在此时此境，绝不可言辞烦琐，寒暄过度，只应在微笑中进行彬彬有礼的问候，简洁地交代一些必要的事项，以恳切适度的言辞表达出真诚、友好的感情，为整个导游工作奠定良好的基础。将旅游者送往宾馆途中，导游人员的活动环境又发生了新的变化，此时，离开了喧闹的港口、车站、机场，转向了相对安静的新奇的环境。这种新奇的环境必然诱发出相对激动的心理状态，会在一定程度上驱除旅途的疲劳感，而在这种新奇环境下产生的生疏感又必然导致对导游人员的依赖感与亲近感。这时，导游口才的表达要一转而为活泼大方，风趣有味，给对方一种亲切热情的感觉，从而适应这种新的环境，满足这种新的环境下诱发出的新的心态。行车途中的窗外景物、沿途建筑、行人习俗，都是游客的注视点，这时导游人员应该充分施展自己的口才，运用生动有趣的语言，扼要地介绍沿途风光、当地习俗，制造出一种令人兴奋的活跃气氛。一进入接待地点，旅游者立即转入到一个以食、宿为中心的特定环境，这种环境的刺激，会使他们的疲劳感顿觉强烈，各种心理上与生理上的需求也会成为主要心态，与此相适应的导游口才的表达风格则切忌华而不实，言辞空泛，而应实事求是地将宾馆设施及有关情况作出简洁、恳切的说明，并应根据自己对旅客的观察和分析，了解旅游者的情绪和需要，表现出一种沉着、诚实、干练的作风。

在这为期短暂的迎接活动中，导游口才的表述风格就要随着环境的流动，或彬彬有礼，节制有度；或活泼大方，风趣有味；或言恳意切，诚实干练。当景物引人入胜，观赏情绪高涨时，解说则应简洁明快；当景物比较单调时，解说则应婉转丰富；当景物重复度大时，解说就应巧语细言，述描其异。导游人员的个人兴趣与爱好此时应让位于对环境的适应。

导游工作对象的多变性与差异性，也是它的一个鲜明特点。旅游者来自世界各地，不同的国家、不同的民族，有着不同的习俗、不同的思想、不同的风格和不同的爱好。英国人持重含蓄，交谈时应和缓委婉；日本人重礼节，守纪律，交谈时应文雅庄重；美国人开朗浪漫，交谈时应活泼大方；非洲人自尊心强，交谈时应尊重、谨慎。除了国别地区的差异外，还存在着很明显的个体差异，导游一定要根据他们的社会地位、认识水平、动机系统、情绪范围，因人而异、因地而异地进行讲述介绍，对专家学者，应注意语言的规范、谨慎；对初访者，应注意热情详尽；对年老体弱者，应简明从容；对文化水平较低者，应通俗易懂；对青年，则应活泼流畅，等等。以此来适应对象的差异性与多变性。

第三节　导游语言的文化性、情感性

语言是导游员最主要的工具，导游语言是导游员在为游客提供生活服务和讲解服务时用于交流思想感情、指导游览的一种口头语言。

著名美学家朱光潜曾说："话说得好就会如实地达意。使听者感到舒适，发生美感。这样的说话就成了艺术。"导游员良好的语言表达能力有助于创造和谐的旅游气氛。礼貌、真挚和美的语言能引起游客发自内心的好感，明确、简洁、适当、中肯的语言能获得游客的信任感，生动形象的语言能激发旅游者的兴趣感，灵活多变的语言能给游客以亲切感，使游客获得心理上的满足。

俄罗斯人有一句民谚："语言不是蜜，却可以粘住一切。"导游人员必须练就这样一副口才，用自己的语言，像蜜一样粘住一切游客，使他们乘兴而来，尽兴而归。有位导游陪伴客人在狩猎区行猎，回来时客人们颇为扫兴，恰巧又碰上一群朋友问他们收获如何，这时，导游立即抢先回答："客人们的枪法高明，只是上帝今天对飞鸟特别的仁慈。"这不但解除了游客的尴尬之态，而且一扫败兴之情，又沿途观光，兴尽而回。这位导游能在十分不利的情况下，用自己的口才激发起游客的兴致，这正是导游口才的绝妙之处。

在导游工作中，诱发旅游者兴趣的激励因素，大致有两个方面：一是直观形象，即第一信号系统的作用；二是语言，即第二信号系统的作用。自然景物、历史古迹、工艺品等都能作为直观的激励因素，激发游客的兴趣，这是主导的一面。但是，如果这些内容重复多次，就会让人兴趣索然。假若导游员能在这时充分施展出口才的魅力，生动地阐述其中的异妙之处，就能激发游客追求同中之异而产生兴趣。由此可见，导游工作不仅在于充分依靠和发挥旅游资源本身固有的作用，调动游客的直观兴趣，更重要的是如何借助语言工具去组织、激发游客的自觉兴趣。直观兴趣主要由感觉参与，属于感性阶段。而通过第二信号系统参与的自觉兴趣，它可以伴随着思维的活动引起人们的丰富联想，属于理性阶段。对事物的理解和随着认识上的深化，由之而产生的自觉兴趣则可以产生巩固而持久的效果。如果言语的作用未能引起对事物深化的理解，那么，兴趣的巩固和发展也就成为不可能的。

怎样才能使自己的语言像蜂蜜一样粘住游客，激发起他们的旅游兴致呢？第一，它表现为语言的生动性。导游语言有三大忌讳：一是平淡；二是呆板；三是单调。平淡、呆板、单调的语言会使人产生一种强烈的厌烦情绪，造成兴趣索然的不良后果，因而导游语言必须是生动的。当然，这种生动性仍然应该具有鲜明的导游口才的个性特点。第二，表现为语言的描述性。导游人员必须用形象的语言对游览对象进行描述，或勾勒出它的总体轮廓，或补述其四季变化，或描绘其历史变迁，让游客眼前的实景如画，虚景如立。第三，表现为语言的渲染性。游览对象在多数情况下，往往是静态的，它的美的特征并不是随时都充分展现着的，这就要依靠导游语言加以渲染，在导游人员的渲染下，达到静中见动、万象丛生的目的。第四，表现为语言的交融性。只有当语言与景物、语言与情感真正地交融在一起的时候，它才会变成"蜂蜜"，激发起旅游者浓郁的兴味，给人以美的享受，确确实实地把人导入到景物中，做到人在画中，画入心中，使人、景、情融合为一，从而升华到一个新的境界。第五，表现为语言的充实性。导游语言不能仅像一首抒情诗，还应像一篇知识小品，古今中外，成语典故，神话寓言，谚语诗歌，故事传闻，信手拈来，点染有致，给人以启迪。第六，表现为语言的哲理性。导游应在自己的语言中恰到好处地穿插一些寓意深远、耐人寻味的生活哲理语言，让游客面对千般美景，既能走得进，又能跳得出；既能摸得着，又能站得高；既能诱人以绵绵情丝，又能逗人以无限遐想，营造兴味隽永，情调高雅的氛围。第七，表现在它的风趣性。导游人员一定要让笑声不时洋溢，显现出一种雍容大方、兴味无穷的情态。

第四节　导游语言与心理因素

“语言是心灵引爆的导火线，但不是每一个人都能找到安装导火线的引爆点。”这个本来不易找到的心灵引爆点，在导游工作中，由于环境的流动性，对象的多变性，以及对象在生理上与心理上的反差度，造成了旅游者心灵引爆点的游移性，这样就更增加了导游口才表述的难度。应变的办法只有一个，就是充分发挥口头表达的即兴性特点。

清代乾隆皇帝喜欢微服私访，一次游览宁波天童寺时，由和尚圆智导游，两人一前一后，沿石级而上，一路山光水色，乾隆兴趣颇高，便对圆智说：“今日朕躬上山，你能不能把我比上一比。”圆智随口应答：“万岁爷上山，好比佛爷带你登天，一步更比一步高。”乾隆一听乐不可支。圆智的即兴回答，准确地找到了皇帝游佛寺希望讨个好兆头的心灵引爆点，又扣紧了沿石级而行的现场景物，也不失佛寺尊严，真可谓入景、入事、入情，三者天衣无缝。要把握这种导游即兴口才，就应具备三种调节语言的能力：

一是要随时观察旅游者的情绪反应，不断地调节导游语言。旅游者在活动中对客观外界事物随时都有一定的情绪反应。凡能满足已激起的需要，或能促进某种需要得到满足的事物，便引起积极的情绪状态。凡是不能满足某种需要，或是可能妨碍某种需要得到满足的事物，便引起消极的情绪状态。人的需要具有复杂、变化的特点，情绪状态因之而会有不确定性。旅游者对某个景物在开始的时候，可能感到新奇，情绪处于积极状态，兴致很高。当到达顶点之后，便可能由激动趋向平静，兴致逐步衰减。如果站着观赏的时间过长，就会有疲劳的情绪产生。如果天气炎热，就有解渴的需求。导游绝不能按照预先草拟的解说词，一路滔滔不绝，必须根据现场的变化，不断地调节导游语言，调节与语言同时出现的表情、语调，音色、手势。

二是导游人员要善于了解旅游者思维的特点，依据他们的思维特点，来调节导游语言。旅游者在活动中想些什么，需要了解什么，怎样满足旅游者的求知欲，这都要求导游人员了解旅游者思维的特点，然后采取相应措施，不断地对导游语言进行调节。思维活动总是与需要不可分割地联系在一起的。因此，导游在帮助游客进入思维活动时，一定要了解对方的需要，了解对方的个性，要考虑一定的场合，在详与略、深与浅方面进行语言调节。同时，我们知道，思维的基本过程就是分析、综合与比较、抽象、概括的过程。分析是在对象中分出它的某些方面、因素、属性、联系、关系等等，就是把被认识的对象分解为不同的部分。在分析某个对象时，它的某些最重要、最有意义、最有趣、最本质的属性，一定会成为特别强烈的刺激物，因而也就应居于首要地位。导游人员在自己的讲解中，要有准备地、有条理地进行分析，把最重要的、最有趣的、最本质的部分，通过自己的语言进行表述。

三是要注意旅游人员生理因素引起的心理变化，并依据这种变化来调节自己的语言。生理因素直接影响着人们的心理状态。导游人员在游览活动中必须充分注意到这一点。除了在活动安排上应顾及旅游者表现在年龄、性别方面的兴趣特点外，在活动的每一环节上都应考虑到生理因素引起的心理状态的变化，从而对导游语言进行调节，甚至包括语言的节奏，即语言的快慢强弱都应适应游客的生理和心理条件。节奏太慢，对精力旺盛的游客来说，是不能满足的，但对体力较弱者可能很有必要。听力较差的人或重听患者对语言的感受性明显下降，这就需要照顾，也需要导游进行语言调节。

即兴口才，除了需要掌握好一定的口才技巧外，还应进行自身心理素质的培养。导游人员应具有广泛的兴趣，文史、地理、艺术、体育和有关自然科学的广泛涉猎，对导游即兴口才都有直接的意义。兴趣狭隘将使他的即兴语言表达受到不可克服的障碍。同时导游人员应注意培养自己具有热情、正直、乐观、开朗、富有同情心的良好品质，要做到谨慎而又谦虚，既要善于交谈，又要节制有度。具备这种品质，才能使自己具有语言的调控能力。导游人员的情感与意志也是很重要的。高尚的、热烈的、饱满的情感，能够使导游人员的语言产生一种内在的质的美感，一种特别的风度，这是语词选择所不能取代的。

第五节　导游行业的礼貌语言

一、导游语言的选用

我们要推广普通话。不是所有的北方话都是普通话。普通话的确切含义是：以北京语音为标准音、以北方话为基础方言、以典范的现代白话文著作为语法规范的我国全民族的共同语言。至于选用广州话作为导游语言，则是看服务对象而定的。广州话早在汉代的广信（今广东封开、广西梧州一带）已具雏形，三国以后发展成熟于广州。广州话以省会广州的方言为标准——可能受粤剧、粤曲的影响较大，广州西关的方言更为柔美。

二、语调语速的掌握

说话时要注意语言的音调和语速的恰当运用，对不同的对象，要根据实际情况作出适当的调整。如对老年人，说话就要放慢速度，语调中要体现出对长辈的尊敬；对于性急的人，不要故意慢条斯理地说，要知道，说话不仅是在交流信息，同时也是在交流感情，许多复杂的情感往往通过不同的语调和语速表达出来。如明快、爽朗的语调会使人感到大方的气质和直率的性格；声音尖锐刺耳或说话速度过急，会使人感到急躁、不耐烦的情绪；有气无力，拖着长长的调子，又会给人一种精神不振、矫揉造作之感。因此，在与游客谈话时掌握好音调与节奏是需注意的。这样也可使口齿清晰。我们应该以婉转柔和的语调来创造出一种和谐的信息交流的气氛，这也是使用礼貌服务用语的要求之一。

三、迎送游客的礼貌用语

出发前，导游员应至少提前10分钟站立于车门下侧，恭候游客上车。游客抵达时，应向游客微笑点头，热情问好（“早上好!”“下午好!”“您好!”，等等)。以“请”的手势，请游客上车。

在核实人数之后，汽车启动时，应对游客致欢迎辞，内容大致如下：

（1）代表旅行社、本人及司机欢迎客人；

（2）介绍自己的姓名及身份；

（3）介绍司机；

（4）表示提供服务的诚挚愿望；

（5）预祝旅途愉快顺利。

在送团时，还应致以欢送辞，内容大致如下：

（1）感谢大家的合作；

（2）表达友谊和惜别之情；

（3）诚恳征求游客对接待工作的意见和建议；

（4）若旅游中有不顺利或服务有不尽如人意之处，向游客赔礼道歉；

（5）表达美好的祝愿。

四、敬称

敬称是对别人的称谓的合乎礼节的称呼语式。在社交场合，称谓很重要。通过它，反映了人与人之间的相互关系，显示出一个人的修养，在某种程度上也反映了社会风尚。

称谓一般可以分为：

（1）职务称，即以其所担任的职务相称，如总经理、局长、校长、院长等。

（2）姓名称，如在“先生”、“小姐”之前冠以姓。

（3）一般称，即泛称某人为“先生”、“小姐”、“太太”等。

（4）职业称，如“秘书小姐”、“李师傅”、“王老师”等。

（5）代词称，如“您”、“他”等。

（6）亲昵称，如亲属、好友间的称呼。

导游员因与游客接触的时间较短，难以了解他们的姓名和身份，对男的称“先生”，女的称“小姐”、“女士”就可以。对年龄不明的年长女士不应随便称其为“太太”或“阿姨”，更不能称“阿婶”、“阿婆”。也就是说，对于那些带有年龄、辈分标志的称谓要慎用，在不明的情况下，称谓要尽量向青年期靠拢。

五、常用“十条”礼貌用语

全国已推行了“十字”文明用语：“您好”、“请”、“谢谢”、“对不起”、“再见”，这是导游员必须掌握的常用语。

在旅游服务中，还有“十条”常用的礼貌用语：

(1) 您好，欢迎光临!

(2) 再见，欢迎再次光临!

(3) 谢谢您了!

(4) 我能为您做些什么吗?

(5) 请问有什么吩咐?

(6) 真过意不去。

(7) 麻烦（劳驾）您了，非常感谢!

(8) 没关系，这是我们应该做的。

(9) 请多多关照（包涵）!

(10) 对不起（请原谅），令您久等了（也可以分别配以“请您稍候”、“这是我一时疏忽”、“打扰了”、“招呼不到”、“我应该向您道歉”、“实在抱歉”等）。

六、问候语

人们在工作和日常交往中，遇到同事、朋友、宾客时，所要表示的第一个礼貌形式就是问候和致意。问候就是向对方说一些表示良好祝愿或欢迎的话。常用的问候语有：“您好!”“早上好!”“下午好!”“晚上好!”“欢迎光临!”等等。导游员在服务中的问候语多用复数，如“各位团友，你们好!”“各位早上好!”等。

七、应答语

应答语是对方表达意思之后自己马上相应作答的语式。导游员常用的应答语有三类：

(1) 对应式答语

“好的，我明白了，请您放心。”

“好的，别客气，我马上办。”

“好的，没问题，请稍候。”

(2) 致歉式答语

“不客气。”

“您不必客气。”

“没关系，我应向您道歉。”

“请原谅，这是我一时疏忽。”

“对不起，这是我的责任。”

(3) 致谢式答语

“不好意思，服务不周。”

“好的，谢谢您的好意。”

“招呼不到的地方，还望多多包涵。”

“是的，十分感谢您的夸奖。”

八、语言禁忌

为了不破坏谈话的气氛，导游员应注意以下语言禁忌：

（1）不能触犯个人隐私。如对女游客，不应问年龄、婚否；对男游客，不应问职业、收入及其用品的价格。

（2）尽量避免谈及疾病、死亡等伤感的话题。

（3）不得使用猥亵的语言或谈及下流的内容。

（4）不得触犯民族和宗教的语言禁区。

九、使用柔性语言

所谓“柔性语言”，就是语气亲切、语调柔和、措辞委婉、说理自然的语言。为此，导游人员应该在使用语言时注意以下两点：

第一，避免使用命令式的祈使句。如“你们听我说”、“你们跟我来”、“你们往前靠”等，而应在语句前加上谦词“请”字。

第二，在回答客人询问时，避免随便直接使用否定词或否定句。如“不”、“没有”、“不知道”、“不行”、“不可以”等，而应委婉地先解释其理由。

第六节　良好的素质赢得丰厚的回报

一、转变观念，适应市场

改革开放后的今天，旅行社已逐步发展成为自主经营、自负盈亏、自我发展的企业。由于旅行社日渐增多，旅游商品琳琅满目，旅游市场的主体——游客选择哪个旅行社、哪种旅游商品，自主意识和能力也大大提高了。现在的旅游市场完全成为买方市场。

旅游市场的供求关系主要由价格机制或竞争机制来决定，竞争的焦点主要表现在服务质量的竞争。在价格、线路、食宿相同的条件下，服务质量就成了赢得客源的重要筹码。

导游员在为游客提供优质服务中占有主导地位，其言谈举止直接影响到游客的情绪。争取“回头客”，扩大客源是一个长期的经营目标，所以，必须严格遵循服务礼仪规范，并以渊博的知识、娴熟的服务技巧、良好的职业道德，树立自身的职业形象，从而树立企业的形象。

在我国著名风景区桃花源景观潇湘八景之一——水府阁（观日亭）游览时，导游妙语连珠：

水府阁高踞黄闻山顶，是明代建的。因年久失修，1961 年倒塌，1992 年重修。因为这里供奉了管水怪的杨泗将军，他住的地方，就叫水府阁。水府阁高 33 米，雄伟壮观。这里面对白鳞洲，俯视沅水，美妙风光尽收眼底。这个地方是观景的第一个好地方，尤其是在这里可以看到三日同辉的奇观。夕阳西下，渔歌唱晚，落日余晖洒满江面，遍地漫江红霞，把渔村打扮得分外妖娆。所以这里自古以来就是潇湘八景之一，名“渔村夕照”。最为奇特的是，夕阳在天边吐红，而江里同时现出两轮落日，三日共辉，奇绝天下。有人说，江里的两轮太阳，是后羿射落的九个太阳中的两个，是与不是，大家可去考证。江泽民总书记登临此阁，听到了导游的讲述，看到了如此美妙的江山，连声称赞：“辽阔，此处辽阔！”所以大家请看这副对联，这就是此山此水此天的写照：“三日同辉绝佳山水；二黄闻道辽阔江天。”

水府阁的第三层，是环视桃花源大景区的最佳处。大家看：远处是沅江迎面而来，四周青山绿树，水秀山灵。那些远远的建筑，都是桃花源的景点。过去，江上木排很多，日里万排东下，蔚为壮观；夜里渔火点点，灿若群星。过去有副古对联描绘此情景：“日有千人拱手；夜观万灯照明。”拱手则说放排人划排的动作，也好似向水府阁朝拜，写得非常生动。

登上水府阁，看江天辽阔，看沅水奔流，看青山滴翠，看落日吐霞，大家会感到祖国大桃花源是多么美好！真有登斯阁也，其喜洋洋，其乐融融，把酒临风，心胸顿开，万念皆忘，大有俗虑尽除之感！难怪大诗人屈原两千多年前来到这一带苦苦行吟，看到如此美妙的江山，也发出了“沅有芷兮澧有兰”的感叹！

第十一章 商务谈判口才

第一节 商务谈判的性质和语言分类

商务谈判是在市场经济的社会环境里产生和发展起来的。在市场竞争中，只有通过成功的谈判，才能达成协议与交易。大到对外经济贸易往来的洽谈，小到个人上街购物，买卖双方的讨价还价都属于商务谈判之列。没有商务谈判就不可能有生产经营，“不找市长找市场”，“不靠分配靠谈判”。市场经济日益发展，商品交换的日益频繁，每个人都有可能为个人或集体的利益经常同各种各样的对手谈判。每个人都有必要学一点商务谈判的知识，从事经贸活动的人更应当是商务谈判的行家里手。

谈判，主要通过“谈”来达到“判”。“谈”在口上，“判”在心里；“谈”是过程，“判”是结果。谈判实质上是智慧与口才的充分体现，谈判语言主要属于即兴讲话、应对口才的范畴。谈判者根据不同的谈判对象、不同的谈判内容，往往选择不同的语言方式。总的说来，谈判语言可分为三类。

一、强硬的谈判语言

谈判者把商讨看成一种智慧、意志与口才的较量，不把对手当成合作对象，而是当成“敌手”，因而认为立场越坚定、语气越强硬，压倒对方大获全胜的可能性越大，机会越多。于是凭借自己的实力优势，采用强硬的谈判语言。这种语言较粗暴，好战性强，缺乏商量的余地，其表现特点是说语音量大、音调高、速度快、节奏强，态度坚决、强硬，语气咄咄逼人。

政治谈判、军事谈判可以是合作型的，也可以是对抗型的。合作型的谈判，最理想的结果是双方（或多方）皆是赢家，至少双方各有所得，否则就会不欢而散。对抗性的谈判，在自己一方占绝对优势，掌握主动权时，或被逼上梁山、准备背水一战时，不妨采用强硬的谈判语言，但也不宜轻易滥用。

商务谈判绝大多数属于合作型谈判。如遇语言强硬的对手时，可采取两种对策：一是“以其人之道，还治其人之身”，在语言上针锋相对，据理力争，毫不示弱，先打掉对方的气焰；二是以柔克刚，避免矛盾激化，语气尽量委婉，不起高腔，表现出彬彬有礼的友好姿态，多用赞扬式的语言，令对方不好意思强硬到底，从而改变说话的态度，以便谈判顺利进行。

二、温和的谈判语言

温和的谈判语言是谈判者为了避免冲突，希望尽快圆满地达成协议，从而克制感情，甚至委曲求全，不得已而采取的说话方式。其特点是说话异常客气、谦让，注重对方的意见与反应，尽量不用“不行”、“没有”等否定的词语，常用的词语有“我方同意你们的高见”、“这是我们的想法，不知贵方意见如何”、“这个方案我们愿意考虑”、“你刚才说的，正是我们所想的”，等等。

一般是在双方实力悬殊较大，有求对方甚多，而能给予对方甚少时，才较多采用这种语言方式。如双方实力相当，彼此所求所予也相差不大，又都采用温和的谈判语言，谈判的成功率就会极高，但这种情况也极为罕见。如果双方实力相当，一方单独采用温和的谈判语言，过于谦让，似无必要；谈判也许易于成功，但示弱的一方一般受益不大。

三、原则的谈判语言

若谈判者既不一味迁就、妥协，也不盛气凌人，而是双方互相尊重，坚持公平、合理、友好合作的原则，寻求双方各得其所、互利互惠的良好方案，心平气和地平等协商，那么，其语言特点是既彬彬有礼，不卑不亢，又严肃、明确，有原则。遇有矛盾、分歧时，尽管说话语气平和，但仍然柔中有刚，有时甚至绵里藏针，锋芒隐现。

在这种情况下，通过谈判双方的共同努力，求同存异，最终一般都能达成一个符合共同意向、比较圆满的协议，其结果是各有所得，双方都是赢家。

第二节　商务谈判语言的要求

商务谈判是合作型的谈判。凡是成功的谈判，不是一方全盘皆输，另一方全盘皆赢，而是双方皆有所得。凡参加谈判者，不仅需要考虑自己一方的利益，也要考虑对方的需求，谈判才能顺利进行，不至于破裂。因此，商务谈判必然具有不同于政治、军事、外交等谈判的基本要求，并表现在口头语言上。

一、彬彬有礼，和气生财

“彬彬有礼”是一切谈判的共同要求，“和气生财”则是商务谈判的特定具体要求。谈判双方时刻不能忘记友好合作、互利互惠的原则，以求达到共同增加财富的目的。切忌出言不逊、攻击对方，以致谈判破裂，双方皆一无所得。政治谈判只能在会议桌上进行，气氛严肃、庄重；商务谈判可以在办公室、会议室里进行，也可以在宴会席上、旅游途中继续，因为后者的谈判环境、谈判气氛更宽松，便于笑口常开，有利于求同存异，缩小乃至消除分歧，达成友好合作、互利互惠的协议。

二、准确具体，清晰流畅

商务谈判的内容，如价格、利率、收发时间等，都涉及许多具体数字与百分比，而且事关经济得失。一就是一，二就是二，必须准确、具体，绝对不允许有一点含糊、差错，否则“失之毫厘，谬以千里”，事后发现，悔之晚矣，经济损失已经造成，就难以更正、挽回。如再处理不当，更易引发法律纠纷。所以模棱两可、令人捉摸不透的话，一词多义、一语双关的词语，在涉及经济实质问题时，尽可能少用或不用。

口语表达，也应力求口齿清晰，干净利索，语言简洁、流畅，给人以清楚、完整的印象。如吞吞吐吐，结结巴巴，半天说不清、道不明，不仅长对方志气，灭自己威风，而且拖延、浪费时日；在情况瞬息万变的市场竞争中，错失良机，往往比浪费时间、金钱的损失更大。

三、随机应变，灵活机动

谈判中应该谈到的主要问题，事前都应有较充分的准备；对方可能提出的问题，事前也要有一定的预测。但在谈判过程中，对方往往会提出许多意料之外的难题。这就要求随机应变，反应敏捷，能说会道，能言善辩，左右逢源，对答如流。如果反应迟钝，词不达意，甚至漏洞百出，就势必处于被动地位，令人摆布。

例如，在一次谈判中，买主很想了解卖主的实际销售量，突然问道：“请问贵厂年销量有多少？”在买卖合同尚未签订之前，这一类属于商业机密的问题，不宜过早向对方泄露，但不答话又未免失礼。于是供货方的首席代表灵活机动地开了腔：“我厂产品的年销售量在全国同行业中多年来一直名列前茅，去年是名列第三，货源充足，质量可靠，价格适中，完全可以满足你们的需求。如果市场上我们的产品脱销了，那就说明我们厂破产了……”这一番机智、风趣的即兴应答，既巧妙地回答了对方的问题，又保守了商业机密，同时还趁机宣传了己方的信誉、实力，真可谓“一箭双雕”。

四、幽默风趣，一张一弛

谈判是一项很费精力，也很费口舌的紧张工作。如果在谈判中适当使用几句幽默、风趣的语言，有助于活跃会谈气氛，增进双方的沟通和了解。特别是在双方争辩得紧张、激烈，僵持不下时，幽默、风趣更如同润滑剂，有助于减轻摩擦，缓解紧张气氛，收到意想不到的效果。所以那些谈判高手在方案即将选定并逐字逐句推敲完毕，谈判已经进入高潮或时限将到的时刻，总是不失时机地抛出几句幽默、诙谐的话，使双方人员的紧张、急躁情绪大减，精神顿时放松，谈判席上洋溢起友好、合作的气氛。在回答对方故意刁难的问题时，如果用幽默的语言应对，颇能显示出说话者的机智，并能起到“一笑了之”的作用。

第三节 商务谈判语言的禁忌

商务谈判是合作型的谈判。因此一言一语，都应有助于加强沟通，增进了解，从而达成双方各得其所、互惠互利的目的，使结果皆大欢喜，凡是与此宗旨相违背的语言，都在禁忌之列。

一、伤人、好斗的语言

故意提有敌意的问题、厉声指责对方、像法官似的审问对方，等等，只会给对方心理平添一份压抑感，使交谈产生障碍，导致意图误解、成见强化、谈判破裂。即使对方有错时，既要坚持原则，明确指出其错处，但方法要灵活，语气要委婉。是非分明是要坚持的原则，感情不能伤害与面子不能撕破也同样是要坚持的原则。

如果谈判遇有分歧，对方的认识又一时不能转过来，你只想到这是一场较量，忘记了更应该是合作，一味争强好胜、好斗、声高气粗，咄咄逼人，只能使对方抵触情绪更大，丝毫无助于促使对方改变主张，甚至有可能把合作对象推向竞争对手的地位。

即使谈判未能达成协议，也不妨友好地分手，以便今后继续对话、商谈。在市场竞争中，本无所谓永久的朋友，也无所谓永久的对手，朋友与对手的身份，常常是交叉、兼任乃至更换的。从长远考虑，你想要商务不断发展，只应广交朋友、广结良缘，何必到处树敌呢？

二、言过其实的语言

商务谈判，事关金钱利害、得失，说话必须诚恳、慎重。诚恳给人以安全感，慎重给人以可信赖感。什么不该说，什么该说，说到什么程度，都要有分寸，适可而收。如果说话轻率，不负责任，言过其实，诺言不兑现，只会影响信誉、妨碍友好合作。

三、武断、固执的语言

商务谈判是一个彼此不断沟通、逐步加深了解的过程，而且情况又经常处在流动、变化之中。如果没有十足的把握，不能把话说绝，不留下任何回旋的余地。如果遇到分歧、矛盾，要冷静地权衡各方面的利弊，多考虑几套方案与表达方式；不能固执己见、铁板一块，没有任何商量余地。只要求对方步步退让，自己没有一点伸缩性、灵活性，那就会把谈判引进死胡同，形成僵局，以致最后破裂。

四、啰嗦、冗长的语言

商务谈判是一项讲时效、讲经济效益的工作，这就要求双方目的明确，说话有的放矢，话多则长、话少则短、无话则免。如果啰哩啰嗦，颠三倒四，漫无边际，空洞无物，废话连篇，就会浪费时间、令人生厌。

总而言之，只要牢记商务谈判是争取友好合作、共同受益的谈判，而非政治斗争、军事斗争中败方向胜方乞降的谈判；商务谈判中，如果谈判破裂，对双方都不是好事，那么，上述四种忌讳的语言，就不会在谈判席上出现了。

第四节　商务谈判各阶段的语言艺术

正式的商务谈判一般可分为六个阶段，即导入阶段、概说阶段、明示阶段、交锋阶段、妥协阶段与协议阶段。同样一个谈判议程，既可以使谈判步上正轨，也可以使谈判偏离正题；过多纠缠次要细节而放松了关键问题的讨论，既可以使买卖双方较迅速地顺利达成协议，也可以使谈判变得冗长而索然无味、成效甚微。能够巧用语言艺术控制整个议程的人，实际上也就基本上控制了整个谈判的进程。

商务谈判口才是一种技巧性、艺术性很强的才能，要靠长期的实践锻炼与经验积累，才能掌握、运用自如。谈判各阶段的语言具体运用，又各有其特点，如同百花齐放。

一、导入阶段

这个阶段主要是进入谈判席的双方代表介绍各自的姓名、职务等情况，以便互相认识、初步了解。双方可以说一些表示问候、欢迎、感谢的客套话，也可以随便聊聊新近的社会趣闻，目的在于创造一个和谐的气氛，为双方找到共同的语言与心理沟通做好准备。这个阶段为时极短，但语言要热情、大方、友好和气、轻松愉快。

二、概说阶段

谈判正式开始，各自把目的与想法概要地介绍给对方。当然不能和盘托出，只是概括说明总的意图，而某些关键性的内容则暂时隐藏着。这个阶段为时也不长，语言要求是简洁明了，原则性强，语速不宜太快，要清晰、流畅并充满自信，目的在于沟通必要的信息，树立信赖感，软化谈判态度。

三、明示阶段

概说阶段交待了基本一致的想法，但双方是因为还有不同的想法才需要进行谈判的。因此明示阶段双方都会提出各自不同的想法及其理由，但语言仍多为心平气和的委婉表述，如："我公司认为代办费8%较为合适，不知贵公司有何意见?""如果价格定为98元，也许双方都获利更多些……"明示阶段的主要目的在于寻求兼顾双方利益的协议，而进行过渡性的铺垫，从而使谈判能顺利进行下去。

四、交锋阶段

这是谈判出现对立的阶段，也是最能体现谈判者的智慧与即兴口才的阶段。在一系列的统计、算账、磋商的过程中，双方代表都为己方争取尽可能多的经济利益而一展口才，利用施与受兼顾的原则找出双方都可能接受的妥协范围。双方代表都会抓紧各种时机来论证己方主张的合理性，语气难免较为强硬，有时甚至带点火药味，但谈判高手往往能沉着应对，运用严谨的逻辑判断与巧问智答的口才，绕过一处处暗礁与险滩，最终达成较圆满的协议。

在这个矛盾、冲突随时可能一触即发的敏感阶段，谈判者应注意两点：一是专心倾听对方发言，尽量从对方的言谈中发现问题，分析其真实意图；最好不要急于发表针锋相对的反对意见，跟对方发生摩擦、正面冲突，从而加剧紧张气氛。这就需要防止急躁情绪，克制过于激动的感情。二是积极开动脑筋，根据互利互惠的原则，多提出几个方案，耐心协商。当某些关键问题一时无法立即取得共识时，则全面权衡利弊，在次要问题上作适当妥协。待事态有所进展，互相信任有所增强时，再换一个角度重新提出原则性的建议。

这个阶段的语言特色，是软硬兼有；但即使原则性颇强的语言，也是外柔内刚。至于讽刺、挖苦的语言，绝不能使用。

五、妥协阶段

交锋如同饮烈性酒，总有一个限度；超过限度，就会产生负面效应，带来不良后果。紧张的交锋持续一段，就应当逐渐转入妥协阶段，必要的妥协、让步是最终能够达成协议的前提条件。既不放弃己方的主要利益，同时兼顾对方的需求，合作的大门重新敞开，谈判的语言比交锋阶段温和得多了。双方发言都在对前面的谈判内容进行归纳与总结，并为正式签约的条款进行磋商、补充、完善。

这个阶段的语言原则性与艺术性更强，有三点需要注意：一是让步与要求同时并提，并希望对方予以回应，作出相应的让步。或直接提出交换条件，或暗示己方愿意这样做，但要以对方的某种让步作为交换，如："贵厂能开增值发票的话，我方可按每米18元进货××米。""至于改进包装，我看问题不大，只要价格能按我方建议达成一致就行了……"二是对双方所谈的内容、共同使用的概念、术语，要有一致的理解或解释，以免产生不应有的遗留问题。三是要明确暗示对方作出最后决定。假如对方仍拖延不作决定，就要询问原因，并告知对方，再不当机立断，可能前功尽弃，如："现在存货不多了。""经理过几天就要出国考察去了，最快也要两三个月才回来。""月底前不签订合同，下个月就很难按时供货……"如有其他公司正好来联系业务，也不妨让对方知道，合作对象、竞争对手尚多，选择余地尚多。对方实在不愿拍板成交，也不勉强。

六、协议阶段

经过一系列的讨价还价之后，又恢复了风平浪静。双方认为己方目的已基本达到，首席代表就在协议上签字、盖章、拍板成交，谈判过程宣告结束。这时的气氛又如同导入阶段一样友好、和谐、融洽，双方皆大欢喜，握手言欢、举杯祝贺。常用的语句有"谢谢你们的支持!""谢谢你们的关照!""祝我们合作愉快，事业成功!""愿我们今后进一步加强合作，齐心协力，同舟共济，共创辉煌!"

商务谈判的语言是丰富多彩又难度颇大的高层次即兴口才，在谈判的过程中，有的人积极进攻，先声夺人，为己方取得有利的发言角度；有的人以守为攻，一再声明己方事先已经做了重大的让步，以控制对方的心理；有的人在对方触及自己的重要利益时，巧妙地引开对方的话题，把讨论的重点设计在无损于己的范围之内；有的人巧用人们易于从语言上认同的心理，有意运用对方感到熟悉、亲切的乡音（包括方言）拉近、缩短双方的心理距离……在这个商战的舞台上，即兴口才大有用武之地。

第五节　口才与谋略并用

一、善于制造“啄食气氛”

随着商品经济的发展，贸易洽谈也日益受到人们的重视。这种洽谈，是在一种极其特殊的气氛中进行的，在商业界有一个很有趣的比喻，称之为“啄食气氛”。人们经常可以看到在郊外荒野，喜鹊很少单独出没，而是成群地飞翔、觅食，当发现食物时，便成群地停留在附近的树上，用高度警惕的神态观察情况。气氛是紧张的，在紧张中又充满着期待。这时只要有一只喜鹊发出欢快的一叫，制造出一种安全喜悦的气氛，鹊群就会在这种气氛中一拥而上，竞相啄食。在啄食过程中如果有一只喜鹊发出警戒的叫声，破坏这种宁静的气氛，鹊群便会全体停止啄食，在顿时肃然的气氛中侧头探视，或一拥而起，竞相离去。若能在这时发出平安无事的讯号，喜鹊又会在宽松缓解的气氛中再次聚集。

商业洽谈双方的心情，与喜鹊觅食时很有相似之处，两者都是处于警戒与期待的双重矛盾之中，因而制造“啄食气氛”就显得至关紧要。研究洽谈口才，也在于研究如何充分利用口才，在洽谈的每一个阶段制造“啄食气氛”，淡化紧张情绪，促使洽谈顺利进行。

二、你能让大家都说“同意”吗?

如果说在洽谈开始前，施展口才技巧意在建立起一种具有合作前景的洽谈气氛，那么在开谈阶段，施展洽谈口才技巧的目的则在于迅速创造一个能够趋于一致的意向，并逐步使它转变成为一致的观点。让大家从内心到口头都萦怀“同意”二字。这在实际工作中并不难做到，这种技巧的把握，关键在下述两个方面：

（一）在行动上必须遵循以下四个原则

1. 让双方享受均等的发言机会。努力做到谈话时间与倾听时间基本相等。2. 提问与陈述要尽量简洁。在开谈阶段，双方要轮流做简短的陈述，切忌某一方滔滔不绝。3. 要具有合作精神。既要给对方足够的机会发表不同意见，提出不同设想，又要乐意接受对方的意见，只要是合理可行的，通常赞同对方的观点比反对对方的观点，其效果会更好些。4. 要尽量造成趋向一致的洽谈意向。在开谈阶段，只要有可能就应尽量多地提些使双方意见趋向一致的问题，反复重申已取得的一致意见并不断予以加强。

（二）在口才技巧上必须把握好一个要点

就是要注意用“你是否同意”来发问，避免提出估计双方不会同意的问题。例如：“我们是否先就程序取得一致意见？我希望与你商量一下今天下午要取得的进展以及应该采取的方法，你同意吗?”

“好的，我同意。”

洽谈一旦这样开场，就会立即给对方一种印象，即会谈有达成一致意见的前景，而且洽谈中所形成的问题，有以“是的，我同意”的方式得到解决的可能。

开谈以后就需要提出一个共同的会议议程，并且求得一致的意向，这时，口才技巧仍要沿着同一个意向发挥，例如："是的，我们知道这次会谈完全是摸底性质的——是为了了解一下各自的立场，你是否也这样认为？"

"是的，我们也有同样的想法。"

"我想，除了交换意见，还应该进一步讨论我们业务合作的一些可能项目？"

"好的，如有时间，我非常愿意。我估计会议要进行一个小时，你的意见如何？"

"同意。"

"那么，时间就这样定了。我们能不能用 40 分钟的时间介绍一下各自的情况，再用剩下的 20 分钟时间讨论一下双方共同关心的问题？"

"可以，我们同意这一安排。"

如此等等。

这种在开谈阶段让对方多说"同意"的口才技巧的施展，可以使洽谈在轻松协调的氛围中进行。

三、灵巧圆通的特殊本领

任何贸易洽谈，双方都会出现意见分歧，必然会发生唇枪舌战，这是不可避免的。但值得研究的是双方怎样才能做到既不丧失原则立场，又能灵巧圆通。

（一）要善于将"以我为准"转化为"各说各的"

在洽谈双方论争交锋的过程中，存在两种形式：一是"以我为准"；一是"各说各的"。采用"以我为准"的方式时，先由一方对某个议题做了陈述之后，另一方如有异议，他就对此不停地进行反驳和攻击。采用"各说各的"方式时，一方对某个议题做了陈述之后，另一方首先设法搞清对方的意图，然后，再进行自己的陈述，同样，另一方应竭力明了对方的意图。

采用"以我为准"方式的洽谈人员的对话往往是这样的：

"这种产品的单价是 250 元。"

"250 元？太贵了。这大大超出了我们的支付能力，你们怎么能这样要价？"

"这是市场现价，我们一直按这个价格出售。"

"这就怪了，我们可以找到其他卖主，他们的售价比你们的便宜多了。你们应该降价。"

洽谈双方站在各自的立场上"以我为准"，必然形成剑拔弩张的形势，而采取"各说各的"方式的洽谈人员却能既不丧失原则立场，又能做到灵巧圆通。他们谈话的方式往往是这样的：

"我们这种产品售价是 250 元。"

"是单价吗？"

"是的。"

"是否包括运费和关税？"

"你开价 250 元，包括运费，不包括关税，是吗？"

"是的。"

“我们希望每个产品售价220元，不包括运费和关税。”

在实际贸易洽谈中，两种表述方式常常导致不同的结果。“以我为准”的方式经常使双方在每个议题上争论不休，而且不断地发出警戒讯号，破坏“啄食气氛”。“各说各的”方式能够使双方明确各自的立场，然后把精力集中在“我们应该如何共同解决这个问题”上。这样，就可以防止警戒讯号的发出，灵巧圆通地保持浓郁的“啄食气氛”。

（二）要善于运用“缓冲策略”

在洽谈交锋过程中，我们在口才技巧上还要善于运用“缓冲策略”。

例如：当价格问题争执不下的时候，我们就要施展口才技巧，使双方之间的交锋形成缓冲地带，这时可以作这样的谈话：“好的，我们双方的立场都阐明了。如果大家同意的话，我们双方是否寻找某种积极的成交方式？我建议，大家不妨随意提些建议，然后再来讨论哪些是可行的。这样好吗？”

这时，人们往往摆脱不了原来的思路不能马上想起其他方面的建议，为了保持一种合作气氛，可以继续作一些缓冲性的表述。例如：

“我想，也许可以通过交货条件平衡一下价格问题。”

“我们可以把支付条件作为解决双方分歧的一个桥梁。”

“先把这笔买卖做成，然后再选个时间做下笔交易。”

……

这样，一方可以从另一方的倡议中得到启发，双方共同合作，使成交的前景渐趋明朗。

（三）要善于运用“寻找积极因素”的策略

在洽谈交锋过程中，运用“寻找积极因素”的策略，也是施展口才技巧，显得灵巧圆通，保持“啄食气氛”的重要手段。例如，在价格和交货等关键性问题发生分歧的时候，千万不要采取这样的谈话方法：“谢谢你为我们所作的陈述。但我们不得不要求你再重新考虑一下价格和交货问题。”而最好采取这样的回答方式：“谢谢你向我们阐明了立场。看来我们很容易在贷款、贷款条件和法律责任上取得一致。唯一出现分歧的问题是价格和交货问题。你也是这样认为吗？”

上述讲话的最后一句，实际上是要求对方一个肯定的回答，其目的在于强调双方的积极合作。当然，这并不是掩盖双方的分歧，而是要明确分歧所在，并把分歧置于一个合作的基础上，使双方认为，他们可以通过倡议来解决分歧。

（四）要善于运用“控制导向”的策略

在洽谈过程中，还要善于运用“控制导向”的策略来施展自己的口才。在贸易洽谈中，人们往往察觉不出有人在控制洽谈议程方面施展技巧，但他们不仅存在而且是重要的。有时，洽谈小组的某个成员可能在旁边一言不发，而他的同事们则在对价格和交货问题上激烈地讨价还价。但这位不发言不引人注意的人经常通过偶尔的插话，对谈判的过程起了巨大的作用。比如，当谈到价格及折扣问题陷入僵局时，那位一言不发的人突然说了一句：“我们不妨先考虑一下付款方式吧？”也许这句话就改变了整个洽谈的方向。这说明通过中间插话的方式可以影响洽谈议程。似乎每个贸易班子都不应该缺少这样一个人。“控制导向”策略施展的方法是多样的，它可以通过进行归纳总结，帮助双方认识谈判进行到哪一个阶段。也可以通过提醒的方式，使大家明确：“我们正在谈什么?”和“目前的问题是什么?”洽谈交锋的时间越长，出现裂痕的可能性越大。所以要加快洽谈的每一个进程，力求在出现裂痕之前就能达成协议。

(五) 要善于运用“假定”的口才策略

在洽谈交锋过程中，要善于运用“假定”的口才策略。其目的在于使交易的形式不拘一格。例如：在洽谈过程中，可以不断地提出如下种种问题：“如果我再增加一倍的订货，价格会便宜点吗?”“如果我们自己检验产品质量，你们技术上会有什么新的要求吗?”这种口头表达方式，将摸底与倡议融合起来，把进攻和防守合而为一，既有助于最佳成交方式的选择，又不至于破坏“啄食气氛”，充分体现出商业语言灵巧圆通的特点。

在洽谈口才的施展过程中，各种策略、技巧的运用是必要的，但真正维持“啄食气氛”的核心问题是取得对方的信赖，因而各种策略与技巧，都必须服从于这一点，否则就会弄巧成拙。当然，贸易谈判也需要发挥口才的幽默感，偶尔的笑声，或一些无伤大雅的玩笑，往往能使谈判的紧张气氛缓和下来，有利于达成圆满的协议。

第六节　谈判中如何用口才操纵规则

一、合作性谈判的要点

在具有合作性的谈判中，每一方面的对立面不应是谈判的另一方，而应是双方共同遇到的困难。具体地说，要把双方的冲突看成是一个有待解决的困难。

为此，在谈判中，不宜把自己的目的规定得过于单一。因为若把焦点只定在一个点上（如价钱），就会出现你死我活的、无法协调的情况。有时，最后谈成的结果虽然没有达到预定要求，但可能为以后的谈判和扩大合作打下了基础。

商业谈判中，最易引起关注的往往是价钱因素，而其他一些因素，诸如服务、产地、质量、包装之类，却往往容易被忽略，或顾此失彼。其实，这些也构成了商品的需求因素。

既然谈判的需要是由多种因素组成的，因此，达不到某种需要时，却可以在其他方面得到满足，这样可以协调双方的需要，使大家都得到满足。

因此，商业谈判时，应注意以下几点：

(1) 谈判开始时，应适当说明己方状况，要果断地说：“我需要你帮助我解决这个难题，因为目前我还没有更好的法子。”这种话充满合作性，表现一种强烈的热忱，不会立刻使对方对立起来。

(2) 特别注意对方待人的特点，即使对方有些令人讨厌之处，你在接近他时若能表现出积极的期待，往往会使对方解除武装。

(3) 尽量从对方的观点看问题，特别注意凝神静听。对方说话时，别让自己作出相反的结论。在答复对方时，避免用绝对的语气。试着在回答前先说：“我所想的可能就是我听你曾经说的……”这种委婉的语气，会使你的行为高尚，将摩擦减到最小限度。

(4) 对于某些暂时无法缓和的矛盾，在相互信任的前提下，多提几种方案，直至双方的需要都得到某种程度的满足。在遇到冲突的时候，最重要的是首先要了解彼此双方冲突的关键点是什么，如果能找出这个关键点，才有可能打破僵局。

(5) 任何情况下都不要当着众人的面去斥责对方，即使你是正确的，你也必须尽量避免。这既是为了对方，也是为了你自己。

(6) 当一些问题无法立即解决时，应权衡利弊，适当地作出某些妥协；而当事态有所发展时，则应重新提出原则性的意见。这是一种前进的策略。

(7) 谈判时，不应处处使对方把自己仅仅看成是某一组织或机构的代表，而应力求表现出自己是有血有肉的独特的个人。

合作型的谈判应该成为我们谈判中的主要形式。它体现了人与人之间关系的和谐与融洽，也使谈判的结果扎根于深厚的基础中。

二、商业“承诺”的重要性

一项承诺就是一个让步，它有打折扣的效果。但是，有些承诺却只在承诺人愿意兑现时才有用，而丝毫不必马上就花费任何代价。

生意场上，如果你无法先使对方作出让步，不妨让对方给你一个承诺。

很多生意都是经由口头上的承诺而做成的。“假如你这样做的话，我就会那样做。”

说话就是一种承诺，一旦说出来，就必须维护。人们维护自己所说的话就犹如维护本身一样，好像为自己所说过的话许下承诺似的。

这一点在谈判中有着深远的意义。从卖方的观点来看，一旦买方公司的工程师或生产人员称赞卖方的观点或产品时，他们便得尽力去维护它。因此，卖方应尽量争取买方的称赞。曾经称赞过卖方所提供服务的人，将会发现很难推翻自己所说过的话。也就是说，假如买方或买方公司的人同意了卖主，他们甚至可能会向公司同仁为卖方辩护。同时，如果你能让买主或买方公司的人承认其他卖主的缺点，他们以后就很难有力地和你讨价还价了。

买主也应尽量争取卖方的口头承诺。卖方的口头承诺可以增加买方议价的力量。买方要尽量了解卖方的成本分析和资料，愈详细愈好，证实己方的推断。他应该直接和卖方公司里的工程、生产和品质管制人员谈话，以取得他们以后会好好执行工作的承诺，同时应该设法争取卖方上司的口头承诺，使工作进度和付款密切配合。买方必须好好地做摘记并且妥善保存记录，记下卖方未来一年到五年内所要做的事。所有的承诺对于买方将有极大的帮助。

说出来的话就是很好的承诺。要是能再配上必要的合约，效果会更佳。取得对方口头的承诺，乃是你议价力量的重要来源。

三、避实击虚法

与外商会谈时，由于语言上的差异，沟通比较困难，我们总觉得主动权被对方掌握着，这样一来更加剧了我们原本就有的紧张与不安。这时，我们要觉得我们自己握有整个会谈的主动权，我们便不会有紧张之感了。

同样，与本国客商会谈时，如果我们牢牢掌握谈话的主动权，便可缓解我们心理上的紧张。但主动权若为对方所掌握，我们往往就不能顺利地说出我们自己的想法。

在我们丧失主动权的情况下，若遇上一位不怀好意的对手，他要存心整你，他就会提出许多令你难以回答的问题，并以此来维护他的主动权。

许多人在这种情形下，常犯的一个错误便是，极力寻找答案去回答对方，殊不知，我们这样做正好中了对方的圈套。

我们完全用不着对问题本身做正面答复。明智的方法是，采取避实就虚的方法，用其他相关联的问题来反问对方，变被动为主动，打乱对方企图掌握会谈主动权的计划。

四、不可理喻的要求

无理的要求，是否可以再商谈呢？在会议桌上它们是不是扮演着某种直接角色呢？对于这两个问题的回答都是肯定的。所谓无理的要求是说太极端的要求，以致无法予以妥协。

这个策略会使自己的人更加团结，同时又能分化对方的人。一个谈判者可以借着极端的要求，来证实他的想法，如果其中还混合着适度的要求，谈判者可以给对方一个选择的机会。提出无理的要求来减低对方的期望，使对方愿意妥协，而不愿冒着很大的风险来和你相抗。

在商业谈判中可不可以提出这种要求呢？当然可以，这种事情每天都会发生。例如：卖主告诉买主说："我们不能透露成本资料"；或"我们不能告诉你我们的商业秘密"；或"由于法律的禁止，所以我们不能减价"；或"我们不能允许你干涉我们公司主管的决定"，等等。有些要求可能是真的无法商议，也可能还有商议的余地。可是对于一个没有经验的买主来说，有些要求听起来似乎已经没有商量的余地了。

提出无理的要求，在某些情况下是很适当的；但是除非你已经全盘考虑过，最好不要轻率地提出来，否则会造成严重的损失。彼此依赖的程度，对方的反击力量，双方的面子和自己公司内部的支持等都需要加以仔细考虑。

"无理的要求"是议价过程的一部分，它本身并无好坏可言。当你听到对方提出时的第一个反应，一定是生气，并且会想反击回去。尽管对方的要求是那么苛刻，以下的方法将会帮助你控制自己的情绪。

1. 谈谈题外话。
2. 不要激起更深的敌意。
3. 向对方解释为什么这些要求是不能商议的。
4. 准备讨论可以谈判的问题。
5. 不要害怕使用你自己的决断力。
6. 不要惊慌。

提出"无理的要求"是很危险的。因为它们很可能会激怒对方，以致形成僵局。不过假如你有充分的理由和足够的时间与耐心，这种要求大部分还是有商议的余地的。

五、欲擒故纵术

尽管正统观念要求人们要与人为善，和平共处，不能整日与人对峙，更不能与人为敌，但是，商战时代也就是竞争时代，你不与人为敌，你也不想算计别人，可是，别人却时刻在准备算计你，特别是商场上的某些人，总爱在人前装出一副道貌岸然、和蔼可亲的模样，而骨子里却笑里藏刀、老谋深算，使你失去戒心，你若不加以防备，以应其变，必然会遭受惨重的损失。

生意场上，你往往会遇到一些棘手的难题。例如与你做生意的是一个颇有心计的伙伴，尽管他不一定是坏人，但由于他善于拨弄心计，总是时时刻刻地想着占你的便宜。若遇阴险之徒，他甚至会通过巧设陷阱来把你整垮，于是或窥测你的底细，或搞一些不太光明正大的小动作，或使用离间计，弄得你众叛亲离……这些都可以说是你有可能碰上的难题。面对这些难题，你怎么办？

你别无选择，只能以牙还牙。

商战口才，不仅要求我们明了上述诸种情况，而且要求我们在实际操作中，掌握实际操作要领，以争取主动。首先，我们得明白对手的意图。生意谈判中，尽管谈判双方彼此都虎视眈眈，但若彼此都有诚意，一般而言，对手总会通过语言透露给我们一些信息。这些信息，往往就是我们了解对方意图的开始，再加上谈判前，我们对对方情况的初步了解，借助这些材料，我们便可迅速想出我们的应对之策。

其次，根据对方的信息，我们必须准确地做出自己的对策。一般说来，对方是不会那么直率的，透过他语言的表象，真实的意图往往隐藏在他心灵深处。因此，我们必须时刻提高警觉性。

据载，美国沃恩堡市年轻的亿万富翁巴斯兄弟，当他们对某一企业或部门感兴趣时，从不将自己迫切成交的真实心情让对方察觉。谈判桌上，他们总是装出一副漫不经心的模样，并以此来吊对方的胃口。他们的观点是，做生意好比追女人，如果你狂热地追求她，她会扬长而去；与此相反，当你后退时，或装出一副满不在乎的样子时，她却反而会如你所愿，跟着你走，谈判更是如此。

1981 年，巴斯兄弟很想买下一家行将破产的公司，但他们并不急于把自己的真实想法告诉那家公司的董事会，当那家公司的董事会表明了愿意出卖公司的意图时，他们却说：“你们在其他地方或许能找到更好的买主。”不仅如此，他们还装出一副极有诚意的样子将对方可能感兴趣的投标者的名字一一告诉对方。

直到最后，巴斯兄弟才说：“如果你们没有其他选择的话，就来找我们。”结果那家公司的董事会决定将公司卖给他们，巴斯兄弟也如愿以偿。

这笔生意按巴斯兄弟的愿望成交了。他们用一句表面上看很是替对方着想的托辞，使对方放弃了抬高价格的企图，从而始终掌握着谈判的主动权。

通过上述案例，我们不难看出巴斯兄弟精湛地施展商战口才的几个特点：

第一，当对方提出抬高出卖价格时，若是一般人，可能就要说出自己种种不能接受的理由，也不管对方能不能接受，乐不乐意；更有一种人，则干脆拂袖而去，使谈判要么砸台，要么陷入僵局。巴斯兄弟可不是这样，他们始终明白两点：其一是自己迫切希望成交的愿望；其二是对方急于出卖的心理。有了这两个前提，谈判就有进行下去的必要了。只有傻瓜才会用要挟吓跑对方。

第二，巴斯兄弟明白，对方提出的无外乎是一个价格问题，若一味反对，只能使对方觉得你毫无诚意，若站在对方的立场上，替对方设身处地地想想，就很巧妙地透露给对方两种信息：第一种信息是我方承认你方的要求是令人理解、令人同情的，换句话说，我方很理解你方，并愿意顺着你方的思路提供帮助；第二种信息是尽管我方对你方的要求表示理解，且给你方提供了另选客户的信息帮助，但也是向你方表明，我方并不是非买不可，你方也并不是非卖我方不可。欲擒故纵的态势在此基本形成。

第三，是给对方留下余地，将谈判的大门始终打开。“如果你们没有其他选择的话，就来找我们。”这句话，一方面表明了我方的诚意，同时，也基本表明了我方对这桩买卖最后成交的态度和立场。换句话说就是，你们如果找不到另一位买家，找我们是没问题的，只是价格依旧。

欲擒故纵的特点，往往在于先设笼子，让对方往里钻，当他已钻进去时，你就可以收口袋了。这时，你必会心想事成。

六、交易中巧妙应辩原则

问题是用来启发心智的。它们能够引导买主和卖主更加积极地参加谈判。最直接的途径就是提出一个好问题，但麻烦的是我们总是在商谈结束之后，才会想到那些最好的问题，譬如说在开车回家的路上。

不过千万别灰心，只要我们能够遵循几个该做和不应该做的原则，便可以大大地改进提出问题的能力。

下面是你不该做的原则：

1. 不要提出指责对方诚实的问题。这样非但无法使他变得更诚实，反而会引起他的不快。

2. 即使你急着想要提出问题，也不要停止倾听对方的谈话；把问题先写下来，等待合适的机会再提出来。

3. 不要以大法官的态度来询问对方。谈判毕竟不是法庭上的审问。

4. 不要随便提出问题，必须伺机而动。

5. 不要故意想出一些问题，表示你是多么聪明。

6. 在对方还没有答复完毕以前，不要提出你的问题。

这些不该有的行为都有一个共同点：它们都会妨碍彼此意见的交流。以下是一些你应该遵守的原则：

1. 预先准备好你的问题，很少人能迅速想出确切答案的问题。

2. 利用每次的接触发掘事实，最好是在谈判前的几个月内知道答案。

3. 由己方的人先举行一次“脑力激荡会”。你将会为他们所提出的一些有趣的问题而感到惊奇。

4. 要有勇气询问对方的业务状况，纵使一般人都觉得难以启齿。

5. 要有勇气提出某些看来似乎无关的问题。

6. 你可以用一种大智若愚的态度提出问题，这样的态度会鼓励对方给你个较好的答案。

7. 你可以向买主公司的秘书、生产人员和工程师提出问题，他们可能比买主更能给你满意的答案。

8. 要有勇气提出对方可能回避的问题，因为对方对这些问题的反应，足以暗示给你某些事情。

9. 在体会时要多思考新问题。

10. 提出问题后就要闭口不言，等待对方回答。

11. 假如对方的答案不能完整甚至回避不答，要有耐心和毅力继续追问。

12. 提出某些你已经知道答案的问题，将会帮助你了解对方诚实的程度。

对于谈判过程中的每个问题和答案，每个人的看法可能都不同，每个问题等于一项请求，而每个答案就是某种程度的让步。倘若有人能够以合适的方法提出合适的问题，并且能进一步地要求较好答复，就更有机会得到这些让步了。

基于不同的目的，所提出的问题必不相同；同一个问题，也可以用各种不同的方法提出来，以下是几种问题回答的方式，这些例子大部分是与买卖有关的问题。

问题1：假如买主不感兴趣，不关心或者犹豫不决，卖主应该问些什么问题？

回答：　当买主不感兴趣、不关心或者犹豫不决时，问些引导性的问题最合适。

举例来说，你问一位顾客，他喜欢红色的或是蓝色的？他必须回答：红色的、蓝色的或者二者都不喜欢。假如他说二者都不喜欢，便接着再问他原因何在，等到他解释后，再针对他的反对意见来说服他。

引导性的问题很有效，它们要求对方针对某个观点作答。下面都是引导性的问题：

1. 你想买什么东西？

2. 你愿意付出多少钱？

3. 你的车子刹车系统是不是失灵了？

4. 这种改变需要花多少钱？

5. 你是不是想购买一套有两间卧室的房子？

6. 你是否注意到他们公司快要倒闭了？

7. 你对于我们的消费调查报告有什么意见？

问题2：哪些是非引导性的问题？应该在什么时候使用呢？

回答：非引导性的问题是指不严格要求对方针对某个观点作答。非引导性的问题最适用。麻烦的是当你运用这种非引导性的问题时，无法预测或控制对方的答复。

精神病医师发现，非引导性的问题往往可以诱导出更完整的回答，也许是因为人们在回答非引导性的问题时要比回答引导性的问题更自在。

以下都是非引导性的问题：

1. 我是否得到最优惠的价格？为什么没有？老板是谁？是谁作了这样的决定？为什么要作这样的决定呢？然后再以这些问题导出，那根本不是你们老板所说的话。

2. 你的成本是否包含研究费用？在哪儿？它是如何分摊的？但是你曾经说过，我们所交易的产品并不需要做新的研究，为什么要把它包含在我们的成本里呢？

3. 你如何处理利息？为什么要这样处理？为什么我要负担这些费用呢？我一向都是准时付钱的。

4. 你卖给他多少钱呢？哦！这和他告诉我的数目可不一样。

5. 你有没有较小式样呢？价钱怎样？根据什么？那么，若和大的比较起来，这个小的应该这样计价才对。

6. 这个烘干机，你能提供怎样的保证？喔！我不了解这些。它们彼此之间有什么差别吗？为什么会有这种差别？别人也提供这些服务吗？你为什么要多收我这些费用呢？

7. 你能确定是这个数字吗？这个数字和第二页上的数字好像不大一样，究竟哪一个才对呢？怎么会变成这样呢？现在再看看你的摘录，又不一样了。在这种情形下，还是从我所列的数字开始吧！

问题 3：怎样才算是反诘呢？

回答：反诘乃是用来加重语气的，并不是真正的问句，本身并不期待任何回答。

反诘的例子如下：

1. 你真的希望我相信吗？

2. 你是不是永远都准备得这么充分，或者只是我们太幸运了？

3. 请你让我一个人静一静好吗？

4. 你相不相信，我刚好把这份资料带来了？

5. 这不是一个巧合吗？

6. 你想想看，我的老板对于这件事情会怎么说呢？

问题 4：何时该以反诘来回答一个问题呢？

回答：只要你不了解问题，或者希望有更多思考的时间，便可以用反诘来回答问题。有一个故事：一个年轻的丈夫，问他妻子说："我爱你，但是你为什么永远都以反诘来回答我的问题呢？"她眨了一下眼睛说："真的吗？"

问题 5：怎样才算是坦白的问题？

回答：坦白的问题乃是指含有某种意见或能制造出某种和谐气氛的问题。

坦白的问题的例子如下：

1. 告诉我你至少要买多少个？

2. 你和我都知道那是对的，不是吗？

3. 你能不能信任我呢？

4. 你能告诉我真相吗？

5. 那是很合理的，不是吗？

6. 我每次都做亏本的生意，这实在令人难以相信，不是吗？不过我都记在这里了！

问题 6：怎样才是具有结论性的问题？

回答：具有结论性的问题乃是一个结论或是一个承诺，能够暂时或永远冻结讨论，这种问题往往能够迫使对方决定完成交易或促使谈判破裂。

具有结论性的问题，举例如下：

1. 你看不出来吗？这对你当然是有利的。

2. 那是不是你最后的出价了？

3. 相信我，事情就是这样的。

4. 你知不知道，我已提供给你一个很好的交易？

5. 接受这个价钱，否则就算了。

6. 你已经看过我的成本资料，你能要求我在亏本的情况下把货物卖给你吗？办不到。

7. 不要说了，你难道看不出来我已经说得够清楚了？

七、适时的妥协策略

有位旅客在到达某地前，用电话在一家饭店预定了房间，但当他从机场直达该饭店时，登记处的服务员却告诉这位旅客房间已满。

“对不起，先生！”职员抱歉地说，“你应该知道这种意外是常有的。”

旅客回答说：“不！我不知道什么意外。你们一定有别的房间。”他边说，边阻拦职员打电话，表示拒绝替他另找旅馆的意图。

接着，旅客干脆坐下来，说：“那么，有套房吗？要不，会客室、会议室都可以，你们的广告小册子上印有这些房间。”

服务员仍摇头，表示这样做无先例可援。

但服务员在旅客一再坚持下，终于说出还有一间套房，但正在装修，不过，价钱是单人房的两倍。

旅客同意了，说：“就要这间，至于价钱，明天再讨论。”第二天结账时，旅客去见了总经理，先对该饭店不能保证预定的客房表示惊讶和遗憾，然后，再说起由此而引起的这过分高额的住宿费。

结果，总经理向这位旅客致歉，只收了单人房的费用。

可见，适时的妥协是一种前进的策略。

第七节　巧问智答的应对技巧

谈判过程是语言交流的过程，通过问与答的应对，阐述各自的要求、意见，同时交流知识、信息，交流思想感情。在谈判中，运用得最多，又最能体现即兴口才水平的莫过于提问与答复了。有效的提问，能摸清对方的实力与真实意图，增进双方的沟通、了解；而出色的答复则有助于树立己方的形象，增强自信心，同时阐明己方的观点并说服对方、打动对方。

一、提问的技巧

如何确有成效的提问，这是参与谈判时经常遇到的难题。有经验的谈判者总是密切注意与细心观察对方的言谈举止，分析对方的心理状态及变化，适时、适当、得体地提问，从而成功地驾驭谈判进程，就像水龙头控制水流量一样。常用的谈判提问方式有八种：

1. 直接提问。直截了当地向对方提出你方所想了解的问题与信息。如“贵厂的产品种类有多少”、“这种产品多少钱一斤”、“运输距离有多远”等。这种提问方向性明确，获得的答复也明确，其语言要求是准确、具体、有的放矢。

2. 试探性提问。也称含蓄、委婉提问，所提问题限制性不强，带有一定的试探性。提问的答案，可以是一个，也可以是几个，如：“关于交货时间与运输费用，不知你方有何建议”；“假如双方还能以其他方式合作的话，你方的要求我们愿意考虑，不知意下如何”。这种提问是要暂且隐藏己方的具体要求，先让对方开口全盘托出其所有想法，以便掌握主动权。

3. 一般性提问。这是一种常用的商榷性的提问，对答案也没有较严格的限制，范围可大可小。如“合同有效期暂定一年是不是短了些”；“送货上门有什么困难吗”；“过期的食品如何处理”；等等。这种提问意在加强双方的信息沟通，以便共同商讨问题、解决问题。

4. 诱导性提问。这是在归纳、总结双方的发言内容之后，紧接而来的启发性提问，具有强烈的即兴色彩。如“这样做你们不是也能获利15%吗”；“难道还有比这更理想的方案吗”。这种提问意在将对方的思路与想法引导到于己有利的立场上来，常用反诘句式，其结果是常常诱使对方说出肯定性的答案。

5. 征询性提问。当对方与己方的看法已渐趋一致，为了使对方同意自己观点而设计的一种求同提问。如“我们的建议想必你方一定会同意吧”；“对于协议内容，你们还有什么补充吗”。这种提问语气友好、亲切，一般在妥协阶段运用较多。

6. 连贯性提问。在对方发言过程中不断插问，或接连不断向对方提出承上启下的问题，促使对方按提问者的思路讲下去。如“情况真像你说的那样，你打算怎么办呢”；“这样行吗”；“后来呢”等。这种提问，语言要真切、简短、明快，不能拖泥带水，并略带好奇与惊讶，令对方情不自禁地回答你一个接一个的问题。

7. 反诘性提问。当对方发言不妥或出现于己不利的情况时，急中生智，迅速反诘，敏捷地提出带有不同意见的问题，令对方措手不及，难以回答。这是交锋阶段常用的提问方式。如“真像你说的那样，为什么不独立经营而要和我们联营呢”；“如果真有这么便宜的价格，你有多少货，全卖给我好吗”；“这么好的条件你们还不愿意接受，难道还有更优惠的条件吗”。这些反问的答案，实际上都是否定的，但用反问句式比否定句式更有力。

8. 理解性提问。谈判的成功，在于双方加强沟通与理解。当谈判进入尾声时，双方都会提出一些友好、善意的问题。如“这一点我们双方是一致的，你们还有其他想法吗”；“就这样好不好”等。

谈判提问的方式多种多样，但切忌提随意性与威胁性的问题，从措辞到语调都要认真考虑，细心推敲。这样提问才能确有实效。

二、答复的技巧

问与答是矛盾的统一。答复是对提问的反馈。“问”时大有学问，“答”同样需要高超的技巧。真正的智答决不能对方问什么，就答什么，被别人牵着鼻子走。经验丰富的谈判老手在听完对方的提问后，都会敏锐思考并选择一个最佳的答复方式。如不加分析、思考、比较、选择而信口回答，就有可能被对方所控制，掉进“语言陷阱”。高明的谈判者都善于在敏捷而又周密思考的基础之上，快人快语，智答、妙答。

商务谈判回答提问，一般有四点要求：

1. 要明确与理解问题的实质，包括对方提问之中的弦外之音、言外之意，在未完全理解、“吃透”之前，千万不要轻率回答。

2. 要掌握回答问题的要点，哪些问题不值得回答，哪些问题只需要回答一部分内容，哪些问题需要全面、细致地解答，都要做到心中有数。

3. 要善于回避问题，或故意环顾左右而言他，或以资料不全或不记得为借口，或以有待请示上级领导为理由来拖延，或干脆明言不在本人职权范围之内，无可奉告。不仅避免了立即正面回答问题，而且令对方不便继续追问、催问。

4. 要善于拒绝。当对方提出不合理的要求，或虽然合理但因主客观条件还不具备一时办不到的要求时，原则要坚持，态度要明确，不能空许愿哄骗对方，也不能模棱两可，使对方还抱着不切实际的幻想。但是拒绝的态度要诚恳，原因要解释清楚，措辞要委婉。如有可能，还可以同时从对方的角度来说明拒绝的利害关系。也就是说，之所以要拒绝，是为对方着想，对他有好处。

拒绝的语言，并不都是一个硬邦邦、冷冰冰的“不”字。心有余而力不足，情无余而权有限，虽暂时于对方有小利而终究有大害，这一项只能拒绝但其他方面可适当满足对方需求等，都是令人易于接受的言辞。不善拒绝者，一次拒绝就有可能交恶；善于拒绝者，经常拒绝，仍然商务谈判成功率颇高。

在现代纷繁复杂的社会活动中，游说，作为一种通过言辩应答说服人的活动，应用领域宽广，内容丰富，作用巨大，但它又不是一件所有具有语言能力的人都容易办到的事情。游说不仅需要口才，而且还需要机智。相信每个人都有过类似的经验：试图说服一个有主见、能独立思考的人物，决不是一桩轻而易举的事。有时候，任凭你口干舌燥，自己列举出一切堂皇的理由，对方却无动于衷，真令人为之气结。究其原因，除了接受游说的对象或是有权势的人物，或是有渊博学识、有出众才华的学士文人，你没有真知灼见不能打动其人外，主要的还在于接受游说的对象心存主见、成见以至偏见，极力维护自身利益，保持高度戒备而显得固执己见。因此，作为游说者，若不掌握特殊的语言技巧、言辩艺术，若不会运用游说的方略，不能于言语表达中寄寓种种智慧的火花，则游说、交际的任务实在难以完成！

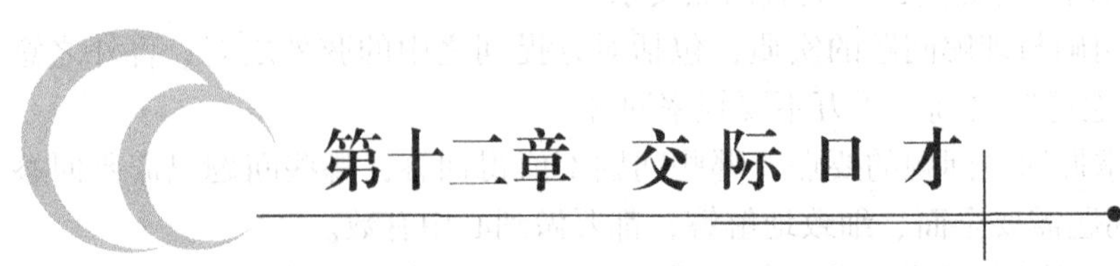

第十二章 交际口才

第一节 人际交往的原则

一、文明礼貌原则

口语表达活动贯穿于人际交往的过程之中。人际交往，无论是个人与个人之间，还是个人与集体之间，无论是单位与单位之间，还是国家与国家之间，都必须讲究礼貌，都必须运用文明礼貌的言语。俄国大文学家、哲学家赫尔岑说："生活中最主要的是有礼貌，它比最高的智慧，比一切学识都重要。"这句话强调了文明礼貌是做人的首要准则。言为心声，文明礼貌的言语是道德高尚的一种反映。两千多年前的一部礼仪专著选集《礼记》中就写道："言语之美，穆穆皇皇"，意思是说言语之美，在于谦恭、和气、文雅。言语之美，由礼貌言语而创造；言语礼貌，则是一套为说话者的民族集团所使用的言语行为规则，是一套在与对话者建立联系的交际过程中为使交际能在友好的状况中进行而使用的固定格式。英国语言学家杰·利奇在他 1983 年出版的《语用学原则》一书中，就系统地提出言语交往中的礼貌原则。

利奇的"礼貌原则"共分六条次则：

(1) 策略次则：尽量少表示有损于他人的意见和态度；尽量多表示使他人受益的态度或意见。

(2) 慷慨次则：尽量减少自己的益处；尽量扩大自己付出的代价。

(3) 赞扬次则：尽量少贬损他人；尽量多称赞他人。

(4) 谦逊次则：尽量少称赞自己；尽量多贬损自己。

(5) 一致次则：尽量减少与他人的不一致性；尽量增加一致性。

(6) 同情次则：尽量减少对他人的厌恶；尽量扩大对他人的同情。

利奇的这六条次则的根本点只是尽量使他人受益而使自己受损，这在一定程度上体现了礼貌言语的要求，但似乎觉得有些过分，我们认为，礼貌言语的本质体现在三个方面：文雅、和气、谦虚。

（一）文雅

文雅，是指说话文明雅致、不脏不俗。孔子认为，“文质彬彬，然后君子”①，说明文雅的言行是构成道德高尚的必要条件。说话文雅就不能使用低级下流、粗野庸俗的语词，就不能使用侮辱对方人格的谩骂言语。“辱骂和恐吓决不是战斗”，反而是愚昧、无知的表现。

说话文雅，是一种应该遵守的社会公德。在人与人交往时，或在演讲时，我们不只是传递了某种信息，而且是自觉或不自觉地表达了我们对现实、对周围人们的关系，因此，关注我们的言语对听话者所起的作用——是否因粗鲁的语言损害了对方，是否损伤了对方的人格等，就变得十分重要，所以文雅的言语是应该遵循“那种简单的道德和正义的准则”的。

不文雅的言语，轻则引起听众的不愉快，难堪；重则激化矛盾、引起冲突。据说，北京某商店的一个女营业员一顿恶语横加，竟气死一位老年顾客。这说明了语言垃圾的严重危害。因此，言语表达时一定要杜绝脏话、粗话，清除语言垃圾，排除语言污染，做到语言纯洁、文雅而有礼貌。

（二）和气

和气，是指态度温和，口气热情，措辞委婉贴切。文雅是和气的前提，文雅的人说话才可能和蔼可亲，平易近人。在现实生活中，和气也是一种高尚的道德情操的外在表现，它可以对人际交往起一种协调作用。在一般情况下，和气能使双方关系融洽、友好相处；而发生争执时，和气则表现为一种情感的克制。能够克制住冲动的情感，就可以避免莽撞粗野的行动，就可以运用正当、有力的方式，促使矛盾缓解乃至消除争端。文雅主要是就言语内容而言，和气则主要是指说话态度而言。文雅的言语，温和的态度，构成文明礼貌的言语行为。

（三）谦虚

谦虚，是指诚恳、虚心、谦逊，即在口语表达中能够接受他人的意见；正确对待他人的批评，不自以为是，不把观点看法强加于人。谦虚的言语，体现出真诚相待，从而让别人体验到讲话者内心的感情和期望，增加彼此的信任和了解，促使建立起真挚而友善的人际关系。谦虚言语的运用，不仅可以使听众欣赏到诚恳朴实的言辞，而且更能使他们感受到体现于这些言辞之中的表达者的情感体验，从而引起共鸣，实现表达者希望取得的最佳社会效果的目的。

二、尊重谅解原则

文明礼貌是口语表达者自己在人际交往中应遵循的基本原则，而尊重谅解则是口语表达者在人际交往中对待听众对象应遵循的基本原则。

（一）尊重

尊重就是重视并恭敬地对待听众对象。在人际交往中如同事、同行尤其是上级对下级、长辈对晚辈的交往中能够做到平等待人，就一定要表现出对对方的尊重。人际交往

① 杨伯峻译注：《论语译注》，61页，北京，中华书局，1980。

中的尊重主要体现在两个方面：一是尊重对方的人格，二是回避对方的忌讳。尊重对方的人格，在很大程度上表现为尊重对方的自尊心，即不能歧视或者侮辱对方。如果自视高人一等，颐指气使，大呼小叫，就会伤害对方的自尊心。一旦言语表达中含有歧视乃至侮辱性的内容，就会损害人际关系，甚至中断人际交往。有一则材料说，某位全国知名企业家有一次在与另一家厂长洽谈业务时，竟耽误了约定的时间，还一本正经地向对方说："我忙得不得了，只能用很少一点时间接见你。"此言一出，满座皆惊，对方厂长心里不是滋味，讪讪告退，结果是送上门来的一笔几十万元的生意告吹了。这个事例中的企业家，言和行都表现出对对方的极不尊重，内心认为自己是名人、忙人，地位比对方高一等，语气生硬，措辞狂妄，如"不得了"、"只能"、"很少"、"一点"、"接见"等，这些既是对对方的心理伤害，也是对表达者自己形象的损害。

回避对方的忌讳，就是不要说触犯对方禁忌的话语，忌讳因不同的人、不同的年龄、不同的职业、不同的性别、不同的心理、不同的生理、不同的经历而不同。在口语表达之前，就应该了解清楚，做到心中有数。在口语表达之中，如果无意中触犯了忌讳，应及时表示歉意。例如，某人的孩子十分不成器，如果对他大谈自己的孩子如何有出息，取得了怎样的成就，那他不仅不愿意听，而且还会认为是有意奚落他，从而形成严重的心理隔阂。可以说，尊重人的前提是了解人，在了解的基础上才能做到尊重人。运用委婉话语，可以体现对对方的尊重和关心。例如在与有生理缺陷的人交谈时，就一定不能直言其事其名，而应用委婉的说法。对失聪的人，直呼"聋子"，就显得很刺耳，不如说"耳背"或"耳朵背"、"耳朵不灵便"。对失明的人叫"瞎子"就很不文明，不如说"您的眼睛不好使"。对跛脚的人，直言"跛子"就比较粗野，应该说"脚不方便"。身体胖虽然不是生理缺陷，但有的人忌讳说他"胖"、"肥"或"肥胖"，一般称为"富态"或"发福"。换用委婉说法之后，既可以表示对对方的尊重，又显示表达者自己的文化教养。

尊重除了在言语内容上表现出来之外，还有一个十分重要的言语标志，就是运用敬辞尊称和必要的客言套语。著名语言家周有光先生说："人一讲话，就能反映两个方面：一是把自己和对方的文明价值表现出来，二是表示彼此的关系。例如，见了面说'您好'，就能说明自己有一定的文化水平，同时也把对方看成文明人，有助于建立友好的关系。"① 敬辞尊称因民族、地区、时代而不同。例如在外交场合或与外国人士、海外侨胞、台湾同胞、港澳同胞的一般接触中，应根据具体情况运用"陛下"、"殿下"、"阁下"、"夫人"、"女士"等尊称，笼而统之地称"先生"、"太太"也不一定是表示尊重。香港的小孩管六七十岁老人叫"叔叔"、"阿姨"、"伯伯"，在内地这样叫，老人会觉得压低了辈分而气恼；相反，内地的小孩如果用"爷爷"、"奶奶"去称呼香港的老者，他们就会认为被叫老了而感到不舒服。因此，应针对不同的民族、地区和根据时代的特点，选择恰当的尊称敬辞进行口语表达。

与尊称敬辞相对的是谦称谦辞。谦称谦辞虽然表现为有意贬低自己抬高对方，但也是为了表示对对方的尊重，同时还是具有一定文化教养的一种标志。由此可见，运用得

---

① 耿二岭：《现代口语交际》，89~91页，天津，天津大学出版社，1993。

体恰当的尊称谦称、敬辞谦辞，是尊重听众对象的一种言语表现。

客言套语虽然并不能传递多少信息，但它是情感交流的一种必要方式，也是说话人社会身份、文化素养、道德水平的一种表现。人际交往中客套话的范围很广，主要有迎候语、祝贺语、告别语、致谦语、礼仪语、祈请语和致谢语，等等，这些客套话都可以表示对对方的尊重。

（二）谅解

谅解是一种宽大为怀的表现。言语交往过程中的谅解，就是在体察对方心理、领悟对方用意的基础上，不去挑剔或指责对方的言语疏忽或错误。尊重是相对于对方的平等地位或自己的优势而言的，谅解则是相对于对方的言谈的过失而言的。言语交往过程中需要谅解的情形比较多。例如，所表达的意思对方一时半会儿领悟不了或者误解了原意；对方说起话来因水平所限或情绪激动等词不达意；在特定语境中对方说话因一时情急而言辞激烈，甚至说了过头话而造成言语冲撞，等等。发生了这类情形，只要对方不是故意所为、恶意相加，就应该予以体谅，心平气和地用言语加以疏导，促使交谈深入进行。

交往过程中，谅解对方还体现在以下两个方面：

1. 从对方的角度来思考判断问题。所谓从对方角度来思考、判断问题，就是分析、弄清其说话的理由所在，即为什么这样说、为什么提出这样的要求。能够把握这一点，在回答对方问题、评价对方言语时，就会比较客观公正且能表现出克制谦让的态度。

2. 对对方的想法、说法、做法表示肯定。对对方的想法、说法、做法表示肯定，是在更高层次对对方表示的理解。在某种意义上讲，就是把自己等同于对方，设身处地为对方着想。戴尔·卡耐基说过，有一句处理人际关系最灵验的神奇的句子："我一点也不怪您有这种感觉，如果我是您，很可能也会这么想的。"这句话的关键不仅表示对对方所作、所为、所见、所言的谅解，而且表示了"心灵相通"的理解。

第二节　语境得体的原则

得体是判断语言运用好坏的一个标准。换句话说，得体是口语表达之后人们的一种客观评价。某某的话得体，某某的话不得体，就是这种评价的结果。张志公先生说："什么是'得体'呢？这不仅是指说话的语法与自己和对象的关系相适应，而且，也包括说话的目的、场合这些因素。"① 这说明得体与口语表达者自己、交际对象、交际目的和任务、交际场合有紧密关系。笼而统之地说，得体是话说得适当、妥帖、恰到好处；精细地分析，则"得"为"适当"，"体"为"语体"，即适合特定的语体之意。不同的语体有着不同的语言运用上的总体要求和风格基调。如日常口语体、外交口语体和事务口语体就有着不同的总体要求和风格基调，它们制约或影响着相应语体中语言材料和表现手法的选择。所以说，得体是适合特定语体的总体要求和风格基调。这种特定语体的总体要求和风格基调主要有三个方面：（1）符合表达者个人的身份、地位、文

① 唐承彬，马卫国：《演讲·口才·成功》，61页，合肥，安徽教育出版社，1989。

化修养特点；(2) 符合交际任务和交际目的的要求；(3) 符合特定听众对象、交际环境和气氛的具体要求。

(一) 符合表达者个人的身份、地位、文化修养特点

进入特定交际语境中，口语表达者的言行举止都是会被听众对象所评判，评判的标准为是否得体。作为表达者，符合得体这条原则主要是把握准自己的身份、地位和文化修养所形成的形象和客观的要求。人们之所以对身着西装革履看起来风度翩翩却满口粗话、脏话的人不屑一顾，就是认为他缺少教养，言行举止与衣着所体现的身份不相吻合。有一年，某地举行修辞学年会，会长在开场白中这样说："先让我这个老猴来耍一耍，然后你们中猴、小猴耍。我老猴肯定耍不过你们，不过总要带个头吧。"代表们听了，觉得很有意思，十分得体。这是因为，首先，会长既是与会者中的最高权威，又年近古稀，把自己比作老猴，把其他与会者比作中猴、小猴，不仅描述老中青三代共聚一堂、切磋砥砺的学术气氛，而且妙趣横生；其次，在修辞学的研讨会上，会长故意用这种修辞手法表示自谦，与主体身份、客观对象和具体场合都十分协调，因而可以取得好的效果。但如果中年同志（即使是会长）说出这样的话，比如"我是个中猴，先让我来耍一耍，耍后请老猴和小猴耍"，就不得体了。因为听的人必定产生反感：把德高望重的老先生称作老猴是一种大不敬，按他的身份是不能这样打比方的。

(二) 符合特定交际任务和交际目的的要求

口语表达总是带有一定的目的性，即使休闲时在一起聊天，也有交流信息、联络感情、增进了解的目的。因此，得体的口语表达总是能体现说话者特定的目的，完成交际任务。科学巨人法拉第出生于英国一个普通工人家庭，他在进入英国皇家学会工作之前，曾和介绍人戴维爵士在学会实验室窗边的长凳上有过这样一次谈话：

戴维："很抱歉，我们的谈话随时可能被打断。不过，你还幸运，此时此刻仪器没有爆炸。法拉第先生，信和笔记本我都看了。你在信中好像并没有说明在哪里上的大学。"

法拉第："我没有上过大学，先生。"

戴维："噢？但你做的笔记说明你显然是理解这一切的，那又怎样解释呢？"

法拉第："我尽可能在学习一切知识，还在自己房间里建立了小实验室。"

戴维："年轻人，我很感动。不过，可能因为你还没到实验室干过，所以才愿意到这儿来。科学太艰苦，要付出极大的劳动，而只有微薄的报酬。"

法拉第："但是，只要能做这件工作，本身就是一种报酬啊。"在这段耐人寻味的对话中，法拉第面对戴维爵士所强调的科学研究必须付出艰辛劳动观点的挑战，没有丝毫犹豫和退缩，而是竭诚表示出对知识的渴望和对科学的执著追求。这次谈话对法拉第能否成为戴维爵士的助手，进入英国皇家学会工作起决定作用。因此，法拉第从自己的交际目的出发，言谈中不仅表现了自己学习知识并进行实验的热情和勇气，而且把进行科学研究视作一种"最高"的报酬，从而表现出坚定的信念和不计个人名利的献身精神。这深深打动了戴维爵士，而法拉第也如愿以偿。

符合特定的交际目的和任务的要求就是语言材料的选定、语意重点的安排要能够完成交际任务，实现交际目的。换句话说，没有实现交际目的的得体，不是真正的得体，

只能是一种具有权宜之计式的敷衍。

（三）符合特定听众对象、交际环境和气氛的具体要求

吕叔湘先生认为，“此时此地对此人说此事，这样的说法最好；对另外的人，在另外的场合，说的还是这件事，这样的说法就不一定最好，就应用另一种语法”①。这个观点是正确的。得体的口语表达，应该符合特定听众对象和时间、地点、场合等语境因素的具体要求。例如，接待外宾时说话应严肃、庄重，不能使用日常一般口语语汇，比如对外宾说：“我们两国要抱成一团”，“一会儿我们请大家吃饭”就不恰当了。

语境中的重要因素是时间和场合，如果没有弄清什么时间和什么场合该说和能说什么话，哪怕讲的话极有道理，也是不得体的，例如，在《战国策》中有这样一则故事：

有一个卫国人迎娶新媳妇。新媳妇一坐上车，就问道：“车辕两边的骖马是谁家的呀？”驾车人说：“借的。”新媳妇就对赶车的仆人说道：“轻轻地打骖马，也别猛抽那驾辕的服马！”车到了夫家的门口，新媳妇一边拜见家人，一边吩咐随身的伴娘说：“快去把灶里的余火灭掉，不然会失火的！”新媳妇走进屋内，看见当路的地方有个石臼，连忙说：“把它搬到窗台下边，放在这儿会妨碍走路的！”夫家的人都觉得她十分可笑。

上述故事中新媳妇从一上车到进婆家门，所讲的三句话都是至善达理之言：第一句话嘱咐不要猛打驾车的马，因为马是借来的，所以应该爱惜；第二句话吩咐做完饭后灭掉灶里的余火，新婚之夜人多手杂，引起火灾会乐极生悲；第三句话指使仆人将妨碍走路的石臼移到墙边，便于宾客们来往。这三句话都合情合理，婆家的人却为什么笑话她呢？除了与她此时身份不相符之外，还与说话的时间、场合不相适宜有关。古代风俗，新媳妇进门三天不言不笑，甚至不吃不喝。而一个正在举行婚礼的新媳妇居然支使这支使那，就不恰当了。新媳妇的这三次讲话，如果是在娘家说，无疑人们会称她是体贴父母的好姑娘；如果是过了“三朝”之后再说，人们则会称赞她为会持家的好媳妇，但在举行婚礼之时说，看来有道理，却遭到了鄙视，就是因为不符合特定的时间和场合。由此可见，取得预期的表达效果，建立良好的语言形象，所说的话就必须与特定的语境相吻合、相谐调，这样才能称得上得体。

总之，语境协调原则要求做到：（1）体现身份，言语得当；（2）看清对象，因人而异；（3）围绕意图，有的放矢；（4）适应场合，注意语体；（5）上下协调，前后照应。

第三节 语言运用的原则

口语表达这种言语活动的根本任务在于运用自然语言并借助体态语言向特定的听众对象表情达意、输出信息，因此，必须追求理想的表达效果。实现理想的表达效果，除了应遵守人际交往原则、语境协调原则之外，还应该遵守语言运用原则。人际交往原则的遵守，可以建立良好的交际氛围，为口语表达奠定成功的基础；语境协调原则的遵

① 吕叔湘：《什么叫修辞》，《修辞学习》1986年第1期，1页。

守，则是在清楚地认识到听众对象、时空场合、交际方式、话语方向等语境因素的制约性前提下，选择恰当的言语手段进行口语表达；语言运用原则则注意组织和运用好语言负载的内容和语言本身的特点，以期圆满完成口语交际的任务，实现特定的交际目标。

一、内容组织原则

口语表达的内容表现在事、情、理三个方面。事、情、理三方面内容的组织，应做到事信、情真、理直。事信、情真、理直是实事求是、忠诚正直思想品德的表现，也是语言材料内核的灵魂所在。只有事信、情真、理直，口语表达才能产生使人信服、使人感动的功能。

（一）事信

说话必须遵循“诚”的原则，对于交际语言来说，“诚”更具有特殊而重要的意义，在交际语言运用过程中，必须特别强调。交际语言是和公众之间得以交流沟通的重要媒介。“诚于中而形于外”，社会组织成员心理上、态度上的“诚”，行之于语言就表现为一种能使人感到可信赖的语言品质。有无这种品质，对于语言交际的效果来说往往有天壤之别。因此，古今中外，“诚”总是被人们用作衡量语言运用好坏的一个亘古不变的原则。事信，即真实而可信。它要求交际人员如实地向交际对象传递真实而准确可靠的信息。“说实话”、“如实相告”是对这种含义的一种通俗而简明的说法。只要是涉及传递的信息，无论是好的还是坏的都应该如实相告，既不因好而添枝加叶，也不因坏而遮遮掩掩。许多国家的公共关系协会，都把信息传递的真实可信作为协会准则的一项重要内容。例如英国公共关系协会要求会员做到信息传播“应以保证真实与准确为己任”，“不得参加任何意在败坏传播媒介诚实性的活动”。美国公共关系协会则要求“各会员都应坚持社会公认的准则、真实与品味高尚的标准”。尼日利亚公共关系协会要求会员做到“促进公众信息的自由沟通，并保持传播渠道的诚实性”。由此可以看出，公共关系是多么看重信息传递的真实可信性。

强调信息的真实可信，是和公共关系的根本目的、宗旨相一致的。其目的在于通过有计划的努力，使自己和公众之间相互沟通、适应，形成互益关系，从而求得自身的生存和发展。要达到这一目的，交际者的形象和信誉至关重要，是决定成败的关键。俗话说：“精诚所至，金石为开。”只有诚的语言才能打动公众、感召公众，赢得公众的信任和支持。

除了“真诚”，“热诚”也是不可或缺的。如果说“真诚”所要求的着眼点是在内容方面，那么“热诚”所要求的着重点是在语言表达的形式方面。真实可信的内容加上热心诚恳的表达形式，语言交际就能达到理想的效果。

语言表达上所要求的热诚，归根结底，可以说是交际人员在态度、说话上的一种自然流露。交际人员必定会想到自己的言行带来的影响，因而随时加以注意和检点，表现在待人接物上认认真真，“出言吐语自当力求适当，使双方愉快舒服”（叶圣陶语）。可见，“真诚”和“热诚”之间有着内在的必然联系，是密不可分的。

“热诚”的具体表现是多方面的。表现之一就是对公众的尊重和话语的恳切礼貌。人与人相处，本来应该互相尊重，讲究礼貌。从公共关系的角度看，这种尊重和礼貌，除了道德和伦理上的意义之外，还有其特殊的含义：它直接关系交际人员在公众心目中的形象和声誉。因此，为交际人员所特别注重。

（二）情真

情真，就是要有真情实感。“感人心者，莫先乎情”，“情自肺腑出，方能入肺腑”，“通情才能达理”，因此，口语表达之中一定要充满讲话者自己的情感。所谓情感，就是对外界刺激肯定或否定的心理反应，如喜欢、厌恶、愤怒、悲伤、恐惧、爱慕、憎恨等，它必须是从内心奔涌而出的。说话人的话语一定要受到发自内心的充沛情感的支配，才可能产生感染力、影响力和号召力。1963 年 8 月 28 日，世界最著名的演讲家之一，美国黑人领袖马丁·路德·金在林肯纪念堂前发表了《美国给黑人一张不兑现的期票》的演说，其结尾部分是这样的：“这就是我们的希望！这是我们返回南方时所怀的信念！怀着这个信念，我们能够把绝望的群山凿成希望的磐石。怀着这个信念，我们能够将我国种族不和的喧嚣变为一曲友爱的乐章。怀着这个信念，我们能够一同工作，一同祈祷，一同奋斗，一同入狱，一同为争取自由而斗争。坚信吧，总有一天我们会自由……”①在这段演讲中，马丁·路德·金用排比式表述，深情地表达了对自由的渴望，语势磅礴，一泻千里。作为民权运动的领袖，他的这些话完全发自肺腑，道出了千百万黑人的心声，使得在场的听众有的呐喊，有的喝彩，有的悄然流泪，有的失声痛哭。由此可见，情感语言出于肺腑，方能入肺腑，从而打动和激励听众。

一般情况下，人们所说的话，都伴有愿望、欢乐、痛苦、恐惧等情感成分，说话人的感情往往直接影响着听话人的理解和接受，从而影响说话的效果。如果说话人态度冷冰冰的，说出的话不痛不痒，没有情感的参与，听众也会毫无所动，也就不会收到好的效果。对此，著名美学家朱光潜先生评之为“零度风格”。他说：

“说话人装着对自己所说的话毫无情感，把自己隐藏在幕后，也不理睬听众是谁，不偏不倚、不痛不痒地背诵一些冷冰冰的条条儿，玩弄一些抽象概念，或者罗列一些干巴巴的事实，没有一丝丝的人情味，这只能是掠过空中的一种不明来历去向的声响，所谓‘耳边风’，怎能叫人发生兴趣，感动人、说服人呢?”

朱光潜先生的这段话，揭示所谓“零度风格”的言语态度、言语表现及其特征，从相反的方面说明了话语之中情感的重要性。否则，没有情感的话语只能是一掠而过的“耳边风”，并无实际表达效果可言。

（三）理直

理直就是理由充分。口语表达时，在尊重客观事实的基础上做到理由充分，不但能正确地反映事物的本质和规律，而且能够饱含哲理。这样才能做到微言大义，言必有中，给人以智慧的启迪和理智的熏陶。

如果说文有“文眼”，诗有“诗眼”，那么，话也有“话眼”。这“话眼”往往表现为警句，即话简言奇、含义精警动人的句子，它包含着丰富的思想，给人以瑰丽新奇的想象和昂扬振奋的力量。晋人陆机说：“立片言以居要，乃一篇之警策。”《吕氏春

① 石幼珊译：《名人演说一百篇》，509 页，北京，中国对外翻译出版公司，1987。

秋》上说："文章无警策，则不足以传世，盖不能竦动世人。"说话与写文章一样，必须具有思辨性强的警策之句，才能打动和感服听众。饱含哲理的警句，往往是口语表达者心灵火花的爆发，是语言宝库中充满智慧光芒的结晶。例如张海迪说："是颗流星，就要把光留给人间"，简洁精练，闪耀着理想的光辉；萧伯纳说："人生不是一支短短的蜡烛，而是一支由我们暂时拿着的火炬，我们一定要把它燃得十分光明灿烂，然后交给下一代的人们"，语句较长，却给人们强有力的激励，增强人们的社会责任感；丘吉尔受命于危难之际，他在1940年5月13日出任英国首相的首次演说中，慨然宣告："我没有什么可以奉献，有的是热血、辛劳、眼泪和汗水"，这句话既是丘吉尔的名言，也是他成为英国人民行为楷模的誓言，更是激励英国人民同心同德、浴血奋战，共同击败德国法西斯的宣言。

口语表达中，要做到理直就应尽量做到"阐前人之所未发，述前人之所未言"，以新的观念、新的解释、新的分析角度、新的解剖方法来表述。这样才能让人耳目一新，以新见深，以新服人，使人在笑谈之中明辨是非，增长见识和智慧。

口语表达内容的组织，既要注意做到"事信"、"情真"，更要注意做到"理直"。摆事实往往是为说明道理，真情流露的目的则主要是借助情感的推动力，引导听众加深对事物本质和规律的认识，而理直则是直接揭示真理、阐述哲理，给人以智慧的启迪，以理服人。在实际工作和社会生活中，只有高瞻远瞩地把握事物的全貌，才能做到去粗取精、去伪存真、由此及彼、由表及里地揭示出事物的本质和规律，才能在对某些事物的探索中，超过一般人所达到的深度和广度，提出比一般人更正确、更全面、更深刻、更高明的真知灼见。

二、信息输出原则

（一）信息输出的合作原则

口语表达时，一般总是要输出一定的信息。信息输出一般应遵循"谈话合作原则"。"谈话合作原则"是美国伯克利加州大学哲学教授、语言学家格赖斯1975年提出来的。他在一篇题为《逻辑与会话》的论文中指出，我们的会话受到一定条件的制约，我们进行交谈之所以不致成为一连串互不连贯的话，是因为在不同的阶段谈话人都遵循一个（或一组）目的，且相互配合。也就是说，为了准确而有效地进行交际，说话人和听话人都要采取合作的态度。这种共同信守的原则就称为"合作原则"。"合作原则"对信息输出有四个方面的规定：

（1）数量准则（Quantity）：提供适量信息。所提供的信息量正如所要求的那样多，既不能太多，也不能太少。

（2）质量准则（Quality）：信息真实可靠。不要说你自己认为是虚假的话，不要说缺乏证据的话。

（3）相关准则（Relation）：内容必须贴切。所说的话与传递信息的意图是密切关联的，不说无关的事。

（4）方式准则（Manner）：话语清楚明白。话语的表述应明确清晰、简洁而有条理，避免含糊和歧义。

倘若违反上述原则，谈话就难以进行，双方就无法沟通，甚至会因此酿成灾祸。

第二次世界大战后期，希特勒在欧洲战场上节节败退，溃不成军，在亚洲的日本也败局已定。1945年7月，斯大林、丘吉尔、罗斯福在黑海讨论商定战败国投降条件，7月26日《波茨坦公告》发表。日本当局一看盟军方面提出的投降条件比他们原先想象的要宽大得多，非常高兴，决定把公告分发给各报刊登载。28日铃木首相又接见新闻界人士说："日本方面对波茨坦公告采取'默杀'政策。"他的本意是日本内阁决定对公告暂不加评改。但"默杀"还有另外一种含义，即不予理睬。铃木首相的谈话语意模糊不清、没有明确解释是什么意思，而盟军方面的通讯社译员则根据当时的局势按第二种含义翻译。消息播出后，美方以为日本拒绝公告要求，决定予以惩罚。8月6日，美军在广岛投下了威力巨大的原子弹，迫使日本尽快无条件投降。

这个事例说明，口语表达时一定要遵循信息输出的基本原则，尤其是政治、经济、军事和日常工作交往中，特别要注意说话清楚明白，不能语意模糊或用词不准，像铃木选用"默杀"一词，后果是灾难性的。

（二）信息输出的变异原则

信息输出原则具有社会约定俗成性，在一般情况下，遵守信息输出原则是进行交际的起码条件，违反这些原则会使交际发生各种各样的问题。但是信息输出原则的遵守则是相对的，不是绝对的，它并非孙悟空头上的"紧箍咒"。人们在言语交际中固然受信息输出原则的制约，但在特定的语境中可以灵活多变，常常根据交际的需要采用一些有效的超越信息输出原则的方式来表达，使口语表达的过程充满变异、充满创新，使语言异常生动活泼。换言之，口语表达在肯定应该遵循信息输出的常规方式的同时，也强调信息输出原则的变异运用，更强调这两者的结合。不管采取哪一种形式，其共同的前提是"合作"，有合作才可能有沟通，才可能使言语交往顺利进行。

信息输出原则之所以能变异运用，是因为在言语交际过程中，表达的话语产生了会话含义。所谓会话含义，是从符合会话准则的角度去领会的，由话语表面意义推知的含义。例如：

A 甲：经理呢？

乙：正在会见客人。

B 甲：经理呢？

乙：外地来客户了。

A例中，乙的答话符合相关准则，字面含义正是乙所要表达的意思。B例中，乙的答话违背了相关准则，问经理在哪里却回答外地来客户了，看似风马牛不相及，但甲从乙是合作的角度出发，就可推知"经理在接待外地来的客户"这种会话含义。

会话含义的表达与领悟，如果从合作性角度来理解，就表现为与所谈话题相关，如上述B例中乙的答话；如果是非合作性的，则表现为与所谈话题无关。这要根据具体语境而定。

第四节　拜访与接待

一、拜访

（一）选择最好时机

《红楼梦》中刘姥姥第一次拜访荣国府时“天未明”就启程了。来到贾府，早饭后见到了专管“周旋迎待”的凤姐。坐下来后，刘姥姥首先表明是来“瞧瞧姑太太、姑奶奶”的，待“心神方定”后，才说明来意。凤姐早已猜着了几分。招待她一餐饭后，把“丫头们做衣裳的二十两银子”给了她。

大凡拜访人，都有着自己的目的。刘姥姥是为了讨银子，结果如愿以偿。这个乡下老婆子实现了自己的拜访目的，其中的奥妙不能不引人思索。首先，她选择了一个恰当的拜访时间。早饭后无疑是荣国府大忙人凤姐稍事休息的时间，刘姥姥才得以见面。拜访时间的选择对于实现拜访目的有很大的影响，一般说来，清晨、吃饭、午休、深夜都不宜登门。其次，凤姐的心情好，也是刘姥姥实现拜访目的不可低估的因素。由于周瑞家的从中周旋，再加上贾蓉来借“玻璃炕屏”时恭维了凤姐几句，她颇有几分得意，正是“得意浓时易接济”。看来，去拜访一个人，不能不考虑对方的心情。主人心情好，你会受到热情接待，也就有利于实现拜访目的。

（二）客人言谈三个“不”

客人的言谈举止得体，是实现拜访目的的关键。因为言谈举止是一个人素质的外在体现，它会使主人产生一种感情，或是高兴愉快，或是厌恶鄙夷。而在不同感情的导向下，对人对事会有不同的看法。在愉悦感情支配下，主人会尽力给你帮助，反之，你将被拒之门外。那么，客人的言谈举止应怎样才恰当呢？

1. 寒暄不可少。有几位好朋友想到一个钓鱼的桥墩上去观看正在海湾中举行的划艇比赛。可几次都被警察挡住了，理由是那里钓鱼的人太多。这时，他们中的一位女同胞说：“让我去试试。”她走到警察面前问他太阳底下是否感到难受，对他工作的艰辛表示理解和同情。当警察说到自己如何喜欢钓鱼时，女同胞适时进言，表达了自己的愿望。警察终于开了绿灯。这位女同胞的成功在于她掌握了交谈的技巧，一种使自己处于有利地位的交谈技巧。作为客人，也应掌握女同胞运用的“V型转换”谈话技巧，而寒暄正是这种技巧的具体体现。客人与主人交谈，首先不要进入实质性的问题，可先谈谈天气，问问主人小孩的学习情况，说说趣闻，关心关心他家老人的健康……待交谈气氛融洽时，也就是双方心理相容时，再慢慢说明来意。这样，定能使你乘兴而来，满载而归。所以说，要想稳操胜券，寒暄是不可少的。

2. 言谈不要散。主客寒暄之后，客人要适时进言，以免耽误主人过多的时间。一般来说，交谈时间以半个钟头为宜。这就要求客人用言简意赅的话语说明自己的来意。谈得太散，既浪费时间，又影响主旨的表达，有时还可能说些不该说的话。比如，询问主人的经济收入，评点一下他的家庭布置，或者对某个问题穷追不舍，等等。这些都可能引起主人的不快，并由此影响到拜访目的的实现。谈话没有节制是客人言谈之一忌。

节制内容的同时，还必须节制音量。无所顾忌、高谈阔论，会搅乱主人家闲适而安静的生活。客人谈话要“调好音量旋钮”，千万不要敞开嗓门说话。

3. 体态语不宜多。民间流传着这么一个故事。有一个人进餐馆吃饭，吃完了才发现忘了带钱，便对老板说：“老板，今天我忘了带钱，明天一定送来。”老板连声说：“行！行！”并恭敬地送他出门。这件事被餐桌旁一个无赖看在眼里，他也想趁机捞点便宜。吃罢饭菜后，假装摸摸口袋，然后仿照前面那位顾客说了一通。谁知老板听后脸孔一板，揪住无赖，非要他交钱不可。无赖不服气地说：“人家赊账可以，老子为什么不行？”老板说：“人家吃饭斯斯文文，喝酒一盅一盅地筛，吃完后还用手帕揩嘴，是个有德行的人，欠了钱一定会还来的。你呢？双脚蹬在凳子上狼吞虎咽，端起酒壶往嘴里灌，吃完用袖子揩嘴，一付无赖相。你不给钱，我能放心吗？”一席话说得无赖哑口无言，只好乖乖地付钱。店老板凭顾客的举止确定人的可信度是因为，举止能反映一个人的思想与修养，其中蕴藏着美与丑。人们常说，听其言还须观其行，这说明有时举止比言语有更大的可靠性。主人对客人的印象，来自听觉和视觉两方面。举止不文明，体态语过多，如得意时手舞足蹈，不安时频繁走动，痛苦时捶胸顿足，或是指手画脚叙说某件事，抱起主人家小孩使劲亲……这些都会引起主人不悦，成为实现拜访目的的障碍。

二、接待

古人云：“有朋自远方来，不亦乐乎？”然而，不善言谈的主人，他们往往在客人面前手足无措，无言以对，哪有乐趣可言？那么，主人言谈的技巧有哪些呢？

（一）主人的第一要着

有一位影迷找他仰慕的影星签名。当影星签完以后，那位影迷竟把名字念错了。影星听后十分气愤，于是反问影迷：“你不是我的忠实观众吗？既如此，为什么连我的名字都念错了？”影迷只好连忙道歉，并说明自己不善记住别人的名字。美国作家戴尔·卡内基认为，一个人的名字对本人来说是最重要的字眼，一般人对自己名字的兴趣远远超过对地球上所有人的名字的兴趣。美国纽约州洛克兰德县有个叫吉姆·法利的人，他没有进过学校，却凭着能叫出五万人名字的特殊本领，成为了民主党全国委员会领袖，并当上了邮政总局局长。善记名字的本领的威力，竟达到了令人难以置信的地步。由此可知，在接待中，主人能一见面就主动叫出每一位来访者的姓名，该有多么重要！这一招，可以塑造出主人热情好客的形象，迅速缩短主客之间的距离，建立友好关系。

那么，怎样记住客人姓名呢？对于“自报家门”的客人，可将他的姓名与相貌、表情，以及整个外部形象联系起来记忆，也可以与自家亲朋好友中某人相貌、姓名联系起来记，还可以与他的工作单位、家庭情况联系起来记。对有的客人需要询问姓名，可采用提问的方式：“您贵姓？”“在哪个单位工作？”有时也可要求对方写下姓名。尽管如此，还是难免出现张冠李戴的情况，此时，便需要用巧妙的言辞为自己解脱。“您是姓……”“对不起，上次我没听清您的名字。”“您今天穿了这么一套漂亮衣服，我一时认不出来了。”“您和×××太像了。您的名字是叫……”

(二) 知人善谈

了解来访者的意图，然后“看人说话”，既可以迅速确定话题，又可以顺应对方的心愿，给人以愉快的感受。相反，不了解来访者的意图，谈话就可能出现“话不投机半句多”的情境。主人要具备与各种不同来客侃侃而谈的本领，就要在语速、音量、遣词用句等方面因人而异。

1. 语速、音量因来访者年龄而异。来访者可能是年逾古稀的前辈，也可能是几岁的孩童。不同年龄的人有不同的生理、心理特征，主人与其交谈，就应采用不同的语速和音量。对老年人，用较慢的语速、较大的音量与他交谈，能使对方产生被人尊敬的喜悦感；而与小客人交谈则宜轻言慢语，语调柔和，这样能使小朋友产生安全感、亲切感、信任感。

2. 遣词用句依来访者文化水平而别。有位知识分子家来了一位农民客人，主人甚为热情，对来访者也十分客气：“听说最近赵公元帅光顾你了。现在你大名鼎鼎，真要刮目相看了。”“对于你的生财之道，我不敢班门弄斧，妄加评论，请多多包涵。”主人的这番话只能使那位农民客人莫名其妙，怎能进一步交谈呢？

遣词用句应看来访者的文化程度，否则，主人接待客人时，说话不看对象，一定会“门前冷落鞍马稀”了。

3. 说话语气依来访者的不同目的而变化。前来拜访的客人，往往带着各自不同的目的，主人要善于采用不同的语气与他们交谈。

对于前来求助的客人，主人应以体谅对方的心情，站在客人立场说话，语气要平和，给对方一种亲切感、信任感。即使你认为无能为力，也要给客人留一线希望，你可对他说：“这个问题我可以去了解一下，只要有可能，我会尽力帮忙的。”“你先别着急，一旦有了门路我就打电话告诉你。”对于前来提供某种信息的客人，主人则应采用感叹语气，表达自己的感激之情。如“非常感谢！你提供的信息太有价值了！”“你可真帮了大忙！谢谢！”“真辛苦你了！”与前来研究问题、商量工作的客人交谈，则宜采用征询、商量的语气。如：“你看这样行不行？”“是不是还有不妥的地方呢？对这个问题你的看法是……”

总之，要做一个热情好客的主人，掌握交谈技巧只是一个方面，谈话中多用礼貌语言，懂得迎来送往的一般礼节，对于做好接待工作，也是非常重要的。

第五节　介绍与聊天

一、介绍

介绍，是社交中人们互相认识、建立联系的必不可少的手段。介绍，同样要讲究说话艺术。

(一) 给人良好的“第一印象”

有一对朋友谈论他俩都认识的一位医师老徐。可两人对老徐的看法截然相反：一位认为老徐很有教养，对病人关怀备至；另一位认为老徐脾气暴躁，对病人态度不好。究其原因，原来后一位第一次见到老徐时，他正在对一位病人发脾气，于是，就形成了难以改变的“第一印象”。第一印象亦称“首因效应”，它在人们心目中一旦形成，便定下了对这个人认识的基调，成为了以后交往的依据。因此，我们必须利用“首因效应”为结交朋友创造条件。为此，必须高度重视给人第一印象的自我介绍。

请看喜剧表演艺术家王景愚的自我介绍：

我就是王景愚，表演《吃鸡》的那个王景愚。人称我是多愁善感的喜剧家，实在是愧不敢当，只不过是个“走火入魔”的哑剧迷罢了。你看我这40多公斤的瘦小身躯，却经常负荷许多忧虑与烦恼，而这些忧虑与烦恼又多半是自找的。我不善于向自己敬爱的人表达敬与爱却善于向自己所憎恶的人表达憎与恶，然而胆子并不大。我虽然很执拗，却又常常否定自己；否定自己既痛苦又快乐，我就生活在痛苦与欢乐的交织网里，总也冲不出去。在事业上人家说我是敢于拼搏的强者，而在复杂的人际关系面前，我又是一个心无灵犀，半点不通的弱者，因此，在生活中，我是交替扮演强者和弱者的角色。

王景愚的自我介绍很有技巧，给人留下了良好的、难以忘却的第一印象。而这正是自我介绍要达到的目的。那么，自我介绍的说话技巧有哪些呢？

1. 说好一个“我”字。自我介绍少不了说“我”，如何说好这个“我”字关系到别人对你产生什么样的印象。有的人自我介绍时，左一个“我”怎样怎样，右一个“我”如何如何，听众满耳塞的都是“我”字，不反感才怪呢。还有的人“我”字说得特别重，而且有意拖长，仿佛要通过强调“我”来树立自己的高大形象。更有甚者，有的人说“我”时神态得意洋洋，目光咄咄逼人，大有不可一世的气势。这种人的自我介绍不过是孤芳自赏罢了，只能给人留下骄傲自大的印象。

要给人良好的印象，就应在关键的地方以平和的语气说出“我”字，目光亲切，神态自然，才能使人从这个“我”字里感受到一个自信、自立而又自谦的美好形象。

2. 独辟蹊径。自我介绍，人们往往是先报姓名，然后说工作单位、职业、文化、特长或兴趣等，不免千篇一律。这样的介绍在人们心目中印象平平。而王景愚独辟蹊径，他运用对立统一的原则、一分为二的观点，联系自己的职业特长，实事求是地评价自己，语言质朴、活泼、无哗众取宠之意、很容易为对方接受，所以给人留下的印象是良好而深刻的。

由此看来，自我介绍独辟蹊径，是指从独特的角度，选择使对方既感到意外又觉得顺乎自然的内容，采用活泼的语言把自己“推销”给别人。而决不是指那种借助别人威望给自己贴金的介绍，也不是指那种靠“吹”来取悦对方的介绍。那些人介绍自己时常说：“××副市长，是我的老朋友……”“你知道省里著名的×××专家吗？我们曾住在一栋宿舍里……”“我对××问题很有研究。昨天我收到了××杂志的约稿信……”“我叫×××，厂先进工作者。别看是个小厂，可五百人里选五个，也算是百里挑一吧！”这样的自我介绍给人的印象也许是深刻的，但决不会是良好的。

3. 巧报“家门”。自我介绍少不了“自报家门”，为了使对方听清自己的准确名字，往往要对“姓”和“名”加以注释，注释得越巧，人们得到的印象就越深刻。对姓名的注释不仅可以反映一个人的文化水平、性格修养，更能体现一个人的口才。

有一位青年叫陈逍遥，他曾这样自报家门："我姓陈，耳东'陈'，逍遥法外的'逍遥'……"这位青年对于自己姓名的注释实在太不高明，如果说成"逍遥自在的'逍遥'"，该多好啊！有位青年叫聂品，他介绍自己时很风趣："我叫聂品，三只耳朵，三张口，就是没有三个头……"这样一说，"聂品"这个名字就深深扎在对方的记忆里了。

（二）用言语搭起结识的桥梁

社交场合中并非人人都相识，而参与社交的人往往希望结识更多的朋友，因此，介绍他人便成了社交中必不可少的方式了。介绍，可以促使陌生人成为朋友；介绍，可以促进双方的合作；介绍，甚至可以使男女双方结为秦晋之好。近几年来兴起的"婚姻介绍所"、"职业介绍所"，更是在人际交往中起着不可忽视的作用。可见，介绍他人也已经成为一种社会需要了。因此，选择什么内容，采用什么语言形式介绍他人，便成了大家关心的一个问题。

1. 选择什么内容介绍他人？（1）选择双方感兴趣的内容。只有选择双方都感兴趣的内容进行介绍，才能引起重视，也才能促使双方相识。如果你把一位教师这样介绍给一位生意人："她叫×××，是位教学经验丰富的教师。"这位生意人一定会表现出冷淡，也引不出双方交谈的话题。但是你如果对这位生意人说："×××是位教师，她丈夫是××贸易公司的经理。"这样介绍选择了对方感兴趣的内容，便搭起了双方结识的桥梁。(2) 介绍特长，促进了解。介绍的内容除姓名、工作单位等以外，还应根据被介绍人的情况有所侧重，千万别忘了介绍别人的特长。如："这是×××，我们单位的'歌坛新秀'"。"×××曾是市里乒坛冠军，现在仍不减当年。有机会的话你俩可以比试比试。"这种介绍对促进双方了解、建立友谊是非常有益的。（3）给予评价，促进合作。给被介绍的人作一个简单、中肯的评价，也是比较好的介绍方法。如："×××在楚辞方面很有些见地，写过好几篇文章，希望你们能合作。""××同志乐于助人的美德尽人皆知，他会给予你热情帮助的。""你俩都是搞企业管理的。据我所知，王先生在这方面是个行家，外号'管理通'。你们一定会谈得很有收获的。"这种评价式的介绍，能使对方产生良好印象，从而奠定结识的基础。

2. 采用什么样的语言形式介绍他人？（1）直接陈述。介绍他人往往只用三言两语就要画出一个人的轮廓，因此要避免拐弯抹角故弄玄虚，而宜用简明的语言直接陈述。如："这位是我的朋友老刘，搞建筑设计的。""这是××同志，很会讲笑话，同他交谈你会感到快乐的。"（2）征询引见。除了直接陈述外，介绍他人还可采用询问句。如："刘先生，我可以介绍张先生给你认识吗？""张经理，你想了解化妆品的销售情况吗？这是银海公司业务员小赵，他会给你满意的答案的。"采用先征询意见，得到同意后再引见的介绍方法，不仅能显示出你对他人的尊重，而且询问句的语调会给人一种亲切感，易于让对方接受。(3) 肯定推荐。介绍内容决定了我们在推荐对方时常常采用肯定句的形式。因为一个人的姓名、职业等是客观存在的，不容置疑。如果你在介绍别人时说话含糊其辞、模棱两可，甚至否定人家的某些优点，那是很不礼貌的。

二、聊天

大文豪萧伯纳曾说过这么一段话："倘若你有一个苹果，我也有一个苹果，而我们彼此交换这个苹果，那么，你和我自然各有一个苹果。但是倘若你有一种思想，我也有一种思想，而我们彼此交流这些思想，那么，我们每个人将各有两种思想。"聊天就是交流思想的一种好形式，也是较为频繁的一种社交活动。聊天具有很大的随意性和不确定性，属于自由度较大的散文式"闲谈"。正因为如此，参与者便可把自己所见、所闻、所想、所感毫无拘束地"聊"出来。所以它已成为人们加强联系、传播和获取信息的重要途径之一。

（一）得来全不费工夫

某市自来水公司经理于某有一个独特的本领，就是聊天。全公司870多名职工，有60%以上的职工他都"聊"过。他体会到，只要到群众中去聊一聊，就能找到一些解决困难的办法。深圳蛇口工业区，每月第一个星期二的晚上，年轻的厂长、经理凑到一起开"聊天会"。他们往往能利用聊天中得到的信息，使企业兴旺发达或转危为安。有一家帆布厂兴办不久产品销路就发生了困难。厂长亲自出马，旅差费花了好几千，还是没门。一个偶然的机会，在与朋友聊天中获知某勘探队急需要钻井塔衣。这一信息，挽救了一个濒临崩溃的工厂。真是"踏破铁鞋无觅处，得来全不费工夫"。可见，聊天实在是做思想工作、沟通信息、调节心理的一种较好方式。

（二）海阔天空任驰骋

"海阔凭鱼跃，天高任鸟飞"。我们可以借用此话来概括聊天口才的特点：

1. 平等互惠，畅所欲言。聊天的参与者之间无长幼辈和上下级之分，地位相对平等。这就易于形成融洽和谐的气氛。在这种气氛中，谁也不受拘束、不受限制、大家推心置腹、相互信任、相互启发、相互给予、平等互惠、畅所欲言。如果交谈时唇枪舌剑、剑拔弩张、说话刻薄、盛气凌人，那是绝对"聊"不起来的。

2. 形式不拘，场地不限。聊天不需要谁发出正式的邀请，大家自愿凑在一起便可"聊"起来。人数没有限制，少则两人，多则十几人。没有主持人，发言也无先后次序，想讲就讲，想停就停。聊天的时间没有定规，无话聊十几分钟便散了，有话可聊至深夜。参与者来去自由，想来便来，要走便走。聊天的场地也没有什么限制，教室、宿舍、火车、河边、公园、茶馆……都可。

3. 话题丰富，轻松愉快。聊天的话题丰富多彩，气氛轻松愉快，这也是它的一大特色。一般情况下，聊天并无事先确定的内容，也无需就某个问题得出结论或达成协议，因此，参与者的发言常常是即兴的，具有很大的随意性。凡是听到的、看到的、想到的都可以讲，比如：学习上的困难、个人的打算、童年的趣事、名人逸闻……聊天的场面往往呈现出谈笑风生，热闹非凡的情景。

（三）"上乘、中乘、下乘、最下乘"

清人敦诚（曹雪芹的好友）将聊天分为"上乘、中乘、下乘、最下乘"四个等级，可见聊天也有水平高低之分。高水平的聊天一定是高尚的、愉快的，而且能"聊"出效果为我所用。能否达到那个水平，那就要看参与者的口才如何了。聊天的口才主要表现在以下三个方面：

1. 善于寻找话题。几个人在一起聊天，如果谁都感到无话可说，那是索然无味的。此时，如有善于寻找话题的人加入，便可打破尴尬局面，活跃交谈气氛。寻找话题可以从以下几个方面入手：（1）找共同点。有的人很善于从参与聊天者的身上找共同点，并由此引出话题。同行可谈谈业务上的一些问题；同事可聊聊单位情况；老同学可一起回忆同窗共读的情景；年龄相近的人，身体状况、家庭情况也会有许多相似之处。从共同点找话题，说话投机，就越“聊”越对劲。（2）就地取材。聊天场地上的任何物件都可作为话题，问题是要善于发现。比如：墙上的字画、书架上的书籍、桌上的座右铭、一棵树、一种花……就地取材，信手拈来，往往会“聊”得轻松自在。（3）循趣入题。要想聊天按自己的意愿进行，最后达到某个目的，循趣入题是一个诀窍。

纽约有一家高级食品公司的总经理，很想出售面包给纽约一家大旅馆。于是，总经理作了一系列的努力：四年没有间断每周一次的拜访；参加老板所参加的社交活动；在旅馆开房间。但是，这一切并没有感动“上帝”。后来总经理发现这位老板是旅馆业协会的主席，而且对协会的活动十分感兴趣，从不缺席。他高兴极了，第二天便跟老板“聊”起了协会的有关情况。奇迹终于出现了：过不了几天，老板打电话叫总经理带着面包去议价。

2. 善于调节话题。聊天往往没有一以贯之的话题，而是随着参与者的兴趣经常变换。善于调节话题的人，他能敏感地意识到某个内容不能继续“聊”下去了，并在适当的时机用适当的语言转换话题。一般说来，下列三种话题需要调节：庸俗的、乏味的、影响关系的。掌握了调节话题技巧的人，他或是用提问的方式，或是用暗语的方式，或是干脆单刀直入。总之，他能因势利导地使交谈按照自己的想法进行。这种本领，只有口才好的人才具备。

3. 善于寓庄于谐。茶余饭后，假日工余，大家没有思想负担，在一起聊聊，轻松轻松，倒也有些乐趣。但是如果每个人都一本正经，有的甚至像作报告似的拿腔拿调，那是非常乏味的。有口才的人，却善于用幽默风趣的语言创造愉快的交谈气氛，并且往往能让你在说说笑笑中明白某个道理。抗日战争时期，陈毅带领部队来到泰兴，亲自指挥黄桥战役。当时他住在一位塾师高先生家中，此人棋艺甚高，陈毅经常与他对弈闲聊。战前陈毅与其对弈，连胜三局。黄桥一战，我军大获全胜。战后陈毅怀着胜利的喜悦又和高先生下棋聊天。说说笑笑中陈毅连输三局，这时，他猛地站起，紧紧握住高先生的手，感谢高先生的良苦用心。

第六节　交友与恋爱

一、交友

英国有一位著名哲学家对于交友有过精辟的论述：“没有真挚朋友的人，是真正孤独的人。”希腊作家斯托贝对交友也有高度评价：“财富不是朋友，而朋友却是财富。”可见交友于人是十分有益的。然而，交友也有学问，友人交谈更有技巧。只有讲究交朋结友言谈技巧的人，才能享受友谊带来的快乐。

（一）交友需选择

《伊索寓言》中有一则《旅人与熊》的故事：两个好朋友走在一条路上。一只熊在他们的面前出现，一个人率先爬上一棵树躲了起来，另一个无路可逃，只好倒在地上屏住呼吸，假装死人，因为据说熊是不吃死尸的。那熊走近他，用鼻子嗅了一会儿便走了。熊走后，那个躲在树上的人跳下来，问那个装死的人，熊在他耳旁说了些什么。他回答说："狗熊给了我简短的忠告：对于一个在危险时把你抛弃的朋友，决不可与他一同旅行。"

这个寓言告诉人们，交友须选择。我国古代思想家孔子早就将朋友分为益友和损友两种类型，鲁迅先生认为骗子与屠夫间也有叫朋友的。这些都是我们交友时应记取的。生活中，每个人都会有自己的择友标准，但是，品德好应该是摆在第一位的。真正的好朋友应该在政治上互相促进，工作上互相支持，学习上互相帮助，生活上互相关心，相互信任，相互理解，相互尊重。另外还需考虑性格是否接近，爱好是否相投。据我国心理学家研究表明，当代大学生择友的标准是：是否志同道合，有没有共同理想，志向是否相同，以及对事物是不是有共同的看法。

（二）朋友间乐交谈

经常促膝交谈，是深化友情的纽带。而朋友间的交谈，其形式和内容有别于其他关系，首先是措辞不必那么严谨，其次，话题也不必仔细斟酌，就是服饰也可以比较随便。但是，如果由此而认为友人交谈不必讲究语言艺术，那就大错特错了。口才对于维系和发展友谊是至关重要的。

1. 直率诚笃，肝胆相照。直率诚笃的交谈是朋友间真诚相待，关系融洽的表现。不能做到这一点，友情便会淡化。已故维也纳著名心理学家阿尔弗列德·阿德勒在《生活对你意味着什么》一书中写道："谁不对自己的友人真诚，谁就会在生活中遇到最大的困难，就最容易伤害别人。人类的一切败事曾出于此。"事实的确如此。设想一下，假若你有甲、乙两位朋友，甲朋友与你谈话经常拐弯抹角，闪烁其词，而乙朋友说话却不加粉饰雕琢，而是心诚意笃直抒胸臆。其结果必然是你与乙朋友的友情与日俱增。所以，当你不能满足朋友要求时，直截了当地向他说明原因，将能获得谅解；当你求助于友人时，开诚布公地提出来，友人会鼎力相助；当朋友言行出了毛病时，你不妨直抒己见，给予帮助……总之，直率诚笃是指朋友间交谈不隐瞒自己的想法，不讲客套话，不采用"外交辞令"，相互信任，肝胆相照。这样才能深化友谊。

应该指出的是，直率诚笃的谈话并不等于"赤膊上阵"，它同样应讲究语言的艺术，在语速、语调、体态语及表达方式等方面，都应力求适当，以利于对方接受。我们不妨看看宋代大文学家欧阳修直言帮助友人宋祁的一段有趣的故事。宋祁写文章有个爱用别人看不懂的冷僻字的毛病，以此显示自己博学多才。欧阳修同他一起修《新唐书》时，很想找个机会指出他这一毛病。一次，欧阳修去探望宋祁，宋祁不在，他便在门上写上一句话："宵寐匪贞，札闼洪休。"宋祁回家看后感到莫名其妙，只好去问欧阳修。欧阳修说："你忘了，这八个字是'夜梦不祥，题门大吉'啊!"宋祁埋怨欧阳修不该用冷僻字眼，欧阳修大笑道："这就是您修唐书的手法呀！'迅雷不及掩耳'，多明白，您编写成‘震雷无暇掩聪’，这样写出的史书谁能读懂呢?”听了欧阳修的话，宋祁深感惭愧，表示以后要改掉这个毛病。欧阳修以诚笃之心、直率之言给了宋祁帮助，增进了友谊。

2. 谈笑风生，亲密无间。老王和老张是一对好朋友，由于误会而产生了隔阂，有一段时间没有交往了。有一天，老王跑到老张家，进门便说：“老张啊，我今天是来唱‘将相和’的。”老张感到很不好意思，忙接过话头说：“要唱‘将相和’也该我‘负荆请罪’啊!”两人在笑声中握手言欢。试想，老王与老张若不用这种说笑式交谈，要驱除各人心中的云雾，该说多少话呀！而且效果未必有这么好。所以说，说说笑笑，谈笑风生，是朋友间交谈的一大特色。友谊往往就在这亲密无间的说笑声中得到了升华。有时，相互间生了点小意见，开个玩笑，说句逗趣的话，比正儿八经说道理效果更佳。生活中，大概谁也没见过老是板着面孔说话的一对朋友吧！

3. 言而有信，相互尊重。1797年3月，拿破仑偕同他新婚妻子参观卢森堡的一所小学，受到师生的热情款待。拿破仑夫妇很受感动，当场向校长送了一束价值三个金路易的玫瑰花，并说：“……只要我们的法兰西国家存在一天，每年的今天我将派人送给贵校一束价值相等的玫瑰花。”后来，由于许多原因，他没有实现自己的诺言。1984年，卢森堡政府重提此事，向法国提出“玫瑰花悬案”的索赔，连本带利高达137万多法郎。法国政府不愿为一句话而付出如此高昂的代价，但考虑到拿破仑的声誉，只得写了一张措辞委婉的道歉书，这“一诺千金”的“玫瑰花悬案”才算了结。

这件事虽然是发生在两国之间的，朋友间又何尝不是信用第一？中国人历来把“言而有信”看得很重，把它当作做人的美德，衡量人的尺度，交友的准则。因为一个讲信用的人，能够做到前后一致、言行一致，人们便可以根据他的言论判断他的行动，进行正常的交往。所以，朋友间说话一定要守信用，别人才会信赖你、尊重你。生活中有这样一种人，他对人表现得非常热情，而且经常在朋友面前夸耀自己如何有能耐；当你委托他办事时，他满口应承，似乎唾手可得，但事过之后，便“泥牛入海”。这样的人，失信于朋友，便会失去朋友，切不可仿效。

二、恋爱

“关关雎鸠，在河之洲，窈窕淑女，君子好逑。”自古以来，男女青年都憧憬着情投意合、忠贞不渝的爱情。然而要给爱情下个确切的定义却又是那么不容易。别林斯基说：“爱情是生活中的诗歌和太阳。”泰戈尔说：“爱情是理解和体贴的别名。”有人认为爱情是和谐，也有人说爱情是默契，还有的说爱情是奉献……古往今来，作者笔下的爱情故事，更是情意绵绵，催人泪下。可见，爱情是世上十分美好十分微妙的感情。惟其微妙，互相倾慕的男女双方，只有掌握了恋爱的语言艺术，才能品尝到爱情的甘美。

(一) 善言有助于得到爱

有位青年爱慕一位姑娘，他对她说：“我很爱你。没有你，我一天都活不了。”姑娘听后，慢条斯理地问：“你今年多大了?”“二十二。”“那二十二年你是怎么活过来的?”小伙子无言以对。显然，这种表白夸大其词，不是真情实感的流露，对方当然不会接受。而祝英台对梁山伯的表白又过于隐晦，使得憨厚老实的梁山伯“不解其中意”，以致酿成悲剧。看来，选择什么样的语言和方式表白爱情，是恋爱成功与否的关键。

1. 含而不露。马克思曾经说过：“在我看来，真正的爱情是表现在恋人对他的偶像采取含蓄、谦恭甚至羞涩的态度。”有的人就是借用一首诗、一张照片、一本书、一张贺卡传递爱的信息，或是用表达感受的方式暗示对方，如：“我同你在一起的时候，总是感到非常愉快。”“我觉得今天的时间过得特别快。”含而不露的表白方式，是指用不包含“爱”的语言，表达“爱”的情感。这种方式适合于双方早已认识，并且有了较多的了解，而对方又是有一定文化教养且性格内向的人。由于这种方式发出的信息比较模糊，即使对方拒绝，也不至于难堪。

2. 含中有露。有一位年轻的编辑，一年间，他几乎天天都要到附近银行的某女营业员柜台前露面，不是存款，就是取钱，有时只是去看看储蓄广告。终于有一天他把一张纸条和一张电影票递给了那位营业员。纸条上端端正正写着：“尊敬的小姐，一年来，我一直在认真地储蓄我的感情，期望有一天能得到丰厚的利息。我想，现在零存整取的时间到了。也许我参加的是一次有奖储蓄，但我相信自己一定能中奖，您说是吗？”这位年轻编辑一年来的“良苦用心”终于以含中带露的方式表白出来了。这种方式较含而不露传递的信息清晰、明显，并且要求接受的一方较快作出反应。例如，买两张电影票邀请对方一同观看，邀请对方和自己一起散步、游公园，赠给对方一张自己的照片，背后题上表露爱情的诗词，赠送一束鲜花、几颗相思豆等，这些都可以传递爱的信息。当然，还可以像那位编辑一样，用书信若明若暗地表露心迹。

3. 露而不含。《阿Q正传》中阿Q向吴妈求爱，用的是“单刀直入”的方式。这在当时被视为伤风败俗，吴妈也因此寻死寻活。现代社会就不同了，办事的高效率、快节奏带来了恋爱观念的变化，很多人都喜欢快人快语。有一位电视剧作者，爱上了一位性格开朗的报社女记者。于是有一天，他对她说：“我这人喜欢爽快，遮遮掩掩既痛苦又别扭。我现在告诉你，我想娶你做妻子。”这种方式的求爱信息十分明确，而且一般要求对方马上答复，因此，在措辞和语气上要特别注意，以避粗俗之嫌。此外，说话的环境和对方的性格也是应该考虑的。爱情表白方式当然不止以上三种，要知道，强烈的爱有一股神奇的力量，能使人想出许多巧妙的表露爱情的方式，找到许多征服对方的“秘密通道”，去叩响爱神的大门。

（二）妙语酿情情更浓

1. 甜言蜜语。爱情是甜美的，爱情之花需要用甜甜蜜蜜的话语来培育。甜言蜜语是指发自肺腑的爱慕、赞美、尊重对方的言谈。男女青年开始恋爱了，双方都充当了一个新的、特殊的角色。他们有着与众不同的心理状态，双方都把对方的赞美视为幸福，甜甜的话语，能使爱情之火燃烧得更加旺盛。前面那位男青年不懂得与恋人交谈的这一奥妙，因而没有“谈”成。其实，只要细心观察，赞美之词是不难找到的。如：“你对这个问题的看法，很有新意。”“这种发型与你的脸型很相配，非常好看。”“这样评价再合适不过了！”

除了赞美，恋爱双方互相尊重，也能使感情更为融洽。交谈时多用礼貌语言，多采用征询语气，会使对方感到你很尊重他（她），如：“你看这样行不行？”“我想请你看电影，有时间吗?”在称谓方面尽量多用“你”和“我们”，少用“我”。因为热恋中的双方，都会产生“两位一体的组合”心理，经常使用“我们”一词来建立“两位一体”的关系，不久以后，便可珠联璧合了。

2. 轻言细语。古人很早就发现声音和人的感情的联系。《乐论》中说：“凡音之起，由人心生也……其爱心感者。声音和以柔。”恋爱双方都有一种羞涩心理，这种心理集中体现在爱的隐蔽性上，反映在言语上必然是带着亲切柔和音色的轻言细语。唯有轻言细语，才能表达依恋、倾心的微妙感情；唯有轻言细语，才能体现温柔、抚爱；唯有轻言细语，才能把双方带进一个共同拥有的温馨世界。试想想，如果你提高嗓门对恋人说：“我们去看电影吧!”“今天过得真愉快!”对方一定会认为你是没有修养的、粗鲁的傻瓜。这样的人，谁还会爱他（她）呢?

3. 窃窃私语。有一对恋人约会，男方迟到了，女方噘着嘴老大不高兴。男青年见此情景笑了笑。然后不急不忙走到女方身旁，对她说:“我今天有一个重大发现。”女青年不作声，投来疑惑的眼光。男青年赶忙上前一步附在女青年耳旁小声说:“我告诉你一件事，请你保守秘密。我今天发现——你是多么爱我。”一句悄悄话，女青年脸上“多云转晴”，漾起了幸福的微笑。

恋爱双方拥有一个不为外人“开放”的神秘世界。在这个世界里，悄悄话有其特殊的表达效果。悄悄话所传递的爱的信息比大声说话更为强烈。而这，只有在热恋中的情人才能深深感受到。当双方陶醉在爱的漩涡中时，当产生了一点小误会或是有点小意见时，你若在他（她）耳旁说上几句悄悄话，对方一定会感到无限幸福，误会和意见也顿时烟消云散。有人说悄悄话是沟通双方的“秘密通道”，这是一点不假的，打开这个通道，使爱得到交流，你就可以成为世界上最幸福的人。

第七节 赞美与批评

一、赞美

（一）赞美如阳光，人人不可少

父母经常赞美孩子，家庭气氛和睦、欢乐；领导经常赞美下级，职工的积极性、创造性不断被激发，被调动。赞美之于人心，如阳光之于万物。在我们的生活中，人人需要赞美，人人喜欢赞美。这决不是虚荣心的表现，而是渴求上进，寻求理解、支持与鼓励的表现。爱听赞美，出于人的自尊需要，是一种正常的心理需要。经常听到真诚的赞美，明白自身的价值获得了社会的肯定，有助于增强自尊心、自信心。

有的人吝惜赞美，很难“赏赐”别人一句赞美的话，他们不懂得，多正面引导，多表扬鼓励，是思想教育工作的一条规律。予人以真诚的赞美，体现了对人的尊重、期望与信任，并有助于增进彼此间的了解和友谊，是协调人际关系的好方法。人人皆有可赞美之处，只不过长处、优点有大有小、有多有少、有隐有显罢了。只要你细心，就随时能发现别人身上可赞美的“闪光点”：即使缺点较多或长期处于消极状态的人，只要稍有改正缺点、要求上进的可喜苗头，就应及时给予肯定、赞扬。须知你不仅仅是在肯定、赞美某一个人，而是在为建设社会主义精神文明添砖加瓦。

（二）如何赞美别人

随便说几句人云亦云的客套话，赞美一个人或一个集体，并不难，更不可贵。贵在真心诚意，难在确有实效。

谄谀与捧杀，都是带糖衣的毒品。这种“赞美”，或言不由衷，或夸大到登峰造极、令人难以置信的地步，或无中生有、张冠李戴，夸赞对方并不具有的优点、长处，甚至心怀叵测地夸赞对方的缺点、错误，以达到不可告人的目的。上述种种“赞美”，都不是正常社交往来的手段，而是勾心斗角时用以讨好、利用或迷惑、麻痹对方的阴谋伎俩。对至爱亲朋的赞美，当然出于善意的鼓励，但往往不自觉地带有偏爱或捧场的倾向。你可以态度更热情，语气更热烈，但对人对事的评价决不能脱离客观事实的基础，措辞也应当有一定的分寸。身为领导干部或专家学者，如果要在大庭广众之中公开赞扬某个人或某个单位，更要经过长期考察、全面了解与深思熟虑，力求客观、公正，不夸大、不缩小、不走样。因为你的赞扬常常被当成权威性的评价，不仅关系到被赞扬者，而且可以影响社会舆论导向。

最有实效的赞美不是“锦上添花”，而应是“雪中送炭”。最需要赞美的不是早已美名天下扬的人，而是那些自卑感很强的人，尤其是其中被错当成“丑小鸭”的“白天鹅”。他们平生很难听到一声赞美，一旦被人当众真诚地赞美，就有可能尊严复苏，自尊心、自信心倍增，精神面貌焕然一新。对于任何一个人，最值得赞美的，不应是他身上早为众所周知的明显长处，而应是那蕴藏在他身上，既极为可贵又尚未引起重视的优点。这种赞美，为进一步开发他潜在的智慧与力量开辟了一个新领域，有助于他在攀登事业高峰的征途上，更上一层楼。内容明确，有特点的赞美，比一般化的赞美可贵、也更可信。与其空泛、笼统地赞美对方很聪明、能干，不如具体地赞美他办成的几件聪明事。这样才有助于他真正发现、发挥自己的长处、优势，激发起更强的上进心、荣誉感、自豪感。赞美，不一定局限于对个人，也可包括对他所从事的职业，所属的民族、籍贯、国家，及至他工作的单位、就读的学校。这种对群体的赞美，在现代的集体社交活动中，具有特殊的公共关系效果。

有的人不习惯于当面直接赞美别人，或不习惯于当面被直接赞美，恰如其分的间接赞美，其意义与效果并不亚于直接赞美。如“严师出高徒”、“将门出虎子”、“名厂无劣品”之类的说法，就道出了间接与直接的关系。直接赞美劳动成果，往往就是间接赞美生产、培植出这硕果的劳动者。

（三）为自赞自夸正名

自赞自夸，历来被贬抑。“王婆卖瓜，自卖自夸”一语，经常被用来嘲讽那些自赞自夸者。其理由为“桃李不言，下自成蹊”。你的瓜果好，不必自赞自夸，自然会有人络绎不绝地来采购。而事实并非如此，如对人们以往从没有吃、穿、用过的新产品，不做一番赞美性的宣传，即使价廉物美，仍有可能无人问津。毛遂若不勇于自荐，这个人才就可能被埋没了。苏秦、张仪游说列国，苏秦鼓吹合纵，张仪宣扬连横，就是自赞自夸其外交方针、军事策略如何高明。就连孔丘周游列国，也不忘自赞自夸其政治主张、教育思想。由此看来，早在春秋战国时代的外交舞台上与上层社交场合，自赞自夸就已成为极普遍的正常现象。但在后来的民间人际交往之中，却形成了这种不正常的传统习俗：以自谦自贬为美德，以自赞自夸为狂妄。

在自给自足的小农经济社会，商品交换稀少，人际交往谨小慎微，自赞自夸无用武之地。但在现代化的开放社会，商品经济发达，人际交往频繁，而且新的物质产品、新的精神产品以及新的行业、新的知识、新的人才不断涌现。人们见所未见，闻所未闻。不自赞自夸一番，有谁知晓呢？今天，招标答辩、招聘口试、评定职称、推销产品等，全离不开自赞自夸。我们要为自赞自夸正名。自信与自傲，谦虚与自卑，决不能混为一谈。自赞自夸是以事实为基础，讲究说话的方式方法，进行适当的艺术加工；而自吹自擂则纯属不顾事实真相的吹牛皮、说大话。

自赞自夸，首先要实事求是，符合实际情况，符合科学规律。如夸大其词达到了违反生活常规的地步，反而事与愿违，只会降低其可信程度。其次，自赞自夸应目的明确、有的放矢。招聘人才、购买商品，都有一定的规格、要求。你的优点非对方所需，你的长处非对方所急，自赞自夸就如同对牛弹琴。而要了解对方的所急所需，就必须事先对人才市场、商品市场有调查研究，做到知己知彼，心中有数。再者，自赞自夸既可以直接出自当事人之口，也可以转借他人之口，最好还辅以如奖状、奖品、名人评介、新闻传播媒介的表彰等旁证，以增强其可信度、说服力，同时避免直接自赞自夸过多，易引起听者的逆反心理。最后，在自赞自夸的同时，不妨也承认还有待改进的不足之处。这样小贬大褒、轻贬重褒，既体现了实事求是的态度，也给人以较谦虚的好印象，并且无损于你整个形象的美好。

二、批评

(一) 金无足赤，人无完人

“金无足赤，人无完人”。人生在世，孰能无过？若有过错，即使有自知之明，不文过饰非，但对过失的性质、危害、根源等的分析反思，总不如众多的旁观者清。我们需要真诚的赞美，也需要善意的批评。赞美是鼓励，批评是督促；赞美如阳光，批评如雨露，二者缺一不可。

父母从不批评孩子，是溺爱；教师从不批评学生，是不负责任；朋友之间只有恭维，从无批评，不是良朋益友，而是酒肉伙伴。至于那种只会滥用廉价的表扬，从不敢开展批评的领导，更是处世圆滑、怕得罪人的平庸、无能之辈；在他们所主管的部门、单位，必然坏人横行，歪风无阻，纪律松弛，人心涣散，工作、生产走下坡路。最需要批评的人，不一定会是那些缺点、错误多的人，更应包括那些自视甚高、缺乏自知之明而又担负重任要职的人。他们坚持错误的危害性更大，更急需旁人批评、指出。

俗话说：“打是疼，骂是爱，不管不问要变坏”。虽然其原意是指如何教育孩子，但推而广之，也说明了批评、监督、鞭策是一种关怀、爱护。任你有多少缺点、错误，与你无亲无故、毫无感情的人，只要不碍他的事，就只会漠不关心、不管不问。只有良师益友，才会抱着对你负责的态度，以诤言相告。

(二)“良药”未必皆苦口

“良药苦口”、“忠言逆耳”的说法，经常被用来告诫人们要虚心接受批评，不应计较批评的方式方法。方式方法，被批评者不应计较，而批评者却应研究、讲究。医药科学发展至今，许多“良药”或包糖衣，或经蜜炙，早已不苦口。语言科学发展至今，讲究批评的方式方法与语言艺术，也可做到“忠言不逆耳”，老少皆喜听。如何做到这一步呢？批评要善意，要尊重、理解、信任被批评者，对事不对人，以理服人。对事，也仅仅是对其缺点、错误，而不能抓住一点，不计其余，以致否定一个人的全部工作、全部历史。而且还要进一步分析其动机与效果。如动机良好，效果不佳，就要先肯定其良好的愿望，再批评不当之处，然后教给正确的方法，切忌在情况尚未调查清楚之前就发脾气、乱指责，更不能挖苦、讽刺、嘲弄，不能揭老底、算总账、搞人身攻击。因为那只会造成或加剧对立情绪，使对方顶牛、抬杠，或口服心不服，讲形式走过场地来个假检讨，但思想并未触动，事后依然故我。这种批评看起来火药味挺浓，实际效果则微乎其微。

青少年涉世未深，思想上不成熟，经常出现这样那样的缺点、过失是难免的；即使曾经多次指出，他本人也表示愿意改掉的老毛病，稍不注意，又会重犯。对他们进行批评，最好语重心长地直接指出，不宜拐弯抹角，含含糊糊，使其误解了批评的意图。批评个性倔强的后进青年，宜以退为进，先肯定其一定的优点，再言归正题，指出其缺点、过失，只要从表情、动作观察到对方已有内疚之感，就没有必要强迫其当众认错。对于自觉性较高、自尊心较强的成年人，对其缺点、过失，选择适当的时机、场合，略为提醒，或旁敲侧击，就火候已到，没有必要唠叨过多。至于在大庭广众的场合指名道姓的批评，更应尽可能避免，无必要时不采用。下级对上级、晚辈对长辈，难于当面启齿批评对方，有时是出于怕打击、报复，更多的是为了顾全大局，从有利于工作出发，既要使对方知道其缺点、过失，又要维护其尊严、威信。这时，不妨以自责来促使对方深思反省，以自我批评的方式达到委婉、含蓄地批评对方的目的。批评那些道德水平低下的蛮不讲理者，一味温情脉脉无济于事。当他正气势汹汹、老虎屁股摸不得时，谁敢说他一句不是，就骂街、打架。对于这种人，首先就要以正压邪、理直气壮地指出：“你就是错了！”待其良知略为恢复，火气稍有收敛，再软硬兼施与其论理。在严厉的批评之后，还应加以耐心的说服工作，最后在友好的气氛中结束批评。这种批评，即使有点“苦”，也像嚼橄榄一样，先苦后甜。

（三）巧用幽默

一般说来，在展开批评时，被批评者的心理常处于紧张、压抑的状态，特别是在上级批评下级、长辈批评晚辈时更为突出。他们或表现为焦虑、恐惧，或表现为对立、抗拒，或表现为沮丧、泄气……这些不正常的心理状态成为双方交流思想感情的心理障碍，大大降低了批评的实际效果。如果巧用幽默的语言，批评者含笑谈真理、讲道理，被批评者在笑声中微微红脸，从内心深处受到的是触动而非刺激，心情舒畅地接受教育，岂不美哉？幽默不同于讽刺，虽然都具有引人发笑的效果，但讽刺的笑，辛辣、刺激，令人难堪；幽默的笑，轻松、温和，含蓄、隽永，有的还蕴含有深刻的智慧与哲理，引人深思，发人深省。

巧用幽默的批评，往往以半开玩笑半认真的方式提出，先打破僵局，再转入实质性问题，即使对方一时还接受不了，也不伤和气，更不至于令对方难堪、丢脸。因此，出于善意的幽默批评，不同于尖刻的讽刺、嘲弄，这是由批评者的出发点及态度决定的；幽默的批评，不低级庸俗、不生搬硬套，思想感情健康，语言形象、生动，深入浅出，这是由批评者的思想修养、文化修养所决定的。陈毅担任新中国第一任上海市市长时，就常用幽默批评来正确处理党内、党外的诸多矛盾，从而加强了革命队伍的团结与各阶层人民的团结，推动了革命事业的发展。

社交活动中的幽默批评，又毕竟不同于说相声、讲笑话，虽有幽默成分，仍以严肃、认真为基调，气氛可宽松、活泼一点，但决不能油腔滑调，否则就会冲淡批评应有的严肃气氛，影响批评的效果。因此语言的夸张、对比、谐音、谐趣，都要有一定的分寸。批评者可以面带微笑，但不宜捧腹大笑，更切忌指手画脚、手舞足蹈。

第八节　说服与拒绝

一、说服

(一) 解决矛盾需说服

矛盾普遍存在，社交场合也无例外。解决矛盾，一般都通过说服，只有经过长期说服无效，矛盾性质又日益激化，才采取非社交的强制手段，但仍然需要以说服作为辅助手段。说服不限于思想教育工作，传播知识、治疗疾病、经济谈判等，都离不开说服。即使志同道合的挚友之间，也不可能永远事事认识、见解完全一致；若要取得一致，就要通过说服。说服工作处处有，经常有，它的应用范围甚为广泛。

说服人家动摇、改变、放弃己见或信服、同意、采纳你的主张，实质上是一场从精神上征服人心的战斗，但又不能使对方有丝毫被迫接受的感觉。一个人几十年形成的思想观点，一个民族千百年形成的风俗习惯、思维定势，你休想通过三五次苦口婆心的说服，就轻易改变。一种崭新的学说、理论、观点、方法，即使已通过一定的实践证明其正确性、科学性、合理性，但要深入人心，仍需经过长期、反复的宣传和说服。说服需要耐心、韧性，打持久战；但遇有特殊情况，也需要集中力量打歼灭战，速战速决。有的说服，三言两语，就说到了对方的心坎上，“疙瘩”迎刃而解；有的说服，越说对方越不服，结果不欢而散。这说明说服有一定的规律，是一门交谈、对话的艺术。教师、医生、律师、推销员、宣传员、外交官等，天天在做说服工作，一生以不断说服人为己任，更有必要探讨、研究说服的规律，掌握说服的艺术。

(二) 道理、情感、利害

晓之以理，动之以情，衡之以利，是最常采用的说服方法。晓之以理，就是讲道理。简单的事情，小道理，一两个典型事例，再加上简明、扼要的分析，道理就可以讲清楚。复杂的事情，大道理，涉及多方面的因素，触动一点就牵动全局，必须全方位、多层次、多角度地进行一系列的说服工作，从多方面展开心理攻势，并以严密的逻辑推理，水到渠成地得出结论。这个结论不宜由自己单方面推断出来交给对方，最好以征询意见的口气引导对方同你一起来推理，共同探讨得出结论，让他把你的意见、主张，当作自己寻求的答案，自愿接受，自动就范。这样的说服更高明，因为对于经过自己头脑思考发现的真理，人们更坚信不疑。晓之以理，要满怀信心，争取主动，先取攻势。当对方已明确、坚决地表示“不行”、“不干”、“不同意”等之后，再说服他，就要付出加倍的努力。当然，争取主动仍要运用委婉、商榷的语气，切忌盛气凌人、以势压人。如对方因此而产生逆反心理，再说服他，同样也要付出加倍的努力。

晓之以理，还要结合动之以情，通情才能达理。牧师布道宣传的是唯心主义的宗教，但因以情动人，往往能在催人泪下的同时，不露痕迹地对听众施加思想影响，使人不知不觉地接受其教义，这就是情感的力量。对于形象思维强于逻辑思维的青少年儿童，对于多数平日没有深刻的理论思维习惯的人，以事比事，将心比心，运用其自身或熟人的经验教训，再加上感情色彩浓厚的语言，去进行绘声绘色的诉说，易令人感到亲切可信，引发情感上的共鸣，从而为接受道理扫清了障碍，铺平了道路。

所谓“衡之以利”就是权衡利弊得失，讲清利害关系。那些实惠观念很强的人，理难服他，情难动他，唯有“衡之以利”是切实有效的一招。且不论对国家、对社会的利害如何，就是只从个人实实在在的得失考虑，他也应趋利避害、以接受你的说服为上策。那些明事理、重情义的人，并不过分讲究实惠，但你仍应设身处地充分考虑对方的切身利害、实际困难。在此基础上进行说服，才称得上是真正的通情达理，也更令人心悦诚服。人生在世，要求得生存与发展，必然有各种各样的正常需要。如果丝毫不考虑对方的合理需要，双方交谈就没有共同的语言，说服就无从谈起了。如果看准了对方的需求，说服就能有的放矢，确有成效。

（三）说服与批评的异同

说服与批评之间，既有相似相通之处，又有相异相悖之处。这是两个有部分外延交叉重叠的概念。

说服与批评，都有对人施加思想影响，从心理上征服人的意图。批评常辅以说服，批评离不开说服；说服有时也带有批评，但说服不一定都带有批评。如推销产品时，一般都是向对方大讲好话，极少有批评顾客、买方的。被批评者，一般都有缺点、错误。批评的目的就是为了帮助对方改正。说服人接受你的主张，总要或多或少能给对方带来一定的精神上或物质上的好处。说服的过程，就是宣传这种好处，令对方信服。被说服者不一定有什么缺点、错误，他放弃的主张与接受你宣传的主张，不一定有正误之分，可能只有全面、完美的程度之别。

批评的态度较严肃或严厉，说话的语气也较重、较强硬；说服的态度较温和，说话的语气也较轻、较委婉。批评的话语，贬义词多于褒义词，否定词多于肯定词。说服的话语，褒贬皆可；根据说服的对象与内容的不同，有时褒多于贬，有时贬多于褒。如果进一步仔细分类，说服还可以再分为批评性说服与赞美性说服两类。接受批评，可能会属于自觉自愿，也可能多少带点勉强。接受说服，完全是自觉自愿，不带任何勉强。

民主空气浓厚，解决矛盾纠纷、统一思想认识时，说服多于批评，协商多于命令，其结果是人际关系和谐，人心团结向上，社交往来活跃。反之，则人际关系紧张，人心貌合神离，社交生活沉寂。虽然说服与批评皆不可少，但我们希望在一切社交场合，说服多一些，批评少一些。遇有矛盾分歧，尽可能地采用说服手段。

二、拒绝

（一）难以回避的遗憾

人的要求，永无止境，合趣的、悖理的并存。大千世界，要求各种各样，现在就能办到的，将来才能办到的，永远办不到的，都有人不断提出。“有求必应”四个字，只能挂在庙里显神威骗人，却无法拿来显神通广开社交。该拒绝的，就得拒绝。如果当场不好意思说“不”，轻易承诺了自己不愿、不应、不必履行的职责，事办不成，以后更不好意思见人。

拒绝是令人深感遗憾的，却又是难以回避的。有的至亲好友，轻易不开口求人，偶尔万不得已，求你一次，不想竟然遭到拒绝，轻则失望、伤心，重则大发雷霆。有的患难之友，曾经在你困难时鼎力相助，如今有求于你，你心有余而力不足，但他不相信，指责你是忘恩负义。有的恳求，极为合理，早就该办了，但由于受到诸多客观条件的限制，一拖再拖，目前还解决不了。有的哀求，关系到当事人或其亲属的切身利益或浮沉荣辱，只要有一线希望，他就不会接受拒绝，而要一再陈述理由，不达目的决不罢休。

这些要求、请求、恳求、哀求……怎好拒绝？如何拒绝？首先，是否拒绝，应对事不对人，即以所求是否合理、是否办得到为准，而不应以对方地位的尊卑、双方利害关系的大小为准。在这个前提下，先向对方诚恳地表示充分的尊重、理解、同情，再讲求拒绝的方法技巧，就可以把拒绝带来的遗憾缩小到最低限度，既不伤害对方的自尊心与感情，又取得对方的谅解、支持，从而增进情谊。越是知名度、美誉度高的人，慕名来访有求于你的人就越多。你纵有三头六臂，也不可能“有求必应”，就更应掌握拒绝的技巧。这样才能广结良缘，而不至触犯众怒。

（二）原则要坚持，方法要灵活

不能接受的要求，不必回答的问题，不迁就，不犹豫，一定要拒绝。口气可以委婉，态度决不含糊。切忌模棱两可，使对方产生误解，仍抱有不切实际的幻想，既耽误他的事，又给你继续增添不必要的麻烦。但是，拒绝的方式要灵活多样。

当你遇到敏感的问题或难以承诺的要求，首先就要不焦不躁，沉着冷静，机智应对。对于无理的要求或挑衅性的提问，既可采取以主动出击为主的攻势，也可采取以防卫为主的守势。攻势有反守为攻与以攻为守。所谓反守为攻即不但不回答对方的提问、要求，反而回敬他一个难以答复的问题、要求；所谓以守为攻，即诱导对方自动收回他的要求，或自动否定其要求你作出回答的必要性。守势有转移话题、答非所问法，装聋作哑、沉默以对法，推诿搪塞、无效回答法，还有佯装不知，采用“不太清楚”、“不甚了解”、“缺乏研究”等模糊语言回答法。对于合情合理但目前还办不到的要求，可以拒此应彼，即在拒绝对方这一方面要求的同时，尽量满足其他方面的合理要求来作为补偿，以减轻他的遗憾、失望之情；也可以真心实意地为对方着想，替他出谋划策，建议他另求希望更大的门路。凡公事，只能用政策法令、规章制度不许可来拒绝，而不能用个人的名义来拒绝。即使是私事，用诉说自己的难处、苦衷，来表示心有余而力不足，意有余而权有限，总比生硬地塞给对方一个“不行”，更易取得他的谅解。

如对方胸襟开阔，易于接受，最好及早开诚布公地说明拒绝原因，以便他另作安排、打算。如对方毫无思想准备，承受心理压力的能力很低，猛然被拒，轻则可能烦忧、痛苦不堪，重则可能精神失常，最好以商量、研究之后再奉告为借口，以拖延战术再加上旁敲侧击，逐步暗示对方自觉意识到已被拒绝，但你始终未曾当面说出一个冷冰冰的“不”字。如对方是你的上级、长辈，与其让他一再催你答复，不如你主动登门说明原因，委婉拒绝，以免失敬。如对方是你的下级，晚辈，即使所提的问题不便回答，所提的要求不合理，也不宜当众耻笑、训斥，而应耐心解释或暗示拒绝的原因。如对方对拒绝的理由信不过，仍想纠缠，不妨再加上人或物或事作旁证，以增强拒绝理由的可信程度。

若不善于拒绝，一次拒绝，就有可能得罪一位多年的深交；若善于周旋，尽管天天都在拒绝，但仍然广结良缘，极少因拒绝招来非议、埋怨。

第九节 安慰与道歉

一、安慰

（一）安慰如同“雪中送炭”

人生的道路不平坦，逆境常多于顺境。不幸的事，人人难免。身处逆境，面对不幸，当事者不仅本人需要坚强起来，也迫切需要别人的安慰。人是社会的动物、合群的动物、有感情的高等动物。痛苦再加孤寂，痛苦倍增；痛苦有人分担，痛苦减半。“患难见真情”。安慰如“雪中送炭”，能给不幸者以温暖、光明、力量，帮助他分担痛苦、减轻精神重负、重振前进的勇气。给予不幸者以安慰，是为人处世的一种美德；当至亲好友遭到不幸时，及时送上真诚的安慰，更是你应尽的责任。

探望身患重病的不幸者，不必过多谈论病情。有关的医疗知识，医生已有交代、说明，如果对方本来就背着重病的精神包袱，你再谈及过多，势必包袱加重。你应该多谈谈病人关心、感兴趣的事，以转移对方的注意力，减轻其精神负担。如能尽量多谈点与对方有关的喜事、好消息，使他精神愉快，更有利于早日康复。医生送去治疗身体的良药，亲友送去温暖人心的情感都是根治重病必不可少的。

对于因生理缺陷或因出身、门第被人歧视的不幸者，由于不幸的原因有些是先天的，并非全是人为的，劝慰时应多讲些有类似情况的名人的模范事迹，鼓励他不向命运屈服，抵制宿命论的思想影响，使他坚信只要充分发挥人的主观能动作用，仍然能够争取人生的幸福，实现人生的价值。

安慰丧亲的不幸者，不要急于劝阻对方的恸哭。强烈的悲痛如巨石积压在心头，愈久愈重，不吐不快，让其宣泄、释放出来，反而如释重负，有利于较快恢复心理平衡和平静的状态。你应当注意倾听对方的回忆、哭诉，并多谈谈死者生前的优点、贡献，人们对他的敬仰、怀念。死者的生命价值愈高，其亲属就愈感宽慰，并有可能化悲痛为力量，去发扬死者生前的优点，去完成死者未竟的事业。

对于胸怀奇志而又在事业上屡遭挫折、失败的不幸者，最需要的是对其强烈的事业心的充分理解、支持。对于他们，理解应多于抚慰，鼓励应多于同情，怜悯是变相的侮辱，敬慕是志同道合的表现。你不必劝慰对方忘掉忧愁、痛苦，更休想说服对方随波逐流，放弃他的理想、追求。最好的安慰，是帮助对方总结经验教训，分析面临的诸多有利、不利条件，克服灰心丧气的情绪，树立必胜的信念，并共同探讨到达事业顶峰的光明之路。这就要求你对他所从事的事业有一定的了解，称得上是名副其实的知音。

在我们民族的语言中就有如“比上不足，比下有余”，“谋事在人，成事在天”，“塞翁失马，焉知非福”，“大难不死，必有后福”，“失败是成功之母”等一大批专用于安慰、鼓励不幸者的谚语、格言、典故，在民间流传千百年，至今仍然经常被用来安慰不幸者。

（二）要同情，但不要怜悯

同情，就是设身处地、将心比心、感同身受，把别人的不幸当成自己的不幸，从感情上产生共鸣。但彼此应站在完全平等的地位上交流思想感情，给对方以精神上、道义上的支持，并分担对方的感情痛苦。有时，同情还可以包含有敬佩、敬爱、敬仰之情。同情是一种真心实意的善心。怜悯，不是平等的思想感情交流，不是精神上、道义上的敬赠，而是一种上对下、尊对卑、富对贫、强者对弱者、胜者对败者、幸运者对不幸者的感情施舍。施主对被接受施舍者，有意无意地流露出一种幸运感、优越感，或多或少有轻视、小看对方的意思，包含有伪善的成分。同情的话语，有劝慰也有鼓励，语气低沉而不乏力量，而且尽量不当面说出“可怜”、“造孽”等词语。怜悯的话语，只有一味的悲伤，语气低沉、无力，而且把“可怜”、“造孽”等词语经常挂在嘴边，仿佛在欣赏、咀嚼对方的痛苦。

对于事业心强、自尊心强、个性强的强者，对于一切真正的男子汉、女强人乃至有志气的青少年，无论其处境多么不幸，怜悯都是一种变相的侮辱，只会刺伤他们的自尊心，激起他们的反感，从而从心理上拒绝接受。对于老、幼、病、残与弱者，单纯的怜悯也只能促使他们沉溺于悲痛、绝望的深渊而难以自拔，更谈不上振作起来，从软弱变得坚强一些，向不合理的世道、不公平的待遇、不幸的命运进行必要的抗争。

在感情的海洋中，同情是盐，怜悯是污泥。安慰需要同情，但不要怜悯。

（三）谎言有时胜过真话

谎言不一定全是坏话，真话也并不是百分之百的好话。离开了具体的时间、地点、条件，忽视了动机与效果的统一，以绝对化的好坏来衡量真话谎话，就不符合对立统一的辩证法原理，也失去了判断是非的客观标准。善良的谎言，有时胜过不该说的真话。

对于身患绝症的病人，只能把病情如实告知其家属，而对患者本人，仍应重病轻说，并经常祝他早日康复，以便他平静地度过一生最后的岁月。如果谎言居然唤起了他对生活的热爱，增强了他同病魔斗争的意志，就有可能使生命延续得更长久，甚至战胜死神，真正恢复健康。医学史上不乏这样的人间奇迹。对于本来就感情脆弱、意志薄弱、身体虚弱的不幸者，其心灵已经伤痕累累，不堪重负，如再传来噩耗，就有可能因承受太沉重的打击而一蹶不振，甚至危及生命。如遇到这种特殊情况，与其立即如实相告，还不如暂时隐瞒真相，然后逐步旁敲侧击，待对方已有一定的思想准备时，再实言相告，并加以劝慰。

善良的谎言，其用心当然也是善良的，即为了减轻不幸者的精神痛苦，帮助不幸者重振生活的勇气。当事人以后明白了真相，只会感激，不会埋怨。即使当时半信半疑，甚至明知是谎话，通情达理者仍感到温暖、宽慰，因为他是被关怀、爱护，而不是被欺骗、愚弄。明知会加重对方的精神痛苦，仍要以真话相告，如不算坏话，也该算蠢话；即使不怀恶意，至少也是不明智的。

当然，社交生活中真话应该永远占主导地位。只有万不得已时，才用善良的谎言安慰人。凡是安慰的话语，无论真话、谎话，最好身体距离较近，以示双方关系的亲近，并且语气较轻、声调较低、语速较慢，如春雨甘露滋润伤痕累累的心田，以利于对方的心情尽快恢复平静。

二、道歉

（一）错了，就及时承认

如果你错了，就及时承认。与其等别人提出批评、指责，还不如主动认错、道歉，更易于获得谅解、宽恕。凡是坚信自己一贯正确，发生争端总是武断地指责对方大错特错且从不认错、道歉的人，根本交不到朋友，或易交难处，永远缺乏知心。有些青年人有错就千方百计抵赖，甚至谩骂敢于提醒他注意的人，那决不是什么"英雄本色"，只能算流氓行为。当领导的认错不会丢脸、丧失威信，反而有利于维护面子、提高威信。有错就承认，并勇于主动承担责任的领导人，比自夸一贯正确，有错就把责任往下推的领导人，更有威信，更深得下级的信赖、拥护、爱戴。

真心实意的认错、道歉，就不必找客观原因、作过多的辩解。就是确有非解释不可的客观原因，也必须在诚恳的道歉之后再略为解释，而不宜一开口就辩解不休。否则，你对自己的错误实际上是抱着抽象否定、具体肯定的态度，这种道歉，不但不利于弥合双方思想感情上的裂痕，反而会扩大裂痕、加深隔阂。道歉需要诚意。双方成见很深，当对方正处在火头上，好话、歹话都听不进时，最好先通过第三者转致歉意，待对方火气平息之后，再当面赔礼道歉。有时当务之急不是先分清谁是谁非，而是要求双方求同存异，去对付共同面临的困难或"敌手"。如双方僵持不下，势必两败俱伤。如一方先主动表示歉意，就有可能打破僵局，化紧张为和谐，乃至化"敌"为友，双方合作共事。

诚心诚意的道歉，应语气温和、坦诚但不谦卑，目光友好地凝视对方，并多用如"包涵"、"打扰"、"指教"等礼貌词语。道歉的语言，以简洁为佳。只要基本态度已表明，对方也已通情达理地表示谅解，就切忌啰嗦、重复。否则，对方不能不怀疑你在以小人之心，度君子之腹，惟恐他不谅解。

如果我们每个人都能错了就及时承认，不必要的矛盾、纠纷就会大为减少，整个社会的人际关系，也会和谐得多。

（二）没有错，有时也道歉

明明没有错，也赔礼道歉，这不是虚伪吗？不是卑怯吗？不。没有错，有时也需要道歉。如纯属客观的原因，比如气候变幻无常、意外的交通事故等，使你无意失信，给对方带来一些麻烦、损失，为什么不可以道歉呢？一味找客观原因，对方口头上不好责怪，但心情总是不愉快的，那就不利于增进友谊。如果你有事求助于人，对方尽了最大努力，由于受多方面条件的限制，事未办成，但他为此付出了艰辛的劳动。或事虽办成了，但对方付出的劳动，给他带来的麻烦，比你原先预料的要多得多。凡通情达理者，岂能毫无内疚之感，不说几句发自肺腑的道谢兼道歉的话呢？这体现了你对他人劳动的尊重，而且以后有求于他，也好再开口啊。

对方不听你的劝告，闯了大祸，并已给他本人带来了生命、财产的巨大损失，他正沉浸在悲痛之中。此时此刻，你决不能先急于批评对方的错误，更不能埋怨他不听你的劝告，而应先表示慰问，再加上歉意，因为事先你没有再三极力劝阻。以后，再利用适当的时机、场合，双方共同来总结经验教训。凡通情达理者，必然会对你万分感激，并把你当成可信赖的知心朋友。你与对方素不相识，但双方的亲属或前辈曾有过宿怨，这本与你毫不相干，更不能把这笔账算在你的头上。但在纵横交错、恩怨交织的复杂人际关系网络之中，至亲好友的亲友，往往就是理所当然的朋友。“对头”的亲友，虽不一定被当成“对头”，但在双方尚缺乏一定的交往、了解之前，起码是不可轻信的。初相识时，你主动表示歉意，就有助于较快消除对方可能有的隔阂、戒心，加强彼此之间的理解、信任，从而达到化“敌”为友的目的。

这些没有错误的真诚道歉，无论在个人、单位、国家之间的社交或外交往来之中，都是极为正常的表现，并且说话坦然自若，不卑不亢，不必卑躬屈节、低三下四。这是道歉者的伟大人格、博大胸怀、远见卓识及社交艺术在口才方面的具体表现。在这个方面，已故的周恩来同志为我们树立了光辉的榜样。

第十三章 讲课口才

第一节 讲课语言的逻辑

教学演讲的基本任务是向学生传授科学概念、科学知识和科学理论。从逻辑角度看，任何科学都是由科学概念、科学判断和严密的科学论证构成的知识系统。教师要通过自己的演讲把某门科学的知识系统传授给学生。由于科学知识系统内部存在着严密的逻辑联系性，由一个个科学概念联结成一个个科学判断，再由科学判断构成推理论证，形成科学理论体系，因此，教师只有讲清楚每一个科学概念，才能讲明白每一个科学判断，进而讲明白由逻辑推理和论证构成的整个科学理论体系。教师必须合乎逻辑地组织自己的思维、运用语言、进行演讲，正确地揭示科学知识、理论体系的逻辑联系性。

科学概念的语言形式是语词，科学判断的语言形式是语句，科学推理和论证的语言形式是语群。教学演讲的基本逻辑要求是：语词概念要明确，语句判断要恰当，语群推理、论证要理由充足，运用各种思维形式都应遵守逻辑基本规律。

教学演讲首先要努力做到所使用的每一个概念是明确的，表达概念的语词是准确的。概念明确是指概念的内涵和外延明确。内涵反映的是事物的本质属性，外延反映的是事物的对象范围。教师讲授科学概念内涵的逻辑方法主要是用定义法，讲清科学概念外延的逻辑方法主要是用划分法、举例法。

例如讲“文学”这个概念，可以先用定义法指出：“文学是以语言为工具，通过塑造形象的方式反映社会生活和表达思想感情的艺术。”这个定义明确地揭示了“文学”的本质特征，即概念的内涵。然后再用划分法或举例法帮助学生了解它的外延，指出“文学包括小说、诗歌、散文和戏剧。例如《红楼梦》、《回延安》、《荷塘月色》、《雷雨》等都属文学作品。”这样就把“文学”这一概念讲清楚了。

教师在使用定义、划分等逻辑方法时，要注意遵守逻辑规则，否则起不到明确概念的作用。如果教师把教学中的“互质数”解释为：“互质数就是互为质数的数”，这就犯了同语反复的逻辑错误，等于没有解释。有的数学教师在讲三角形时，把三角形分成“等边三角形”、“不等边三角形”、“直角三角形”、“锐角三角形”、“钝角三角形”等，这样的划分既以边的长短为根据，又以角的大小为根据，犯了划分根据不同一的错误，结果使子项之间外延交叉，使学生弄不清三角形到底包括哪些不同的对象。

语词是概念的物质形式，如果使用语词不准确、不恰当，也不能明确地表达概念。教师在演讲中必须注意选词用语。例如，“优良”与“优异”有语义轻重上的差别，“战略”与“战术”有范围大小的不同，“花丛”与“花”有表达集合体与非集合体的差别。这些词义上的差别，实际就是概念上的差别。有差别的词是不能随便混用的。否则会产生概念表达上的错误。

孤立的语词概念是不能表达思想认识的。必须把语词概念组成语句判断的形式才能表达各种思想认识。判断的语言形式是陈述句。教学演讲基本上是使用陈述句叙述科学知识、传递思想感情的。

判断是对事物有所断定，在客观上具有真假性质。教师的责任是将具有真理性的科学知识、理论传授给学生，因此教师在演讲中所作的判断都应该是正确地反映客观事物本质和规律性的真实判断。这是判断恰当的基本要求。

恰当的语句判断，包括判断的质要恰当、判断的量要恰当、判断的联结词要恰当和判断的模态要恰当等几个方面。例如：张仲景事实上是东汉名医，就不能作出“张仲景是西汉名医”或“张仲景不是东汉名医”的断定。“是”与“不是”就是判断的质，它要求真实地反映事物与属性之间的客观联系。如果唐代的诗人李贺被教师说成是宋代的诗人，这种判断上的失误是不能允许的。教师一个人的失误，会导致全班学生知识掌握上的错误。

汉语中“全部”、“任何”、“都”、“有些”、“一些”、“这个”、“那个”等词语，都是反映事物的量的。在作判断时，要根据实际情况恰当、适度地选用这些词语以准确地反映事物情况。有位教师在讲课时信口说了句“世界上很多事物都是包含着矛盾的”，当时就有个同学站起来问道：“老师，世界上还有不包含矛盾的事物吗？”这位教师一下被问住了，只好承认说错了。“很多”是表示特称量词的，而实际上是所有的事物都包含着矛盾，所以应该使用“所有”，“一切”、“任何”等全称量词去表达。

作判断时，还要注意正确使用逻辑联结词以恰当地反映事物间的关系。如“并且”、“或者”、“如果……那么……”、“只有……才……”等就是反映事物间关系的逻辑联结词。一位讲写作的教师对学生说：“如果你们能坚持练笔，就一定能写出好文章来。”这句话在逻辑上使用的是充分条件假言判断。这个判断在条件关系的表达上是错误的，因为“坚持练笔”只是“能写出好文章”的必要条件，而不是充分条件，应该换用“只有……才……”去联结。

正确的判断还应该有恰当的模态。表示判断模态的语词叫模态词。如“必然”、“可能”等表示认识程度的模态；“必须”、“允许”等表示道义上的模态；“现在”、“曾经”、“将来”等表示时间模态。演讲中的判断要根据事物的客观情况选择恰当的模态词。如果说“天资聪慧的人一定能成才”，这就是认识模态上的错误。“一定”表示必然性，而天资聪慧的人只有成才的可能性，而无必然性。说“中国不久就可实现共产主义”是时间模态不当，因为实现共产主义需要做较长时间的努力，在“不久”的时间里是没有客观根据的。

语词概念和语句判断还只是思维的基本单位。教师在演讲中阐述观点、叙述知识、论证思想、说明事物、归纳问题时，必须使用推理、论证的逻辑形式。推理、论证在语言形式上是通过语群表达的。教学演讲所使用的推理共有演绎推理、归纳推理、类比推理三种。

演绎推理是由一般性前提推出个别性结论的推理。由于其结论是必然性的，有很强的论证性，所以是教师在论证思想时常用的思维方式。例如，有位写作教师在讲诗歌创作时，就用了演绎推理：

> 凡艺术创作都需要用形象思维，写诗就是一种艺术创作，所以，写诗要用形象思维。形象思维的特点是始终离不开形象，没有形象的东西，不能算为诗。

归纳推理是由个别性前提推出一般性结论的推理，结论带有或然性。但由于它以具体的事实为根据，容易理解，适合学生的接受能力，更是教学中常用的论证方法。教师喜欢用的列举法，就属于归纳推理。例如：

> 创作风格在成熟的作家身上体现得最为集中、鲜明。同是小说，鲁迅的和茅盾的不一样；同是剧本，使人看了就知道这是老舍的，那是曹禺的。再说现代的几位散文作家吧，朱自清的风格凝练、明净、隽永；冰心的风格朴素、清新、自然；秦牧的风格潇洒、藻丽、繁丰；杨朔的风格奇巧、含蓄、清新；刘白羽的风格刚健、明快、奔放；吴伯箫风格朴实、亲切、淳厚。真是人各有貌，风格多样啊！

类比推理是由个别性前提推出个别性结论的推理。一位班主任用拔河比赛中弱队可以靠着服从指挥、团结一致、坚持到底的精神战胜强队的道理，去说明一个落后班级如果有了这样几个精神也可以变后进为先进。这位班主任就是使用类比方式讲演的。类比法具体、生动、可感性强，很适合学生的接受习惯。

使用任何推理方式进行论说，都必须合乎充足理由律，做到前提判断真实可靠，推理过程符合规则。如果前提虚假，或是推理错误，都是没有说服力的。

在教学演讲过程中，无论使用哪种具体的思维形式，都应该遵守思维的基本规律。逻辑思维的基本规律有三条，就是同一律、不矛盾律和排中律。这三条基本规律是客观事物某些最普遍的性质和普遍的联系在思维上的反映，因此，这些规律对于人们的思维活动具有强制性和规范性。教学演讲也只有遵守这些规律，才能保证思维和语言表达的确定性、一贯性、鲜明性和论证性。

教学演讲要遵守同一律，就是要求演讲中使用的每一个语词始终要表示同一个概念，使用的语句，始终要表述同一个判断，谈论问题要把握住一个确定的中心，使演讲中的语词概念、语句判断、中心论题都有确定性。像下面这段演讲就没有遵守同一律：

> 哲学是关于世界观的系统理论。我们只有用马克思主义科学的哲学思想武装头脑，才能正确地认识世界。……学习哲学不仅要在书本上学，还要在实践中学。旧社会劳动人民被剥夺了受教育权，但每个劳动人民在生活实践中也都确立了自己的哲学，当然不可能上升到科学的高度。

这段演讲几次提到“哲学”这个概念，但是前边的“哲学”概念是指“关于世界观的系统理论”，而后边的“每个劳动人民在生活实践中也都确立了自己的哲学”中的“哲学”却是指一般的世界观，前后概念不同一，不确定，犯了偷换概念的逻辑错误。

教学演讲要遵守不矛盾律，是要求教师在演讲中对同一个思想不要既肯定它又否定它，否则，就要犯自相矛盾的错误。出现自相矛盾的情况，等于不攻自破，因为矛盾的思想中必有一假，这样就使自己的演讲失去说服力。例如：

> 我们班的同学对这次劳动都有正确的认识，积极肯干，不怕脏，不怕累，遵守劳动纪律，没有藏奸躲懒的。劳动任务完成得很好，受到了学校的表扬。我这个当班主任的也觉得光彩。但是，一分为二地看，也还是有不足的。有两个同学下午干活的时候不辞而别。还有两个同学一边干活一边打闹，结果一不留神，把手指头绞破了……

这位班主任的劳动小结，就犯了自相矛盾的逻辑错误。既然前边说同学对劳动“都有正确的认识”，并且“遵守劳动纪律”，为什么又出现“不辞而别”的溜号现象和“打闹”现象？前后矛盾，不能自圆其说。

教学演讲还要遵守排中律，要求教师面对矛盾的思想应做出明确的抉择和表态。肯定什么，否定什么，要旗帜鲜明。不然的话，含糊其辞，模棱两可，态度暧昧，在科学知识的是非面前不置可否，是有悖于师道的。

有个学生问语文老师：“‘方桌’这个词，有的同学说是词，有的同学说不是词，是词组。您怎么看？”老师想了想说：“‘方桌’这个语言单位，结构上比较稳固，在思维上我们已习惯地把它理解为一个概念，所以，认为它是词是有道理的。不过‘方桌’中间可以加上助词‘的’，说成‘方的桌’，意思也不变，这样看来，把它当词组分析也可以。”

这位教师的回答是违背排中律的。对于“方桌”来说，要么是词，要么是词组，二者必居其一。尽管在学术上有争议，但教师要有自己的见解，不能亦此亦彼，模棱两可，使学生无所适从。当然，有时教师对某些问题没有弄明白，难以做肯定的回答，但也应明确地说明这一点，老老实实地对学生说：“我一时也搞不清楚，让我回去想一想，弄明白再告诉你。”这才是正确的态度。

以上是对教学演讲提出的一些基本逻辑要求。由于每个教师所承担的课程不同，每节课的具体教学任务、教学目的也不同，因此要采用相应的语用方式进行演讲。教学的语用方式有叙述、说明、论证、描述等几种基本类型。语用方式不同，具体的逻辑要求也有差别。下面我们分别对这几种语用方式的逻辑特点做具体的分析。

第二节　讲课语言的“七性”

教师的课堂教学，在一定意义上可以说是演讲，是在演讲中“传道、授业、解惑”。因此，大凡优秀的教师，没有一个不注重课堂语言的。教师的课堂语言内容上起码应当达到“七性”，即思想性、准确性、逻辑性、趣味性、启发性、节奏性、规范性。

1. 思想性。 是对教师语言最根本的要求。教师，人们称之为人类灵魂的工程师，要既教书又教人，他的语言应能启迪心灵、陶冶情操、激励人们奋发向上。决不允许坏话、脏话、错话充塞课堂，杜绝有意或无意的精神污染。一个物理老师把正、负电荷的“异性相吸现象”，比喻成男同学与女同学互相爱慕，以后就结合在一起。这种比喻对学生的教育是很不适当的。有些老师为了吸引人，就随意搞些小插曲，什么凶杀、色情啦，鬼怪神仙等，把这些与课文无关的话讲得津津有味，真不知他的教学目的是什么？

2. 准确性。 这是对教师语言的最基本要求。1980 年福建省中考政治试题中，有一辨别题：“现阶段，我国知识分子已是工人阶级的一部分。”要求考生判断正误。某考区评卷时，发现近百张答卷中，考生对此题的判断都是打“×”。不难看出，这与老师的讲课有直接关系。由此可见，与其他演说一样，教师在课堂上讲话必须准确无误，观点鲜明，毫不含糊。否则，后果不堪设想。由于种种原因，学生对老师是比较崇拜的，尤其是中小学生，他们对老师的话总是深信不疑，他们经常说：“这是老师讲的。”从中不难看出，教师的语言往往能在学生的心灵中留下不灭的印象，因而要求教师上课时，无论是复习旧课，还是讲述新课；无论是遣词造句，还是讲解基本概念；无论是对课文进行分析、归纳、演绎，还是对问题进行判断、计算，都应该用精确的语言予以表述，钉是钉，铆是铆，坚决杜绝那种似是而非、模棱两可的言辞。这里尤其要指出的是，教师要针对相似的、容易混淆的概念、原理、定理进行分析、对比，指出它们的区别。如“上诉”与“申诉”，“劳动”与“劳动力”等。对于有争议的，具有多方面含义的问题，也应该给学生讲明白，使他们对这个问题有个明确的认识。

3. 逻辑性。教师的课堂教学与一般演讲不同，它除了让学生听明白外，还必须使学生理解、掌握。因此，教师在授课时，应该注意教材的内在规律，把握各部分之间的本质联系，运用逻辑推理的方式进行教学。也就是说，教师的语言要富有逻辑性，在已知的前提下，根据所学知识进行详细严密的论证，从而得出结论，这样才能使学生的思路随着教师的讲解，一环紧扣一环，顺藤摸瓜，顺水寻源，达到理会、掌握的境界。如果信口开河，想到哪就讲到哪，既无层次，又无条理，更无系统，一团乱麻，只能使人听了丈二和尚摸不着头脑。

4. 趣味性。中学政治课历来被认为理论性强，枯燥乏味。在教学中要力图使枯燥的概念活起来，把抽象的原理形象化。讲资本主义经济危机的实质，只讲是“生产相对过剩”，学生往往理解不深，甚至抱怀疑态度。老师在讲授时，讲了这样一个故事。20 世纪 30 年代爆发经济危机期间，美国一家煤矿某工人家庭的母子在一个滴水成冰的严冬，有这样一段令人心碎的对话。儿子问他的母亲：“现在天气这样冷，为什么还不生火炉？”母亲回答：“我们买不起煤。”年幼天真的儿子并不懂其中的奥妙，反而进一步问：“为什么买不起煤？”母亲答：“因为你爸爸失业了。”儿子问：“爸爸不是掘煤工人吗？”母亲答：“因为煤生产得太多了。”这段对话既有趣味性，又有幽默感，很能说明问题，学生听了印象很深。心理学研究成果表明：凡是有兴趣的东西都容易在头脑中扎根。因此，教师要结合课文内容，举些日常生活中的例子，说明所学知识在工农业生产、国际科技中的运用，深入浅出，通俗易懂，激发学生的求知欲。必要时，讲些笑话，使学生笑完之后得到启发，振作起精神，去掉睡意，集中注意力；但要注意，不要喧宾夺主，为趣味性而趣味性。

5. 启发性。教师在授课过程中，不仅要给学生以知识，更重要的是给学生以打开知识宝库的钥匙。在如今“知识爆炸”的年代，更应该是这样。也就是说。第一，教师在讲完一些知识后，可适当地介绍一些当今社会上的科研动态，从而点燃学生探索之火。著名数学家陈景润能摘取数学皇冠上的明珠，就与他中学数学老师的启发有关系。第二，教师在讲课中，由于种种原因，不需也不必要将所有问题都讲，这就要求教师在抓住重点的同时，对同类问题进行启发。讲到启发性，老师在讲课时还可以给学生留下一些悬念，使学生有个回味的余地，从而培养学生独立思考、分析问题的能力。

6. 节奏性。教师的课堂语言，还应该像演讲一样，不应该是平铺直叙；平淡乏味是没人听的，应该有缓急轻重之别；做到有高有低，抑扬顿挫，富有节奏感；配以实验、图表、手势等无声的语言，紧紧地扣住学生的心弦；不分主次缓急，“连珠炮”似的，一语未完又来一语，不给学生以喘息的余地，那肯定是要失败的。教师在讲重点，关键地方时，应该慢些，必要时还得予以重复，只有这样，才能给学生留下较深的印象。

7. 规范性。这里有两方面的含义，一是指语法的规范性；二是指语音的规范性。有的教师的课堂语言不符合语法，语病百出，影响了教学效果。如有位老师在总结“文明礼貌月”活动的成绩时说：“现在，打架骂人的现象比过去进步了。”学生听了不知所以然。有的老师说：“中学生是青年学生学习的重要阶段。”学生就议论开了：“中学生”怎么能是“阶段”呢？类似这样的情况虽然不是很多，但必须注意。语音的规范性，就是要求教师上课要讲普通话，切忌讲方言。现在有这么一种怪现象，许多高中毕业生讲不顺“北京音”，一讲普通话脸就红，就不自然，就卡壳，原因之一，就是有些教师老爱用本地话讲解（这个问题在山区、农村小学尤其突出），没有很好地培养学生讲普通话的习惯。讲语音的规范性，还要求教师上课时，尽量克服那些口头禅，如：“这个，这个”、“嗯，嗯”、“啊，啊”等。

因此，老师的语言要根据教学目的，根据不同学科、不同课程，不同学生而灵活运用，不能是一成不变的。

第三节　语文课的教学语言特点

一、工具·钥匙·榜样

语言是工具——人类进行思维和交际的工具。

教学语言是钥匙——教师开启学生心灵的门扉，引导学生开启知识之宫的千门万户的钥匙。从进行思想政治教育，到传授文化科学知识，从培养能力到发展智力——每项教学目的的完成，任何教学活动的进行，都要依靠教学语言来动员、提示、示范和指点迷津。我们常常见到这样的情况，教师知识水平相仿，教育对象相近，教学内容相同，但教学效果却迥然有异：一者情趣横生，课堂气氛活跃，学生兴趣盎然；另一者呆板乏味，课堂沉闷窒息，学生昏昏欲睡。课堂效果的好坏虽然受多种因素的影响，但教师的语言修养，运用语言的艺术往往起特别重要的作用。为什么教学语言的优劣直接关系到教学活动的成败呢？因为教学语言是钥匙。生锈的钥匙难以开锁，万能钥匙则无锁不开。

语文教学语言是榜样——语文教师给学生作出的运用语言的最直观、最有效的榜样。语文教学的基本任务是引导学生学习祖国语言。在语文课堂上，学生学习语言有两个方面的榜样：选做教材的范文是有形无声的榜样，教师运用的语言是有声无形的榜样。言教不如身教，榜样的力量是无穷的。实践证明，学生受到言之成序、言之有理、言之动情、言之生趣的语文教学语言的长期熏陶，潜移默化，就会逐步产生热爱祖国语言的浓厚兴趣，养成正确使用祖国语言的良好习惯，掌握运用祖国语言的真正本领；反之，贫乏的词语、单调的句式、空洞的说教、连篇的套话，必然使学生的语言羼入杂质，受到污染。

二、精确·精练·精彩

语文教学语言怎样才能有理、有情、有序、有趣呢？“精讲多练”也好，“精讲巧练”也好，“读读、议议、练练、讲讲”也好，就“讲”来说，关键是一个“精”字。语文教学语言怎样才算“精”呢？

第一，要精确。精确就是准确无误。从读音、释词到分解句子、剖析篇章，从提问到答问，都必须准确精当、上下衔接、首尾照应。那种模棱两可、似是而非、前后矛盾、缺乏自信的话语，既不能教给学生可靠、可用的知识，也不能培养学生爱憎分明的感情，更不能提高学生用词造句和逻辑思维的能力。

许多优秀语文教师的上课实录告诉我们：他们每上一课，不仅十分注意引导学生领会课文里用语精确的地方，不仅要求学生“语言说得精确一些”，而且他们的教学语言，本身就是一系列恰如其分，准确精妙的词句的科学组合和艺术搭配：

> 三峡的风光是那么壮丽美好，神奇多娇，但当时三峡两岸的劳动人民为什么那么愁苦哀怨呢？因为旧社会的三峡未经整治，它水流急，河滩险，暗礁多，江湾杂，无情的江水不知吞噬了多少船只与生命。虽当“夏水襄陵，沿溯阻绝”，一旦“王命急宣”，也要舍命冒险而下。千百年来，数不清的船工和滩工因劳累、饥饿而惨死在这条三峡的航线上，那凄凉的猿鸣，总是很自然地引起人们对死者的追忆和对生者的担忧，因而眼泪止不住簌簌地流下。

这段教学语言，无论写景叙事，还是抒情议论，用语多么确切！无论主谓之间、动宾之间，还是修饰语和中心词之间，搭配多么精妙！

第二，要精练。精练就是言简意赅，用尽量少的语句包含尽量多的内容。教学语言是否有力，不是由数量，而是由质量决定的。教学中必须消灭可有可无的话；与题无关、旁征博引的废话不要，言之无物、无的放矢的空话不要，违背真实、言不由衷的假话更不要。废话，空话，假话不仅浪费学生光阴，而且会导致华而不实、弄虚作假的学风和文风。精练就是耐人寻味。一曲好歌要有余音，一幅好画要有余景，一堂好课要有余意，要给学生留有积极思维、由此及彼的余地。就是说，话不要讲尽，要留些话让学生去说，留些问题让学生去思索。培养能力，发展智力的核心是培养学生积极思维的习惯和能力。要发展思维力，就要提供思维的广阔天地。循着陈景润成长的足迹，我们听见了他中学时代的数学教师沈云启迪思维的名言妙语："自然科学的皇后是数学。数学的皇冠是数论。哥德巴赫猜想，则是皇冠上的明珠。"正是这些言简意赅、耐人寻味的话语，激起了青年陈景润攀摘皇冠明珠的雄心壮志。这个数学教例，对语文教学同样有启示。有经验的语文教师，常常在教学中适时地、适量地用发人深省的语言提出一些疑难问题，用以扩展学生视野，激发学生思考。

第三，要精彩。浓厚的兴趣是促使学生专心听讲，积极思维的动力。语言精彩才能提起兴趣，才能拨动学生心灵的琴弦，打开他们心灵的门扉。

精彩的语言是生动形象的语言。语言生动形象，就能将抽象的化为具体，深奥的讲得浅显，枯燥的变成风趣。鲁迅讲课，用农民讨媳妇不要"杏脸柳腰"、"弱不禁风"的"美人"，而要"腰臂圆壮、脸色红润"的劳动姑娘这个生动形象的事例，来阐明"美的阶级性"这一抽象的理论问题。特级教师于漪讲朱自清的《春》，用这样一段话开场："我们一提到春啊，眼前就仿佛展现出阳光明媚、东风浩荡、绿满天下的美丽景色！一提到春，我们就会感到有无限的生机，有无穷的力量！所以古往今来，很多诗人就曾经用彩笔来描绘春天美丽的景色。"这段话，绘声绘色，有景有情，可谓精彩。

精彩的语言是富有感情的语言。语文课是兼具工具性和思想性的学科。语文教材，是一篇篇有感情的文章；学习语文的学生是一个个有感情的青少年。为什么会出现那种课文很使学生感动，但经教师讲解以后反而不受感动的奇怪现象呢？这是因为在有感情的课文与有感情的学生之间缺乏有感情的教学语言作为桥梁。教学语言富有感情，才能引起学生共鸣，才能点燃学生心灵之火，激起他们的喜怒哀乐。

精彩的语言是教师自己的具有新意的语言。语文教材有相对稳定性，但是社会生活、语文学科、教育对象都在不断发展变化，这就要求教师用新的事实，新的成果来讲解课文，并且要求教师要有自己的体会、见解，要用自己的语言。照本宣科，抄书抄报，照搬参考资料是不行的。

三、科学性·艺术性

精确、精练、精彩，是语文教学语言的三个既有区别又有联系的特色。它们为同一的目的——语文教学目的服务。语文教学，是一门科学，又是一门艺术。语文教学语言，必须既符合科学性，又具有艺术性。精确，是教学语言符合科学性的标志；精练和精彩，是教学语言具有艺术性的表现。精练和精彩，必须以精确为基础，语言的艺术性必须以语言的科学性为基础，否则就会舍本逐末，变成编选华美动听的词句的语言游戏。而精确如不伴之以精练和精彩，语言就会没有锋芒，没有血肉，没有回味余地，没有引人入胜的力量。

语文教师怎样才能使自己的语言兼有科学性和艺术性呢?

语言是思想的直接现实。“语法的不精密，就在证明思路不精密。”“语言的明确是由于思想明确，而明确的思想必然决定明确的表现方式。这就是说，精确的语言来自正确的认识。”因此，教师要使自己的语言精确，先要准确无误、深刻细致地领会教材。如果教师对课文并不理解或理解有错，教学语言中必然会掺进一勺甚至许多勺“柏油”。教学语言既然是艺术语言，一个严肃认真的语文教师也必须如同一个严肃认真的诗人、作家炼字、炼句、炼意那样，不断锤炼教学语言，课前精心设计，课后认真总结，逐步达到“片言可以明百义”、“言有尽而意无穷”的境地。

熟练地运用这种教学语言的语文教师，可以毫不夸张地说，就是语言大师。

第四节　从信息原理看教学语言的速度

教学语言的速度“快些慢些”，是不是合理，是不是科学，对于教学效果的好坏有直接的影响。并且，这“快些慢些”之间有不少值得研究的学问。

日常生活中，每位教师各有自己的语言习惯，彼此说话的速度总是有差别的。比如，年轻教师说话比较快，连珠炮式；老年教师说话往往比较缓慢，“挂慢挡”；女教师讲话，常常比男教师快；北方籍教师一般比南方籍教师谈吐慢；急性子又总是比慢性子讲得快……这些都是指“生活语言”来说。至于“教学语言”则属于一种专门的工作语言，它在许多方面与生活语言不同。就拿速度来讲，不论是什么年龄、性格、籍贯、性别的教师，一旦进了课堂，上了讲台，就不应该用日常的生活语言习惯速度去讲课，而必须受课堂教学自身规律的制约，受与教学有关的诸多因素的支配，不得有任意性。

凡有事业心、责任感的教师，都应该对自己的教学语言速度进行一番科学的分析与检验，都应该认真地探索和把握最科学、最合理的教学语言速度。

语言是传递信息的重要媒介，是信息的“载体”。教师在讲台上讲课，就是“信号源”。教师运用教学语言，向教学对象（信息收受的一方）连续发出一系列语音信号，传递出一连串语言信息。

社会语言学家阐明：人的大脑是靠感觉器官收取信息的。就听课者来讲，教师送出的语言信息是要通过听者的视觉与听觉感官进入其大脑的“临时储存器”，在这里经过选择，或立即反馈，或再进入“短期储存器”，再经过选择后，一部分就进入“永久储存器”里，这也就是“记忆”。信息在“临时储存器”停留的时间约为6～8秒钟，而在“短期储存器”停留的时间则可达20分钟左右。人的大脑对所有收取的信息加以选择，作出储存或立即作出反馈的决定。而当作出反馈时，又动用短期的或永久的储存器中记忆信息来作比较或索性动用。

从信息传递的过程及其原理来看，教学语言的速度合理不合理，显然会对听课效果有着至关重要的影响。

有些教师上课时说话的速度过快，看起来滔滔不绝、口若悬河，而学生听课的效果并不好。这正是因为发送信息的频率太高，使听课人的大脑对收取的信息处理不迭，势必形成信息的脱漏、积压，导致信息传收活动的障碍甚至中止。也就是说，学生刚听到前面的话，对语言的意义还没领悟，紧接着又有一连串的话涌来，大量信息迅速不断地通过感官渠道涌向大脑。这样就使人在心理上引起烦躁不安的反应。持续到一定程度，就会引起大脑处理信息活动的终止，大脑皮层细胞会由兴奋转入抑制。在这种情况下，尽管教师还在兴致勃勃地继续讲述和讲解，但实际上已经是“单边”的活动，没有什么好效果了。

反之，假使教学语言速度过慢，远远跟不上学生大脑处理信息的速度，弊病同样很大。因为，那不仅会浪费许多宝贵的教学时间，而且，更坏的结果是将导致教学对象精力涣散。因为大脑对所收到的信息已经完成了选择，进行了反馈或储存的处理，这时仍然没有新的语言信息传送过来，一再地脱节、等待，持续时间一长，感官和大脑皮层细胞自然会引起倦怠，从兴奋转入半抑制状态。在心理上也会呈现出厌倦疲乏的反应，降低学生听课的兴致与效果。

综上所述，可以知道：从信息原理看，教学语言速度必须合理、科学。那么，怎样才能科学地确定和把握教学语言的合理速度呢？

一般地讲，至少要考虑以下几个因素：首先是教学对象的年龄因素——这是确定教学语言速度的重要依据。

给不同年龄、不同年级的学生上课，教学语言的合理速度有明显差别。这是因为，在不同年龄阶段，生理、心理的发育状况有显著差别。比如，在儿童期各种感知器官的功能和大脑的发育状况都还不够健全和完善，所以，其感知和收取语言信息及反馈、处理信息的能力和速度都达不到青年和成人的程度。因而，从学前托幼教育到小学低年级的教学中，教师教学语言的合理速度应该比中、高年级的慢得多。教学对象越是年龄小、年级低，越要相应地放慢教学语言速度：音节的时值长，语流中间停顿时间长，停顿次数多，而且避免使用过多结构复杂的句子。而中学生、大学生，其感官功能、大脑发育情形与负荷能力都逐渐成熟，呈现出精力充沛，反应灵敏、迅速的特征。这时，他们说话、思维和举止动作都是速度很快的。面对这样的教学对象，教学语言的速度就得与之相适应才是合理的。再如，在某些成人进修院校里，许多学员是中年以上的人，则又不同。因为一般人在40岁以后，身体各器官开始老化，功能逐渐衰退，对语言信息的收取、反馈和处理速度也逐年下降，连同日常说话、举止也比青年期日趋缓慢。给这些教学对象讲课，教学语言的合理速度就比对一般中学生、大学生讲课慢得多。否则，学员就来不及反馈而呈现抑制状态了。

其次，是教学内容因素——这是确定教学语言合理速度的又一重要依据。

即，在同一年级，对同一批教学对象，讲不同学科的课或者同一学科的不同内容，由于教材有深浅难易之分，教学语言的速度也应有快慢之别。比如，讲述的速度一般快于讲解的速度；讲浅显易懂的内容一般比讲艰深繁难的问题时说话快。

再次，是教学环境因素——这也是制约教学语言速度的条件之一。

例如，在小班上课与在合堂教室上大课，教学语言速度就有差别；上室内课与上室外课也不同。空间大、距离远，语言速度就要相应地放慢。另外，课堂内外环境安静不安静，有无噪音干扰等，也对教学语言有影响。

总之，确定教学语言的速度，应当根据上述三方面的因素，做到科学、合理。最根本的一点在于是否与教学对象对语言信息反馈的速度相适应。

第五节　怎样使你的语言充满激励性

教师用激励性语言教育学生能使他们焕发出积极向上的情感，充满上进的力量，不断进步。那么，怎样的语言激励性强，效果好呢？

1. 要寄予希望。教师教育学生，语言应充满期望，让他们领悟出自己努力与否的后果及责任之重大，从心底里爆发出奋斗的信心和力量。

学生瑞宁普通话说得音美调准，全班同学对她参加学校朗诵比赛满怀希望。但在临赛的前一天，学校要求她更换朗诵内容。班主任按要求给她重新选好了材料。可她却以时间来不及为理由打算放弃比赛。班主任鼓励她说："你代表的是我们全班四十多名同学，大家的目光都盯着你，我和同学们都相信你会把参加朗诵比赛的任务完成好。"听了老师的话，她信心充足，抓紧背诵练习，第二天她精神抖擞地走上了讲台，结果获得了朗诵比赛第一名。

2. 要善于理解。教师教育学生，应从尊重、信任他们的愿望出发，正确理解学生的言行，使学生自觉地意识到老师对自己关心、爱护、体贴，从而主动地加快前进的脚步。有位后进生，学习不努力，经常翻墙逃学，虽经班主任教育，但转变很少。一天他翻墙进校被学校领导发现送到了班里，同学们议论纷纷。班主任了解情况后才知道，原来他来校迟到，当时校门口正统计各班迟到人数。他怕影响了班级荣誉，又怕耽误上课，就翻墙了。班主任就对全班同学说："过去王××翻墙，今天又翻墙，但这不是简单的重复错误。过去他是向外翻，是逃避上课，去玩；今天他是向里翻，是为了学习，这中间有进步。试想，这样下去，我们大家谁能不相信他一定会成为好学生？"老师的话使他激动得流下了热泪，以后上进的步子越来越大。

3. 要扬长避短。教师教育学生，应积极创造条件，点燃他们的心灵之火，发扬优点，克服缺点，使缺点向优点方面转化。

有个班主任带了一个学习、品德双差的"后进班"，班里有许多学生因违法行为被公安机关教育过，这个班又都是男同学，大家叫它"和尚班"。初开学，学生情绪低落，有的公开说：什么"和尚班"，我们是"垃圾班"、"处理品"。大多数同学灰溜溜的，感到人前抬不起头，一见老师就翻白眼，避而远之，班主任发现他们有一个特点，对学习虽不感兴趣，但精力旺盛，特别喜爱体育活动。他想，可以从体育入手，帮他们克服自暴自弃的情绪。于是他对同学们说："有人说我们是'垃圾班'、'处理品'，这是没有道理的。就拿体育锻炼来说，我们班不但不是'垃圾班'，而且可以争取成为先进班；不但不是'处理品'，而且可以争取成为'一等品'。"听到这话，同学们哈哈大笑，十分高兴，结果这个班在运动会上夺了魁，学习也赶上去了。

4. 要提供榜样。教师教育学生，应根据学生存在的问题，恰当地向他们提供榜样，以别人的好思想、好品德、好行为去影响他们。

学生小方作业潦草、马虎，几次老师要求他重做也不见效。一天老师把他请到办公室，拿出一本字迹工整的作业递给他，用关切的语气说："把这本作业当做样子试试，我相信你的作业定能赶上和超过它。"小方红着脸，高兴地接过本子，作出了一定超过它的保证。

5. 要启发诱导。教师教育学生，在对他们进行教育性谈话时，语言应委婉得体，亲切中肯，富有感染力、启发性。

学校的图章丢了，教师分析可能是几个学生偷走了。第二天，教师在晨会上宣布说："学校要用图章领粮食，可是找不到了，可能是掉到哪里谁捡走了。谁捡走了，我们相信他一定会送回来的。"第二天，果然在办公室门口发现图章被送回来了。

6. 要引喻设比。教师教育学生应抓住学生的心理特点，通过生动形象的比喻把深刻的哲理深入浅出地送入学生心灵。

一位教师在发现他的学生出现了"早恋"现象的时候，巧妙地避开这个容易使对方陷入难堪境地并极易引起对方警戒、对抗心理的问题，而向学生讲起了他家乡果园的事情。他说："我们村子周围有大片的果树园，寒往暑来，春华秋实。有一年秋末冬初，我突然惊奇地发现，有些就要落叶的果树枝上竟然又开出了一簇簇小小的果花。不久，花谢了，居然也结出了山楂般大小的果子。可惜没过几天，霜冻就来了，叶落尽了，小果实也烂掉了。小时候我每每捧着这些可怜的小果子发呆。后来，我才明白：不该开花的时候开花了，不该结果的时候结果了，是会受到自然规律惩罚的。今天，同学们中的一些事情又引起了我的思索，你们是否也从中得到了一些启迪呢?"同学们深有感触。早恋现象在这个班里消失了。

7. 要激发感情。教师教育学生，应针对具体问题巧妙地采取激将式的语言，触动学生心灵，使他们群情激奋、一鼓作气、迎头赶上。

学校的流动红旗原在班上，因周六值日小组工作马虎而扣了分，红旗被别的班级夺走了。班主任没有责怪学生，在班上，却感情真挚地对大家说："值日生不认真，影响了班级荣誉，他们心里也很难过。不过，我从他们的眼神里看出，他们憋足了劲，要与兄弟组挑战，为班级争荣誉。"他接着问："你们敢不敢向全班同学挑战?"回答是肯定的。效果呢，是理想的。

8. 要创造条件。教师教育学生，应创设教育情境，使学生感到教师是真心帮助和鼓励自己进步的。

学生小陈过去有偷拿别人文具的毛病，后来有了进步，愿为集体管理教室，班主任从学生恳求的眼神中，看到了他进步的决心，于是就把钥匙交给了他，并且语重心长地说："这个工作很重要，关系到全班同学书籍文具的安全，我相信你，全班同学也相信你会把教室的门窗关好。"话音刚落，小陈两滴热泪从眼眶中滚了出来，后来他负责管教室门窗，班里杜绝了丢失文具现象，他成了受人称赞的好学生。

9. 要及时评价。教师教育学生，应从分析学生具体言行入手，及时评价；发现优点，及时肯定、强化，使其发扬；发现缺点，及时提示，使其尽早克服。

有位学生对数学课学习不努力，成绩差。新学期换了数学老师，一天上课，老师让他板演习题，他做对了，老师表扬了他。后来在老师督促下，他的作业也做得认真，老师在课堂上将他的作业本拿给全班学生边看边说："看这作业写得多好！有人说这位同学学习数学课不努力，我怎么一点也看不出来。课堂上他板演习题正确，课后作业，不仅题做得对，字也写得整齐，态度端正得很。我相信他的数学定能获得好成绩。”后来，老师又多次表扬鼓励，这位同学果然数学成绩名列前茅。

第十四章　说话训练（一）

第一节　语　　音

一、口部训练

（一）口的开合练习

开口的动作要柔和，两嘴角向斜上方抬起，上下唇放松，舌自然平放。经常做这个练习，可以克服口腔开度的问题。

（二）咀嚼练习

张口咀嚼与闭口咀嚼结合进行，舌自然平放。练习时反复做。

（三）双唇练习

1. 双唇闭拢向前、向后、向左、向右、向上、向下及左右转圈。
2. 双唇打响。

（四）舌头练习

1. 舌尖顶下齿，舌面逐渐上翘。
2. 舌尖伸出口外左右顶口腔壁，在门牙上下转圈。
3. 舌尖伸出口外向前伸，向左右、上下伸。
4. 舌在口腔内左右立起。
5. 舌尖的弹练。弹硬腭、弹嘴唇。
6. 舌尖与上齿龈接触打响。

二、声母练习

（一）声母相同的两字词

1. 双唇音（上下唇构成的阻碍）。

b　包办　北部　板报　奔波　标兵　辨别
p　排炮　乒乓　拼盘　偏旁　爬坡　琵琶
m　美妙　明媚　弥漫　茂密　命脉　冒昧

2. 唇齿音（上齿和下唇构成阻碍）。

f　芬芳　丰富　方法　反复　非凡　奋发

3. 舌尖中音（舌尖抵住上齿龈构成阻碍）。

d　等待　单调　到达　断定　当代　跌倒

t　天堂　探听　跳台　团体　梯田　贪图

n　泥泞　能耐　南宁　恼怒　男女　牛奶

l　理论　流利　玲珑　罗列　冷落　嘹亮

4. 舌根音（舌根上抬抵住软腭，阻塞气流）。

g　改革　巩固　高贵　光顾　公共　灌溉

k　开垦　宽阔　刻苦　慷慨　空旷　可靠

h　欢呼　荷花　航海　绘画　浑厚　缓和

5. 舌面音（舌面前部上抬抵住前硬腭）。

j　加紧　境界　交际　简洁　家具　季节

q　亲切　轻巧　秋千　恰巧　情趣　欠缺

x　细心　学习　相信　虚心　新鲜　喜讯

6. 舌尖后音（舌尖翘起接触或接近硬腭构成阻碍）。

zh　庄重　主张　支柱　转折　战争　指针

ch　超产　长城　船厂　驰骋　穿插　车床

sh　山水　双手　舒适　闪烁　神圣　沙石

r　软弱　仍然　柔韧　容忍　荣任　忍辱

7. 舌尖前音（舌尖向前平伸抵住或接近上门齿构成阻碍）。

z　藏族　宗族　总则　自尊　在座　走卒

c　措辞　层次　粗糙　猜测　摧残　仓促

s　色素　松散　洒扫　四散　琐碎　搜索

（二）声母对比辨音

1. 送气音和不送气音的分辨。

（1）两字词比较：

b	p	被服——佩服	饱了——跑了
		步子——铺子	鼻子——皮子
d	t	队伍——退伍	调动——跳动
		河道——河套	肚子——兔子
g	k	挂上——跨上	关心——宽心
		天公——天空	干完——看完
j	q	尖子——扦子	吉利——奇丽
		长江——长枪	精华——清华
zh	ch	摘花——拆花	扎针——插针
		大志——大翅	竹纸——竹尺
z	c	子弟——此地	大字——大刺
		坐落——错落	清早——青草

（2）两字词连用：

b	p	编排	被迫	奔跑	爆破
p	b	陪伴	配备	破败	盘剥
d	t	代替	地毯	带头	灯塔
t	d	偷盗	坦荡	态度	天地
g	k	赶快	港口	功课	高亢
k	g	肯干	客观	考古	开工
j	q	机器	价钱	近亲	坚强
q	j	千斤	勤俭	抢救	请假
zh	ch	支持	专长	战船	征程
ch	zh	吃斋	车站	城镇	沉重
z	c	字词	早餐	杂草	资财
c	z	菜子	存在	刺字	操纵

（3）朗读练习：

大兔肚子大，小兔肚子小。大兔比小兔肚子大，小兔比大兔肚子小。

吃葡萄不吃葡萄皮儿，不吃葡萄倒吐葡萄皮儿。

2. 平舌音、翘舌音的分辨。

（1）两字词比较：

z	zh	自力——智力	栽花——摘花
		短暂——短站	小邹——小周
c	ch	仓皇——猖狂	一层——一成
		藏身——长生	有刺——有翅
s	sh	四十——事实	散光——闪光
		三哥——山歌	塞子——筛子

（2）两字词连用：

z	zh	组织	杂志	再植	赞助
zh	z	振作	装载	种族	制造
c	ch	蚕虫	操场	财产	擦车
ch	c	炒菜	冲刺	尺寸	陈词
s	sh	桑树	算术	宿舍	松鼠
sh	s	神色	失散	深思	哨所

（3）朗读练习：

这活儿我自己干就行了，你不用插手了，去擦擦手吧！

他是我国一位著名诗人的私人秘书。

操场前面有三十三棵桑树，操场后面有四十四棵枣树。张三把三十三棵桑树认作枣树，赵四把四十四棵枣树认作桑树。

3. 翘舌音与舌面音分辨。

（1）两字词比较：

zh	j	标志——标记	朝气——娇气
		短站——短剑	杂志——杂技
ch	q	长生——强身	池子——旗子
		船身——全身	痴人——奇人
sh	x	诗人——昔人	湿气——吸气
		失望——希望	商业——香液

（2）两字词连用：

zh	j	战舰	章节	真假	折旧
j	zh	价值	急诊	加重	记者
ch	q	插曲	初期	唱腔	常情
sh	x	水仙	顺心	升学	瘦小
x	sh	协商	显示	欣赏	兴盛

（3）朗读练习：

他们牺牲了自己的休息时间，为全体师生做了很多好事。

张仁升和江银星，二人上场说相声，先说一个《招厂长》，再说一个《绕口令》："真主、珍珠、真珍珠，出城，出证，出入证。"

4. 唇齿音 f 与舌根音 h 的分辨。

（1）两字词比较：

f	h	开发——开花	开方——开荒
		公费——公会	废话——绘画

（2）两字词连用：

f	h	发挥	繁华	凤凰	饭盒
h	f	恢复	会费	回访	豪放

（3）朗读练习：

这次全国画展表明了我国绘画艺术又有了新的发展。

从前我发了钱就花了，现在我开始存钱了。

若问青春在什么地方，它带着幸福，也带着智慧，更带着力量，在你的心上。

5. 鼻音 n 和边音 l 的分辨。

（1）两字词比较

n	l	女客——旅客	男子——篮子
		难住——拦住	念叨——练刀

（2）两字词连用：

n	l	尼龙	脑力	能量	暖流
l	n	烂泥	辽宁	老年	留念

（3）朗读练习：

这条小河不宽，水很浅，水流也不急，他赶着小牛从这条河趟了过去。

男旅客穿着蓝上装，女旅客穿着呢大衣，男旅客扶着拎篮子的老大娘，女旅客牵着拿笼子的小男孩儿。

无意苦争春，一任群芳妒。零落成泥碾作尘，只有香如故。

6. 团音的练习。

舌面音 j、q、x 跟 i、ü 或以 i、ü 开头的韵母拼合的音，叫团音。

(1) 两字词练习：

j	嘉奖	健将	讲解	简洁
q	亲切	轻巧	气球	秋千
x	新鲜	雄心	相信	行销

(2) 两字词连用：

j	q	坚强	解劝	进取	就寝
j	x	焦心	酒席	俊秀	迹象
q	j	清洁	奇迹	起居	巧计
q	x	抢先	前线	亲信	取消
x	j	消极	细节	先进	夏季
x	q	稀奇	戏曲	向前	小桥

(3) 朗读练习：

循序渐进，循序渐进，再循序渐进，你们从一开始工作起，就要在积累知识方面养成严格的循序渐进的习惯。

七加一，七减一，加完减完等于几？七加一，七减一，加完减完还是七。

7. 舌尖前音的练习。

(1) 两字词练习：

z	最早	总则	造作	曾祖
c	苍翠	草丛	寸草	从此
s	思索	僧俗	搜索	琐碎

(2) 两字词连用：

z	c	杂草	早餐	遵从	座次
z	s	棕色	走私	阻塞	砸碎
c	z	掺杂	嘈杂	存在	操作
c	s	醋酸	蚕丝	厕所	粗俗
s	z	塞子	散座	四则	色泽
s	c	私藏	松脆	色彩	酸菜

(3) 朗读练习：

初春时节访新村，喜看新村处处春，村前整地做秧床，村后耕田锄草忙，出村来到耕山队，林木茂盛果实壮。农业政策威力大，建设新村春常存。

四十四个字和词，组成一个绕口令。桃子李子梨子橘子槟子榛子，栽满院子村子和寨子。刀子斧子锯子凿子锤子刨子尺子，做出桌子椅子和箱子。名词动词数词量词代词副词助词连词，组成语词诗词和唱词。蚕丝生丝熟丝缫丝染丝晒丝纺丝织丝，自制粗丝细丝人造丝。

三、韵母练习

（一）韵母相同的两字词

1. 单元音韵母。

ɑ	发达	打靶	喇叭	砝码
o	薄膜	磨破	婆婆	伯伯
e	客车	合格	特色	色泽
i	笔记	地理	机器	激励
u	突出	舒服	互助	图书
ü	区域	豫剧	序曲	旅居
-i ［前］	孜孜	四次	私自	刺字
-i ［后］	知识	实质	史诗	指示
er	儿子	耳朵	二胡	而且

2. 复元音韵母。

ɑi	白菜	爱戴	彩排	买卖
ei	配备	肥美	蓓蕾	黑煤
ɑo	报告	抛锚	跑道	号召
ou	收购	抖擞	欧洲	喉头
iɑ	假牙	加价	夏家	恰恰
ie	斜街	借鞋	结业	贴切
uɑ	挂花	耍滑	挂画	花袜
uo	啰嗦	错落	骆驼	懦弱
üe	雀跃	约略	缺雪	决绝
iɑo	苗条	巧妙	逍遥	小鸟
iou	绣球	牛油	悠久	舅舅
uɑi	拽槐	摔坏	外快	怀揣
uei	翠微	水位	归队	追随

3. 带鼻音韵母。

ɑn	展览	汗衫	谈判	灿烂
iɑn	电线	鲜艳	变迁	简练
uɑn	贯穿	软缎	宛转	乱窜
uɑn	源泉	圆圈	全权	渊源
en	深沉	认真	根本	愤恨
in	亲近	拼音	信心	濒临
uen	春笋	馄饨	温顺	昆仑
ün	军训	均匀	群运	逡巡
ɑng	长江	厂房	沧桑	帮忙
iɑng	想象	两样	向阳	将相

uang	状况	双簧	狂妄	黄光
eng	风筝	猛增	更生	逞能
ing	宁静	倾听	晶莹	明星
iong	汹涌	熊熊	炯炯	庸庸
ong	葱茏	隆重	共同	洪钟
ueng	嗡嗡			

（二）韵母对比辨音

1. i 和 ü 的分辨。

（1）两字词比较：

i	ü	意见——遇见	容易——荣誉
ie	üe	切实——确实	蝎子——靴子
ian	üan	颜色——原色	潜力——权力
in	ün	印书——运输	通信——通讯

（2）两字词连用：

i	ü	必须	急剧
ü	i	聚集	躯体
ie	üe	解决	夜学
üe	ie	越界	确切
ian	üan	边远	田园
üan	ian	劝勉	卷烟
in	ün	进军	音韵
ün	in	军心	寻衅

（3）朗读练习：

中国女排获得了“三连冠”的荣誉是很不容易的。

大家肯定会对这项改革提出大量的宝贵意见，这是可以预见的。

清早起来雨稀稀，王七上街卖东西，骑着毛驴跑得急，一跑跑到小桥西。毛驴一下失了蹄，急得王七眼泪滴。

2. 前鼻音尾韵母 n 和后鼻音韵母 ng 的分辨。

（1）两字词比较：

an	ang	开饭——开放	天坛——天堂
ian	iang	新鲜——新乡	小县——小巷
uan	uang	官民——光明	车船——车床
en	eng	长针——长征	真理——争理
in	ing	信服——幸福	辛勤——心情
uen	ong	乡村——香葱	飞轮——飞龙
ün	iong	勋章——胸章	运煤——用煤

（2）两字词连用：

an	ang	班长	盼望

ang	an	长安	抗旱
ian	iang	艳阳	边疆
iang	ian	香烟	抢险
uan	uang	宽广	观光
uang	uan	黄砖	光环
en	eng	真正	神圣
eng	en	诚恳	生根
in	ing	民兵	聘请
ing	in	影印	行进
uen	ong	轮空	蚊虫
ong	uen	通顺	农村
ün	iong	云涌	驯熊
iong	ün	拥军	用韵

(3) 朗读练习：

今晚的航行，我没有什么任务。上船我就准备上床睡觉。

扁担长，板凳宽，板凳没有扁担长，扁担没有板凳宽。扁担绑在板凳上，板凳不让扁担绑在板凳上，扁担偏要绑在板凳上。

曙光透进路旁的林荫，铃声惊醒黎明的寂静。城市环卫的保护使者，辛勤地洒下晶莹的甘霖。

第二节 吐 字

一、声韵调配合关系分辨

(一) bo、po、mo、fo 不能发成 be、pe、me、fe

1. 两字词练习：

bo	播送	博士	渤海	波涛
po	破除	叵测	湖泊	强迫
mo	模范	磨练	茉莉	没收
fo	佛手			

2. 朗读练习：

小河啊小河，你哗啦哗啦在说什么？莫非你在说，时光好比流水，切莫白白错过？树立远大理想，快快发出光热？莫非你在说，用劳动的汗水，培育幸福的花朵？用我们的全部智慧，创建美满的生活？小河啊小河，你在说些什么？

(二) fei 不能发成 fi

1. 两字词练习：

fei	非常	绯红	翡翠	诽谤
	费心	肺腑	飞翔	肥壮

2. 朗读练习：

绯红蝴蝶飞，肥鞋鞋儿肥，诽谤者为匪，废料不能费。

我爱家乡的山和水，山水映朝辉，花果满园尽芳菲，池清鱼儿肥，沃野千里泛金浪，稻香诱人醉，山笑水笑人欢笑，歌声绕云飞，实现四个现代化，家乡更秀美。

（三）beng、peng、meng、feng 不能发成 bong、pong、mong、fong

1. 两字词练习：

beng	崩溃	迸发	蚌埠	绷带
peng	碰壁	朋友	澎湃	蓬勃
meng	猛烈	蒙蔽	萌芽	盟友
feng	丰收	封建	讽刺	山峰

2. 朗读练习：

当我们第一遍读一本好书的时候，我们仿佛觉得找到了一个朋友；当我们再一次读这本好书的时候，仿佛又和老朋友重逢。

东洞庭，南洞庭，洞庭山上一根藤，藤上挂个大铜铃。风起藤动铜铃响，风停藤定铜铃静。

二、吐字归音

"吐字归音"是使字音清楚、准确、完整、送音有力的传统发声手段。吐字时每个字音都要交代明白。要求做到：字头（出字）部位准确，弹发有力；字腹（立字）拉开立起，字尾（归音）干净利索，趋向鲜明。每个字都要展示字音的全部结构。

（一）吐字

要准确清晰，短促有力。关键在于发音部位不同，着力点不同。什么部位的音，什么部位成阻要有力。咬紧字头，用气息从受阻部分把字喷放出口，加强吐字的力度，就是所谓的"喷口"。

1. 双唇音练习：

八百标兵奔北坡，炮兵并排北边跑。炮兵怕把标兵碰，标兵怕碰炮兵炮。

一平盆面，烙一平盆饼，饼碰盆，盆碰饼。

2. 唇齿音练习：

我们要学理化，他们要学理发，理化理发要分清，学会理化却不会理发，学会理发又不懂理化。

3. 舌尖音练习：

白石塔，白石搭，白石搭白塔，白塔白石搭，搭好白石塔，白塔白又大。

调到敌岛打强盗，强盗太刁投短刀，挡推顶打短刀掉，踏盗得刀盗打倒。

4. 舌根音练习：

哥挎瓜筐过宽沟，赶快过沟看怪狗，光看怪狗瓜筐扣，瓜滚筐空哥怪狗。

一班有个黄贺，二班有个王克，黄贺王克二人搞创作，黄贺搞木刻，王克搞诗歌，黄贺帮助王克写诗歌，王克帮助黄贺搞木刻。由于二人搞创作，黄贺完成了木刻，王克写好了诗歌。

5. 舌面音练习：

氢气球，气球轻，轻轻气球轻擎起，擎起气球心欢喜。

你也勤来我也勤，生产同心土变金。工人农民亲兄弟，心心相印团结紧。

6. 翘舌音练习：

史老师，讲实事，常学时事长知识。时事学习看报纸，报纸登的是实事，常看报纸要多思，心里装着天下事。

认识从实践始，实践出真知。知道就是知道，不知道就是不知道；不要知道说不知道，也不要不知道装知道，老老实实，实事求是，一定要做到真正的知道。

7. 平舌音练习：

早晨早早起，早起做早操，人人做早操，做操身体好。

四是四，十是十，十四是十四，四十是四十。十不能说成四，四也不能说成十。

（二）立字

要求口腔适度打开，气息通畅平稳，声音明亮、饱满，字韵正确。

1. 开口呼（韵母不是i、u、ü，也不拿i、u、ü起头）练习：

没有花香，没有树高，我是一棵无人知道的小草，从不寂寞，从不烦恼，你看我的伙伴遍及天涯海角。春风把我吹绿，阳光把我照耀。河流山川抚育了我，大地母亲把我紧紧拥抱。

你从雪山走来，春潮是你的风采；你向东海奔去，惊涛是你的气概。你用甘甜的乳汁，哺育各族儿女；你用健美的臂膀，挽起高山大海。我们赞美长江，你是无穷的源泉；我们依恋长江，你有母亲的情怀。你从远古走来，巨浪荡涤着尘埃；你向未来奔去，涛声回荡在天外。你用纯洁的清泉，灌溉花的国土；你用磅礴的力量，推动新的时代。我们赞美长江，你是无穷的源泉；我们依恋长江，你有母亲的情怀。啊，长江！

2. 齐齿呼（韵母是i或拿i起头）练习：

夜里天冷北风急，班长下岗月儿西，手拿针线灯下做，为我熬夜缝军衣。线儿缝在军衣上，情意缝在我心里。

幸福在哪里，朋友啊，告诉你。它不在柳荫下，也不在温室里。它在辛勤的工作中，它在艰苦的劳动里。啊！幸福就在你晶莹的汗水里。幸福就在你闪光的智慧里。

3. 合口呼（韵母是u或拿u起头）练习：

金蝉操琴蝴蝶舞，青蛙蝈蝈敲锣鼓，农村八月多欢乐，满场满院堆五谷。

沿着校园熟悉的小路，清晨来到树下读书，初升的太阳照在脸上，也照着身旁这棵小树。亲爱的伙伴，亲爱的小树，和我共享阳光雨露，让我们记住这美好时光，直到长成参天大树。

4. 撮口呼（韵母是ü或拿ü起头）练习：

哪里寻找泉的足迹，听！处处有丁冬的旋律。结成紧密的集体，股股细流在一起汇聚。奔腾的生命永不停息，决不留恋身旁的花红草绿。向着江河，向着大海，坚定的信念忠贞不渝。

村里新开一条渠，弯弯曲曲上山去。河水雨水渠里流，满山庄稼一片绿。

（三）归音

这是发音的最后部分，是字音的关键。根据不同的字尾，收到不同的部位，做到恰如其分。练习如下：

床前明月光，疑是地上霜。举头望明月，低头思故乡。

敕勒川，阴山下。天似穹庐，笼盖四野。天苍苍，野茫茫，风吹草低见牛羊。

千里莺啼绿映红，水村山郭酒旗风。南朝四百八十寺，多少楼台烟雨中。

三、音变

（一）变调

1. 上声的变调：

（1）上声在阴平、阳平、去声前变成半上，即由 214 变成 211。

上阴：　水乡　　许多

上阳：　主持　　好评

上去：　坦率　　感谢

（2）上声在上声前变成阳平，即由 214 变成 35。

上上：　友好　　保险

（3）去声在去声前由全降变成半降，即由 51 变成 53。

去去：　祝贺　　纪念

2. “一、七、八、不”的变调：

（1）“一”的变调。

①单用或在词语的末尾读原调。

单用：一、二、三、一一过问

末尾：第一　　　始终如一

②在去声前读阳平。

一定　　　一共

③在阴平、阳平、上声前读去声。

阴前：一般　　一天

阳前：一直　　一同

上前：一起　　一手

④在重叠的动词中间读轻声。

阴中：听一听　　说一说

阳中：尝一尝　　停一停

上中：洗一洗　　跑一跑

去中：试一试　　笑一笑

（2）“七、八”的变调。

①单用或在非去声前读原调阴平。

单用：五、六、七、八八六十四

阴前：七天、八间

阳前：七层、八瓶
上前：七里、八尺
②在去声前读阳平（也可读原调阴平）。
七辆、八份
（3）“不”的变调。
①单用或在词语尾、在非去声前读原调去声。
单用：不，不！
末尾：绝不、偏不　　　　阴前：不安、不妨
阳前：不如、不凡　　　　上前：不满、不久
②在去声前读阳平。
不必　　　　不要
③夹在词语中间读轻声。
阴中：多不多　　　　新不新
阳中：甜不甜　　　　圆不圆
上中：冷不冷　　　　苦不苦
去中：热不热　　　　快不快
3. 重叠形容词变调：
（1）单音节形容词重叠，重叠部分可变阴平，也可不变；如果带儿尾，一定要变阴平。
远远的　　　　淡淡的　　　　瘦瘦的
圆圆儿的　　　　慢慢儿的　　　　白白儿的
（2）单音节形容词后的重叠部分阳平、去声一般变阴平。
亮堂堂　　　　软绵绵　　　　香喷喷
（3）双音节形容词重叠，第一音节重叠部分轻读，后一音节及其重叠部分变成阴平，也可不变。
严严实实　　　　马马虎虎　　　　客客气气
（二）轻声
1. 轻声的实际读音：
（1）轻声在阴平、阳平后面读中调（3 度）。
烧吧　　　　咸吗　　　　真的　　　　熟了
村子　　　　馒头　　　　床上　　　　他们
（2）轻声在上声后面读半高调（4 度）。
你们　　　　懂得　　　　椅子　　　　斧头
起来　　　　点心　　　　本事　　　　口袋
（3）轻声在去声后面读低调（1 度）。
报呢　　　　错的　　　　坐着　　　　记住
那么　　　　相声　　　　态度　　　　故事
2. 轻声词语同非轻声词语比较：

包涵——包含　　　　报酬——报仇
比试——笔试　　　　大意——大意
东西——东西　　　　地道——地道

（三）儿化

1. 读音的变化：

（1）在韵尾或韵腹 a、o、e、u 后加卷舌动作。

山坡儿　　浪花儿　　台阶儿　　带头儿

（2）失落韵尾-i 或-n，再加上卷舌动作。

小孩儿　　一块儿　　一点儿　　干劲儿

（3）失落韵尾-ng，韵尾变成鼻化元音。

大嗓儿　　电影儿　　胡同儿　　小虫儿

（4）单韵母 i 或 ü 后加上 er，-i 换成 er。

小米儿　　玩意儿　　饭粒儿　　毛驴儿
写字儿　　小刺儿　　树枝儿　　没事儿

2. 比较：

宝贝儿——宝贝　　刺儿——刺　　调儿——调
盖　儿——盖　　画儿——画　　活儿——活

（四）语气词“啊”的变音

1. 前一音节的韵腹或韵尾是 a、o、e、i、ü 时，“啊”读 ya，也可写作“呀”。

使劲儿拉呀（la　ya）！　他是我大伯呀（bo　ya）！
多漂亮的天鹅呀（e　ya）!这是谁的鞋呀（xie　ya）！
千万要注意呀（yi　ya）！你快去呀（qu　ya）！

2. 前一音节收声是 u（包括 ao、iao）时，“啊”读作 wa，也可写作“哇”。

你会不会跳舞哇（wu　wa）？
你普通话说得真好哇（hao　wa）！

3. 前一音节韵尾是 n 时，“啊”读作 na，也可写作“哪”。

这件事可不简单哪（dan　na）！
你往哪儿钻哪（zuan　na）？

4. 前一音节的韵尾是 ng 时，“啊”读 nga，仍写作“啊”。

今天好大的浪啊（lang　nga）！
这几天可真冷啊（leng　nga）！

5. 前一音节的韵母是-i［前］时“啊”读作 za，仍写作“啊”。

这是第几次啊（ci　za）！
谁认识这几个字啊（zi　za）！

6. 前一音节韵母是-i［后］和末尾是 er 时，“啊”读 ra，仍写作“啊”。

病得抓紧治啊（zhi　ra）！
我的命苦的儿啊（er　ra）！
这儿多好玩啊（wan　ra）！

（五）词的轻重音格式练习

1. 双音节的轻重音格式。

中重：	咕噜	轰隆	蝴蝶	沙发	尼龙
	雪峰	毛笔	草鞋	出版	放心
重轻：	萝卜	棉花	石头	豆腐	
	行李	灯笼	妹妹	说说	

2. 三音节词的轻重音格式。

中轻重：	无线电	红领巾	滴滴涕
	的确良	展览会	喜洋洋
中重轻：	锄把子	老头子	小伙子
	送信的	听戏的	同志们
重轻轻：	走进去	跳起来	顾不得
	听见过	朋友们	孩子家

3. 四音节词的轻重格式。

中轻中重：	二氧化碳	乌鲁木齐	理直气壮	西双版纳
重轻轻轻：	练习下去	遮掩过去	犹疑起来	明白过来

（六）朗读练习

这些孩子啊［za］，真可爱呀（ya），你看哪（na），他们多高兴啊（nga），又是作诗呀（ra），又是画图哇（wa），又是唱啊（nga），又是跳哇（wa），啊（a）！他们是多么幸福哇（wa）！

进了门儿，倒杯水儿，喝了两口儿运运气儿，顺手儿拿起小唱本儿，唱一曲儿，又一曲儿，练完了嗓子我练嘴皮儿，绕口令儿，练字音儿，还有单弦儿牌子曲儿，小快板，大鼓词儿，越说越唱我越有劲儿。

今儿个天儿真好，万里无云大晴天儿。一大早儿我就和小王儿俩人儿到海边去遛弯儿。啊！这海边多美呀。你看，天连水，水连天，一眼望不到边儿。一阵儿阵儿的海风吹来，凉丝儿丝儿的。沙滩上大大小小、五颜六色的贝壳儿，更是迷人。大个儿的，就像是个小花扇儿，小的就像小纽扣那么一丁点儿，可是那贝壳上的一道儿道儿花纹儿，却是那样儿的清晰。我们看看这个好玩儿，就装在口袋儿里，看那个也好玩儿，又装在口袋儿里，不一会儿，我们就捡了一口袋小贝壳和小海螺儿。

第三节　常用词语轻读训练

（根据中国社会科学院语言研究所编《现代汉语词典》1996 年修订第 3 版撮录）

ǎi zi 矮子	ài měi de 爱美的	ài miàn zi 爱面子	ài ren 爱人
ān zi 鞍子	àn zi 案子	àn dì li 暗地里	ào zi 鏊子
bā ge 八哥	bā bù de 巴不得	bā zhang 巴掌	bǎ shou 把手

bǎ zi 把子	bǎ zi 靶子	bà zi 坝子	bà ba 爸爸
bà le 罢了	bà dao 霸道	bái bízi 白鼻子	bǎi er bā shí 百儿八十
bǎi bu 摆布	bǎi jià zi 摆架子	bǎi she 摆设	bǎi tān zi 摆摊子
bài bǎ zi 拜把子	bài zi 稗子	bān shou 扳手	bān zi 扳子
bān zi 班子	bǎn zi 板子	bàn bèi zi 半辈子	bàn diào zi 半吊子
bàn zi 绊子	bāng shou 帮手	bāng zi 帮子	bāng zi 梆子
bǎng zi 膀子	bàng chui 棒槌	bāo fu 包袱	bāo han 包涵
bāo zi 包子	bāo bian 褒贬	báo zi 雹子	bǎo bu zhù 保不住
bǎo ren 保人	bào chou 报酬	bào zi 报子	bào zi 刨子
bào wěiqu 抱委屈	bào zi 豹子	bào zhang 爆仗	bēi zi 杯子
bēi bāo fu 背包袱	bēi zi 背子	běi dòu fu 北豆腐	bèi dā zi 背搭子
bèi jing 背静	bèi zi 被子	bèi fen 辈分	bèi zi 辈子
běn shi 本事	běi zi 本子	bí zi 鼻子	bǐ fang 比方
bǐ hua 比画	bǐ liang 比量	bǐ shi 比试	bǐ dǐ xia 笔底下
bì hui 避讳	biān zi 鞭子	biǎn dan 扁担	biàn dang 便当
biàn zi 辫子	biāo zhi 标致	bié ren 别人	biè niu 别扭
bīn zi 槟子	bīng lang 槟榔	bǐng zi 饼子	bō lang gǔ 拨浪鼓
bō nong 拨弄	bō li zhǐ 玻璃纸	bó bo 伯伯	bó miàn zi 驳面子
bó zi 脖子	bǒ zi 跛子	bò he 薄荷	bò ji 簸箕
bǔ ding 补丁	bǔ zi 堡子	bù hǎo yì si 不好意思	bù shí tái ju 不识抬举

bùyóude	bùzàihu	bù zi	bùfen
不由得	不在乎	步子	部分
bù zi	cáizhu	cáifeng	càilán zi
簿子	财主	裁缝	菜篮子
cāngying	cáofang	cáo zi	cǎodiàn zi
苍蝇	槽坊	槽子	草垫子
cè zi	chā zi	chācha	chá zi
册子	叉子	喳喳	茬子
chágāng zi	cháshi	chà zi	chàbu lí
茶缸子	茶食	岔子	差不离
chāishi	chāishi	cháihuo	chānhuo
差使	差事	柴火	搀和
chànyou	chángchong	chángchu	cháng zi
颤悠	长虫	长处	肠子
chēbǎshi	chē zi	chéng zi	chèngpán zi
车把势	车子	橙子	秤盘子
chībukāi	chībushàng	chībuzhù	chīdekāi
吃不开	吃不上	吃不住	吃得开
chīguān si	chīguǎn zi	chí zi	chí zi
吃官司	吃馆子	池子	匙子
chǐcun	chǐ zi	chóng zi	chóngsūnnü
尺寸	尺子	虫子	重孙女
chóu zi	chòudòu fu	chūchà zi	chūfèn zi
绸子	臭豆腐	出岔子	出份子
chūfēngtou	chú le	chú zi	chùlei
出风头	除了	厨子	畜类
chùsheng	chuǎimo	chuán zi	chuànyou
畜生	揣摸	椽子	串游
chuàn zi	chuānggé zi	chuānghu	chuī lǎba
串子	窗格子	窗户	吹喇叭
chuí zi	chūnshang	cì hou	cì wei
锤子	春上	伺候	刺猬
cū la	cù guàn zi	cù tán zi	cun zi
粗拉	醋罐子	醋坛子	村子
cuōhe	cuòchu	dātou	dā li
撮合	错处	搭头	答理
dāying	dǎbǎshi	dǎban	dǎ dǐ zi
答应	打把势	打扮	打底子
dǎdian	dǎ fa	dǎguān si	dǎliang
打点	打发	打官司	打量

第四节 常用多音字组词训练

（根据中国社会科学院语言研究所编《现代汉语词典》1996年修订第3版撮录）

挨 āi 挨户 ái 挨打	熬 āo 熬白菜 áo 熬煎	拗 ào 拗口 niù 拗不过	扒 bā 扒车 pá 扒手
把 bǎ 把柄 bà 把子	柏 bǎi 柏树 bó 柏林	膀 bǎng 膀子 páng 膀胱	蚌 bàng 蚌壳 bèng 蚌埠
磅 bàng 磅秤 páng 磅礴	炮 bāo 炮羊肉 pào 炮兵	薄 báo 薄饼 bó 薄礼	刨 bào 刨床 páo 刨根
瀑 bào 瀑河 pù 瀑布	曝 bào 曝光 pù 曝露	背 bēi 背带 bèi 背后	
奔 bēn 奔忙 bèn 奔命	绷 bēng 绷带 běng 绷劲 bèng 绷瓷	秘 bì 秘鲁 mì 秘密	裨 bì 裨益 pí 裨将
扁 biǎn 扁担 piān 扁舟	便 biàn 便利 pián 便宜	别 bié 别人 biè 别扭	槟 bīn 槟子 bīng 槟榔
泊 bó 泊位 pō 湖泊	簸 bǒ 簸动 bò 簸箕	参 cān 参加 cēn 参差	孱 càn 孱头 chán 孱弱

藏：cáng 藏书；zàng 藏族

曾：céng 曾经；zēng 曾孙

差：chā 差别；chà 差劲；chāi 差旅费；cī 参差

叉：chā 叉子；chà 劈叉

单：chán 单于；dān 单位

禅：chán 禅杖；shàn 禅让

长：cháng 长江；zhǎng 长官

剿：chāo 剿说；jiǎo 剿匪

朝：cháo 朝代；zhāo 朝气

称：chèn 称心；chēng 称号

盛：chéng 盛饭；shèng 盛大

冲：chōng 冲击；chòng 冲压

种：chóng 姓种；zhǒng 种类；zhòng 种田

重：chóng 重复；zhòng 重量

仇：chóu 仇人；qiú 姓仇

臭：chòu 臭虫；xiù 乳臭

处：chǔ 处分；chù 处所

畜：chù 畜生；xù 畜牧

传：chuán 传统；zhuàn 传记

创：chuāng 创伤；chuàng 创新

幢：chuáng 幢幢；zhuàng 幢（量词）

伺：cì 伺候；sì 伺机

攒：cuán 攒动；zǎn 积攒

答：dā 答应；dá 答复

打：dá 打（量词）；dǎ 打工

大：dà 大伯；dài 大王

担：dān 担保；dàn 担子

石：dàn 石（容量单位）；shí 石头

弹：dàn 弹片；tán 弹唱

当：dāng 当代；dàng 当天

倒：dǎo 倒卖；dào 倒车

提：dī 提防；tí 提高

嘀 dī 嘀嗒；dí 嘀咕

丁 dīng 丁香；zhēng 丁丁

钉 dīng 钉子；dìng 钉扣子

都 dōu 都（副词）；dū 都市

斗 dǒu 斗胆；dòu 斗争

肚 dǔ 肚子；dù 肚量

度 dù 度假；duó 度德量力

囤 dùn 粮囤；tún 囤积

发 fā 发表；fà 发胶

菲 fēi 芳菲；fěi 菲薄

分 fēn 分工；fèn 分量

父 fǔ 渔父；fù 父亲

脯 fǔ 果脯；pú 胸脯

夹 gā 夹肢窝；jiā 夹板；jiá 夹袄

咖 gā 咖喱；kā 咖啡

胳 gā 胳肢窝；gē 胳膊；gé 胳肢

轧 gá 轧账；yà 轧场；zhá 轧钢

芥 gài 芥蓝菜；jiè 芥末

干 gān 干杯；gàn 干部

扛 gāng 扛鼎；káng 扛抢

咯 gē 咯吱；kǎ 咯血

第十五章 说话训练（二）

第一节 呼吸与气息控制

人体发声是人的生理机能的物理性振动波效应。人感觉到自己的声音，是经过声带振动而产生振波，通过空气的媒介传到人的耳朵里，经耳膜的作用，同大脑皮层的听觉神经接触。产生这种物理现象的空气动力来自人的呼吸与气息控制。生活中的呼吸与完成言语发声功能的呼吸存在着明显的差异。前者是一种自律性的生理活动，可以由非意识完成，后者有情感的参与，受意识的控制。此外，生活中安静状态下的呼吸，吸与呼之间的空气交换量为500毫升，吸与呼的时间比约为1：1.2。在一般言语发声时,吸与呼之间的空气交换量在1 000~1 500毫升,吸与呼的时间比为1：5~1：8。如果经过严格训练,吸与呼之间的空气交换量可以达到2 400~3 000毫升,吸与呼的时间比可以达到1：12~1：20。这些数字表明,言语发声有它的规律性,通过训练,可以达到吸得多、快、省,呼得慢、匀、适的效果。

在生活中常见的呼吸方式有：

一、胸式呼吸

胸式呼吸又可称为浅呼吸或自然呼吸，主要靠提起上胸，扩大胸腔来吸气。吸气抬肩是这种呼吸方式的标志。相比其他呼吸方式，胸式呼吸吸气量最小，而且利用这种方式发出的音往往窄细、轻飘。若言语过程中对气量的需求过大，就会出现肩胸紧张、喉部负担重、容易疲劳等问题，它不能适应艺术语言发声的要求。

二、腹式呼吸

腹式呼吸是一种深呼吸方式。它主要靠降低膈肌、扩大胸腔来吸气。与胸式呼吸比较，它具有深沉和吸气量大的特点。吸气时腹部外突是这种呼吸方式的标志。正是由于这一现象的存在，使腹肌不能在发声时起到应有的作用，容易造成闷、暗、空的音色。所以，腹式呼吸不能算最科学、最理想的方式。

三、胸腹联合呼吸

这是胸腹两种呼吸方式的结合，在实践中显示出前两种呼吸方式不可替代的优势。胸腹联合呼吸在吸气时全面（前后、左右、上下）扩大了胸腔的容积，吸气量最大；在动作特征上，这种方式在吸气时横隔膜下沉，肺容量扩大，吸入的气息增多，增强了呼吸的稳健感。根据每个人声音高、低、厚、薄等特点，使气息在不同的共鸣腔上的冲击形成力度，产生坚实、响亮的音色。这种音色是多种音色变化的基础，所以胸腹联合呼吸是用做艺术语言发声动力的基本呼吸方式。

从发声的日常生活中看，主要采用胸式呼吸的多见于女性，主要采用腹式呼吸的多见于男性，采用胸腹联合呼吸的多见于身体强健者。经过严格训练，生活中采用胸式或腹式呼吸的可以转变为胸腹联合呼吸。生活中自然地采用胸腹联合呼吸方式的人也同样需要经过严格的训练，才能达到艺术语言的要求。

我国古老的戏曲艺术，讲究适用“丹田气”。“丹田气”所说的“丹田”，就是位于脐下二三指间，即气海穴至关元穴这一范围。在艺术实践中，力发“丹田”的呼吸方法被广泛采用。歌唱家郭兰英说：“唱时小肚子常是硬的，唱得越高就越硬……唱高音时须把嗓子放开，胸口放松，小肚子使劲顶着。”① 实际上这种“丹田气”的运用，就是用膈肌控制，加大发声动力，呼吸方式仍是胸腹联合呼吸法。胸腹联合呼吸法要经过严格训练才能掌握。

1. 增加吸气量的训练。吸气时吸到肺底，扩大胸腔上下部位。两肋打开，肩胸放松，扩大胸腔前后左右部位。此时，膈肌与胸廓的运动产生联系。一般感觉两肋打开，尤其以后腰部感觉较为明显。吸气带动胸部扩张的同时，使腹部的肌肉向小腹的中心位置收缩，腹壁保持不凸不凹的状态。吸气时，膈、腹相互联系，动作一次完成。做到三松一紧：颈脖松，肩胛骨关节松，膝关节松，小腹紧。

2. 呼气稳劲训练。左右两侧下肋与“丹田”处由左右两侧腹肌和膈肌相连接，形成一个等边三角形。吸气时，腹肌和“丹田”收缩，腹壁“站定”，同时两肋打开，膈肌下降。呼气发声时，适度保持腹肌向“丹田”收缩的力量，以牵制并稳住膈肌和两肋，使之不致迅速回位，产生稳劲效果，然后出现且战且退的状态，随着气息减少而缓慢回位。练习方法是快吸慢呼。应说明的是，慢吸快呼与慢吸慢呼也有不同的作用，由于发声要求吸气快、呼气慢，所以我们选择快吸慢呼。快要越快越好，慢要越慢越好。纯练呼吸，用鼻吸呼，若以气带声，因气量要大，则口鼻同吸，口呼。操作方法是站直，“三松一紧”，嘴唇轻闭，只留一针尖大的小孔，将气呼出。开始呼一口气长 30 秒左右，至后达到呼一口气长 90 秒左右。若带声呼气，则心想发“ū”的延长音，由于唇部限制，实际音效不同于“ū”。

3. 腹肌稳劲训练。发声训练着重于腹肌、呼吸、发声三种活动的关联体会和协调能力的培养。训练腹肌是必不可少的过程，训练方法分为体育训练法和发声训练法。体育训练法包括“仰卧起坐”等。发声训练法则主要是稳劲训练，做法是平躺，在上腹

---

① 转引自张颂：《中国播音学》，122 页，北京，北京广播学院出版社，1994。

部放一摞书，书的高度循序增加，依功底而定。先做慢吸、慢呼动作，使腹部缓缓起落，起落度不要太大，注意气向腹、腰、背周身扩展的感觉。随后快吸慢呼，腹肌迅速向“丹田”位置收缩，即所谓“气沉丹田”；慢呼时自然轻松带出心想的“ū”音。呼吸时书不能倾倒，由此体会稳劲并提高腹肌的稳劲能力。

4. 膈肌的功能训练。膈肌对呼吸的调控作用不能忽视。如果说腹肌的主要作用在稳劲上，那么膈肌的主要作用则在爆发力上。通常军训时，战士齐声喊出“一、二、三、四”和戏剧演员带有颗粒感的笑声，都是运用了膈肌的力量将音短而快地弹出来的。膈肌的训练方式是人站定，心想让一个熟人大吃一惊，从背后猛地“hèi”一声，这时便有膈肌起作用的感觉了。继而可练数数“1、2、3、4”、“2、2、3、4”，在此感觉基础上拖长练习“1——、2——”依次往下。这种训练是为实现膈肌的稳劲作用的，因为稳劲效果是膈肌与腹肌共同作用的结果。

5. 余气与补气训练。余气指吸气不能过于饱和，呼气不能过于干净。前者指吸气有余地，后者指呼气有剩余。吸气只到七八分满即可，吸得过满既使呼吸运动出现僵持，又会导致发音开始时“劲足”，全句出现明显的由强转弱。同时，呼气也不能将气挤尽，这就需要根据情况进行补气。在发声过程中，气息的补充是利用表达中的停顿进行的，方法有四种：

（1）换气——气已将近用完，利用句子停顿中的时间吸气。

（2）偷气——气有足够的剩余，但为了下句表达的需要而提前利用停顿中的时间吸气。

（3）抢气——急促地吸气。不是利用句子停顿中的时间吸气，而是因急需用气而导致极短的停顿。

（4）就气——言语停顿中并不进气，只是利用体内余气继续发声。

这四种方式的产生源于句子的停顿。由于句子的停顿并非总是和人的呼吸同步，人只能调整呼吸适应句子的需要。其中偷气是常见的。

第二节　发声的共鸣要求

演讲者发声所应具备的条件和朗诵者、播音员的艺术语言发声相比，要求略低一点。用艺术语言的发声标准要求自己，当然可美化音色，效果大不一样。

人的声音不同，除了各人发声器官构造不同的因素外，还有各人发声器官的谐调方式和共鸣调节不同等因素。人的共鸣控制是通过骨骼、肌肉的运动改变各共鸣腔的形状、容积大小、腔壁软硬度和弹性来实现的。

人发声的共鸣器官，在喉以上有喉腔、咽腔（喉咽、口咽、鼻咽）、口腔和鼻腔在喉以下有气管、胸腔。人的共鸣器官有些是可以调节的，如：喉腔、咽腔、口腔、胸腔；有些是不可调节的，如鼻腔。鼻腔共鸣可通过软腭的上下运动及声束冲击硬腭的不同位置来调节。胸腔共鸣则通过喉部器官位置高低的控制及胸部振感点上下移动的控制调节。

低音共鸣气官：在发音的呼吸过程中，胸腔具有不同的共鸣振动，声音越低振动感越明显。所以胸腔共鸣也叫“低音共鸣”。当我们发一个“ā”音时，可明显地感觉到振感点的上移，一般称这种振点为胸部支点。胸腔共鸣可增加低泛音，使声音听起来洪亮、厚实。

中音共鸣器官：主要指口腔、口咽腔、喉咽腔等。发声时音响顺势向上，这时候可以感觉到它们的振动。口、咽、喉腔是主要共鸣腔，它可以使声音丰满、坚实。

高音共鸣器官：主要是指头腔、鼻腔等。头腔、鼻腔的形状、大小、容积基本上是固定的，发声时可以从外部感觉到它们的振动。发音时声音经过鼻腔叫鼻音，如鼻腔感觉振动叫鼻腔共鸣。鼻腔是辅助共鸣腔，它可以使声音变得高亢，明亮。

在声音的运用中，要互相协调三种共鸣呼吸方式。一般以胸腔为基础，以口腔为主、鼻腔为辅发出的声音，具有坚实、明亮、深厚、圆润等特色。根据不同内容的材料和不同的情绪，共鸣点有必要上下进行调节。

一、低音共鸣练习

将手放在腰肋处，双肩放松。意想气从触摸处慢慢引出，同时胸肋处感觉饱满，将气冲击声带，发出“ā”或“ō”音，当声音延续发出时，腰肋处有微颤状并且渐渐内缩。如此反复10次左右后，用低音朗读以下材料：

轻轻的我走了，
正如我轻轻的来；
我轻轻的招手，
作别西天的云彩。
……
悄悄的我走了，
正如我悄悄的来；
我挥一挥衣袖，
不带走一片云彩。

（徐志摩：《再别康桥》）①

二、高音共鸣训练

将双唇紧闭，上下齿叩合，舌尖在口腔中不触及腔壁，意想气从头腔中发出，带“m̄”声慢慢哼，同时用手摸鼻翼，有微颤感觉，整个头腔随着音调渐高和音量加大，震颤感增强，然后将唇松开，发“mā”的延长音。找到感觉之后反复数次，再用高音朗读以下材料：

① 《徐志摩选集》，141~142页，北京，人民文学出版社，1983。

望 海 潮

——柳永

东南形胜，三吴都会，钱塘自古繁华。烟柳画桥，风帘翠幕，参差十万人家。云树绕堤沙。怒涛卷霜雪，天堑无涯。市列珠玑，户盈罗绮，竞豪奢。

重湖叠巘清嘉。有三秋桂子，十里荷花。羌管弄晴，菱歌泛夜，嬉嬉钓叟莲娃。千骑拥高牙。乘醉听箫鼓，吟赏烟霞。异日图将好景，归去凤池夸。

三、中音共鸣训练

意想气从胸肋引发至唇齿，双唇闭拢，用中音发“$\bar{m}$”，感觉几个共鸣部位都在震颤，找到感觉之后，发出“mō”的延长音。如此反复数次，再用中音朗读下列材料：

爱尔克的灯光

——巴金

“长宜子孙”这四个字的年龄比我的不知大了多少。这也该是我祖父留下的东西罢。最近在家里我还读到他的遗嘱。他用空空两手造就了一份家业。到临死还周到地为儿孙安排了舒适的生活。他叮嘱后人保留着他修建的房屋和他辛苦地搜集起来的字画。但是儿孙们回答他的还是同样的字：分和卖。我很奇怪，为什么这样聪明的老人还不明白一个浅显的道理：财富并不“长宜子孙”，倘使不给他们一个生活技能，不向他们指示一条生活道路，“家”这个小圈子只能摧毁年轻心灵的发育成长；倘使不同时让他们睁起眼睛去看广大世界，财富只能毁灭崇高的理想和善良的气质，要是它只消耗在个人的利益上面。

第三节 发 声 训 练

一、气息练习

（一）慢吸慢呼

1. 立定站稳或一只脚稍向前，双目平视前方，头正，双肩放松，用鼻子慢吸气，似乎闻一朵香花，觉得肺的下部、腰部及丹田处都充满了气息。保持几秒钟后再轻缓地呼出。

2. “ā”音延长。用慢吸慢呼的动作，发单元音“ā”的延长音。声音逐渐由小到大，由低到高，由近到远，由弱到强。气息要通畅自如，下腭、舌根不紧张，喉部放松，让气流集中冲到硬腭前发出。

3. 数数练习。慢吸气至八成满，呼气时数数1、2、3、4、5……数的速度要慢，吐字要清楚，不紧张，不憋气，发一个音马上停住，不要漏气、换气，喉放松，气路通，一口气数到底，能数多少就数多少。

（二）快吸慢呼

1. 快而短促地吸一口气，然后慢呼并伴随四声发音，直至一口气用完。

bā　bá　bǎ　bà　……　dī　dá　dǐ　dà

巴　拔　把　罢　　低　答　底　大

这个练习可反复多次，可用快吸来练习，也可用慢吸来练习。可逐渐改变声音的高低、强弱、快慢，并调节好气息，注意字音要清楚，准确。

2. 夸大的上声练习。

（1）ǎ、ǐ、ǎi、ǎo、ǔ。

（2）好（hǎo）　美（měi）　满（mǎn）　想（xiǎng）

仰（yǎng）　场（chǎng）请（qǐng）　跑（pǎo）

（三）换气练习

1. 出东门，过小桥，小桥底下一树枣，拿着竿子去打枣儿，青的多红的少。一个枣儿，两个枣儿，三个枣儿……十个枣儿，九个枣儿，八个枣儿……一个枣儿。这是一个绕口令，一口气说完才算好。

2. 广场上，飘红旗，看你能数多少旗，一面旗、二面旗、三面旗、四面旗、五面旗、六面旗、七面旗、八面旗、九面旗、十面旗……

二、口腔控制练习

（一）口部操练习

1. bā——dā——gā　　bā——dā——gā

pā——tā——kā　　pā——tā——kā

2. bā、dā、gā——bā、dā、gā

pā、tā、kā——pā、tā、kā

注意：双唇声母用喷法，气流要强，舌尖音用弹法（舌尖要有力度）。

3. 声母韵母拼合练习。注意双唇塞音 b、p 发音时唇部紧张，发音要响亮、集中，结合丹田气。

b——a——bā　　p——a——pā

b——ai——bāi　　p——ai——pāi

b——an——bān　　p——an——pān

（二）象声词练习

吧嗒嗒　滴溜溜　咕隆隆　劈啪啪

哗啦啦　当啷啷　乒乓乓　刷拉拉

（三）二字词练习，四字词练习

澎湃　冰雹　碰壁　玻璃

蓬勃　喷泉　批判　拍打

百炼成钢　　波澜壮阔　　壁垒森严　　翻江倒海

（四）合口音、撮口音练习

乌鸦　　花絮　　挫折　　快乐　　吹捧　　汪洋

虚假　　宣纸　　菊花　　捐助　　雪恨　　辽远

山上五棵树，架上五壶醋，林中五只鹿，箱里五条裤，伐了山上的树，搬下架上的醋，射死林中的鹿，取出箱中的裤。

学语言，用语言，学好语言不费难。演讲者学语言，说话亲切又自然，演员学语言，台词传得远。

三、共鸣练习

（一）ɑ、o、e、i、u、ü 六个元音的单发

注意用自然的声音，丹田与口腔硬腭处的连接要和谐。

（二）双唇音与开口呼韵母拼合音节练习

b——ɑng——bāng（邦）　　p——ɑng——páng（旁）

m——ɑng——máng（忙）　　b——ɑi——bái（白）

练习速度要慢，注意韵腹拉开立起，收好字尾，声音似挂在硬腭前，注意口腔开度。

（三）柔和色彩的短句、字词练习

山河美丽　　山明水秀　　花红柳绿　　锦绣山河

练习时对窄元音要宽发，在不影响音色的前提下，声腔的开度要大一些，以增强口腔共鸣成分。

（四）元音的上下滑动练习

注意声音从低音起渐渐升高，然后稍停片刻（或换气）再降低，直到声止气止。

第四节　发声的综合要求

一、练声要求

练声时，全身要放松，身心入静，抓住感觉，这主要是思维的预示和定势活动。在反复的练习后，注意和实际运用联系起来，不能练习是一套，运用又是一套。

切忌耸肩、摆头。在吸气时，以左手触摸胸肋处，以右手指尖放在右肩上，仿佛在闻花的香味，心想到“扩、扩、扩”的含义，将气慢慢用鼻吸入体内，使口腔、胸腔、腹腔的腔体都向左右大幅度展开（气息量达到七八成即可）。与此同时，小腹丹田处的肌肉群有紧缩凝聚的感觉，头部也有气流感。然后将嘴唇微微打开，开度越小越好，慢慢将气呼出，最初延长至 20 秒左右，几天后，可将气吸足，呼一口气延长至 40 秒左右，进而到 1 分钟左右。

呼吸时姿势一定要正确，肩胛骨不能耸动。方法掌握得当和运用自如后，可由快吸慢呼转到快吸快呼（少做，有体会就行）。在呼气时可带“ū”声慢慢呼出，还可带

“ā”声爆发式呼出，向实际运用过渡。

吸、呼带声训练经过一段时期后，可进一步进行音量由小到大的训练。

在生活中，有很多行为方式可以用做练气、练声，如打哈欠，吹纸风车，学老牛的哞哞声，用弹舌模拟摩托车发动等。

练声还要求生理条件合格，长期病态，尤其是咽炎、气管炎以及声带小结、声带充血等，直接影响到共鸣音。

艺术发音需要加稳劲。身体不好，呼吸艰难，稳劲就谈不上。发音标准降到能说出话来就不错了，良好的音质当然难以实现。

二、注重嗓子保护

嗓子保护是指一般保护和功效保护。

（一）一般保护

1. 饮食、起居要有规律。不暴饮暴食，防止辛辣、生冷食物刺激嗓子，不熬夜，保证充足的睡眠。

2. 不大吼大叫，说话时间不要过长。至于多长时间为好，应因人而异，以说话轻松、不费劲为准。

3. 不要在废气排放处和灰尘飞扬处过多讲话，保护声带卫生，防止呛喉、窒喉现象。

4. 在游泳、爬山等体育活动中，防止呛喉。

（二）功效保护

有时有重要讲话或发音时间过长，就需要这种保护。

1. 盐开水漱口；

2. 饮胖大海茶；

3. 饮蜂蜜茶；含服喉片等。

还可以有其他保护方式。总之，要因“事”制宜，酌情采用。

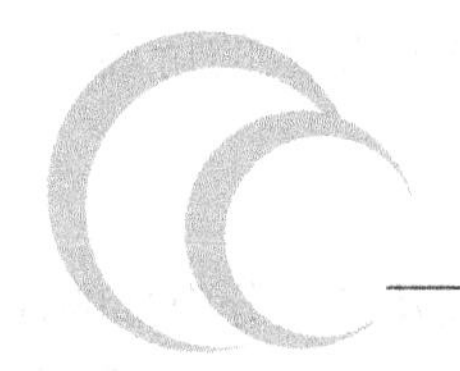

第十六章 说话训练（三）

第一节 停连与重音

一、停连

停连，指的是说话语流中声音的中断和延续。由于受一定呼吸量的限制，说话者不可能将一个长句或几个长句一口气说完，总要进行换气，这就出现了生理停连。说话者要表达一定的态度、感情、信息内容、材料关系，在那区分、转折、递进之处，或感情奔放、含蓄宛转之时，就会出现连中有停、停中有连，这便是心理停连。

从听者方面说，由于耳鼓长久接受连续的刺激，必然产生抑制，需要声音的停连；另一方面对单一重复刺激也很难接受，所以需要声音的适当停连。就听众的年龄特征、文化水平、社会阅历的不同，他们对停连的要求也各不一样。如年纪较大的人，由于听力较差，希望说话者在说话时多用停连；作为儿童，由于阅历浅，所以对说话者也要求多用停连。这都是听的能力对停连的特殊要求。

除说话者的生理停连和心理停连及听话者的能力要求不同的停连外，听说的客观材料也需要停连。在无声阅读客观材料时，它要求思想意识中有停连，以便对篇章有所理解；在有声阅读时，思想意识中的停连便外化为声音。那么，这种外化为声音的停连，便是客观材料对说话者的客观要求。

由于没有停就没有连，所以我们探讨的重点便放在停顿的位置上。有的研究者干脆把“停连”也叫做“停顿”。

停连具有以下类型：

（一）区分性停连

区分性停连有助于区别意思和表达感情色彩。

如：“中国队打败了美国队获得了冠军。”在“了”后停顿就会产生歧义，应在“美国队”后停顿，以区别语义。

又如：“冬天过去了，微风悄悄地送来了春天。”在“冬天”、“微风”后稍停，有助于鲜明地表达情感。

（二）呼应性停连

在说话中主句动词和它所带的宾语的关系，从语法上讲叫动宾搭配关系，从表达方式上来说是一种呼应关系。“呼”与“应”在语流中需要停连，即呼应性停连。停连时间要适中，太短无从区分，太长则呼应中断。

如：“现在，我向大家介绍唐代大诗人杜甫揭露统治阶级横征暴敛的诗篇。”这是一个兼语式单句，“介绍”作为呼词，在其后稍停。

（三）并列性停连

它是指说话内容具有同等关系、同等样式的词语之间的停顿及各成分内部的连接。

如：“过去我们没有被困难吓倒，现在我们也不会在困难面前畏缩不前。”在“过去”、“现在”后稍停。

（四）强调性停连

为了强调句子中的词或词组，一般在强调的内容前所作的停顿叫强调性停连。

如：“三峡大坝合龙啦！”在“大坝”后稍停，强调“合龙”。

（五）判断性停连

为了表现思索、判断的意味，就要在需要思索、判断的词句上运用判断性停连。

如：“黄山是中国的名山。”在“黄山”后稍做停顿。

（六）转换性停连

在语句之间或语句之内，有时险峻奇峰之后会出现一马平川，或惊涛骇浪之后碧水清清，或痛不欲生之后大喜过望……这些语意、文势、情感的转折性变化，就需要运用转换性停连。

如：“满以为可以看到辉煌的日出，却淅淅沥沥下起雨来。”在“日出”后延长停顿（比标点停顿稍长），表示希望的心情转为失望。

（七）生理性停连

这种停连由于生理变化而产生，如人物口吃、受惊吓后口舌不灵以及病重气短等，都可引起生理性停连。

如：“快离开我，咱们两个不能都牺牲！……要……要记住革命！”在“记住”之后稍停，因气力难支而作生理停连。

（八）回味性停连

说话时，在那些需要展开想象和深入回味的词句后面进行必要的停顿，属回味性停连。

如：“然后他呆在那儿，头靠着墙壁，话也不说，只向我们做了一个手势：‘散学了，——你们走吧。’”在“散学了”之后，有一个较长的回味性停顿，其中的破折号作了明确的提示。

回味性停连不能太多地应用，往往根据感情的发展稍加点缀，要善于挖掘作品中关节处使用回味性停连。作为说话的稿件在很多情况下是不用标点提示的。

运用停连要注意以下事项：

为了把一句话讲清楚，必须注意这句话的若干个字的组合即音组。一般地说，句子越长，组合就越多，要注意音组之间的联系。

必须根据说话内容和具体语句安排停连，并以思想感情加运动状态为前提，要有依据处理停连。

从“说”与“听”的双方需要考虑停连。“说”是主要方面，但不能忽视“听”的重要地位，否则就很难产生良好效果。

只要有音组就会有停连问题，不管是停后缓连还是停后紧连，都必须注意与重音、语气一起共同完成所表达的内容。

二、重音

重音是指在说话时强调或突出某些词或词组而产生的语音效果。说话的内容由众多的词与词组连成一体，为了达到表达某种思想感情及某种具体的语言目的，就需要一定的强调或突出，即进行重音处理。

根据说话内容的前后联系和一定的语句目的，根据遣词造句的具体情况，可将重音作以下分类：

（一）并列性重音

说话内容中的词与词组之间，往往会出现并列关系，那些主要的并列成分便形成并列性重音。

如：“如果没有太阳，地球上将到处是黑暗，到处是寒冷，没有风、雪、雨、露，没有草、木、鸟、兽，自然也不会有人。”

以上带点的字或词都属并列性重音。“黑暗”与“寒冷”两个词并列，分别各作一处重音处理。“风、雪、雨、露”与“草、木、鸟、兽”不仅前四个词与后四个词并列，出现并列性停顿，而且前后四个词之间又相互并列，出现了八处并列性重音。

（二）对比性重音

运用对比突出语言目的，或加强印象，或深化感情，或渲染气氛，或显露曲折。要区别对比的内涵，确定对比性重音。

如：“骆驼很高，羊很矮。骆驼说：‘长得高多好啊！’羊说：‘不对，长得矮才好呢。’”

前边的叙述句直说表现，有对比性重音，但不够强，后边的句子中各隐含目的，不仅有对比重音，还要强化。

（三）呼应性重音

说话时，上文有呼，下文有应，呼应之中，主次分明。

如：“怎么样才能不忧呢？为什么仁者便会不忧呢？想明白这个道理，先要知道中国先哲的人生观是怎么样的。”

“怎么样”与“为什么”作前呼，“先要知道”为后应。

（四）递进性重音

说话中句子的关系步步递进，为突出这种关系，便有递进性重音。

如：“我是一颗小小的豆瓣。我跟同伴们离开了豆芽筐子，先来到一口锅里，又来到一个盘子里，接着我被一双筷子夹起来，送进一个小孩子的嘴里。”

豆瓣经历了一个从“锅”到“盘”到“嘴”的过程，通过重音处理，展示这种递进关系。

(五) 转折性重音

转折性是指语言链条发展中的多向性、曲折性表现。往往通过重音处理，突出这种变化。

如：“孔雀很美丽可是很骄傲。”

(六) 强调性重音

为了区别程度，对那些极有强调色彩的词或词组要给以突出，这便是强调性重音。

如：“她守护的那群骆驼，一头也没有丢失。”

(七) 拟声性重音

拟声是指对声音的模拟，有些声音由于要求近似或要求传神，说话时往往出现拟声性重音。

如：“雨，哗哗地下着。”

(八) 肯定性重音

说话时常用“是”、“有”、“不是”、“没有”等词表示对人、事、物等肯定的判断。这便出现了肯定性重音。

如：“原来他喜欢的不是真龙。”对肯定词“不是”作重音处理。

又如：“这样气魄雄伟的工程，在世界历史上是一个伟大的奇迹。”

这句重音不是肯定词“是”，而是所肯定的内容“伟大”、“奇迹”，“是”仅作系词而不要突出。

重音的表达不能简单地理解为就是“重读”。说话的内容、情味、形式是多样的，其声音形式也应是多样的，如弱中加强、低中见高、快中显慢、实中转虚以及利用停连突出重音等，都是重音处理中常见的方法。

第二节　语速与节奏

一、语速

语速即说话时在一定时间内表达词语的快慢程度，它表现为单位时间内所容纳的字数的多少，若多则语速快，若少则语速慢。

语速视说话的语体、内容、形式以及不同的说话人而有所区别。快与慢是相比较而言的，一般来说每分钟二百字左右为中速。从文体上看，诗歌的语速比散文慢，散文的语速比议论文慢；从内容上看，深思的语速比喜悦的慢，喜悦的语速比激昂的慢；从形式上看，对话的语速比演讲的慢，演讲的语速比辩论的慢；从说话人来看，幼儿的语速比老人慢，老人的语速比青年人慢。只有把握好说话的语速，才能充分表达预想的内容和相应的情感，达到说话的目的。

怎样具体把握语速呢？说话者应该具有“时间感受”。这个时间感受表现在句中词或词组的停连上。就说话内容而言，表现在层次、段落、小层次本身以及它们相互之间的停顿、转换上，并且进一步表现为整体配置上重点语速的回环往复。

作为句子与句子、词组与词组、词与词之间的语速，又主要表现在音节的长短上。如：

我洗得净悲哀的湿手帕，
我洗得白罪恶的黑汗衣，
贪心的油腻和欲火的灰……
你们家里一切的脏东西，
交给我洗，交给我洗。

这一节诗作口头表达时，划成若干音节，第一、二、三、四句都是三音节，第五句是四音节。在第三句，“贪心的油腻”这五个字的速度等于“和”这一个字的速度。可见在标点划定的句子中，词与词之间的停顿和词的拖长会冲破标点的限制而直接影响到语速，所以说决定语速的条件还有一条，那就是由音节而产生的现象——节奏。

二、节奏

在口头表达时，由一定思想感情的波澜起伏所造成的，表达有关内容过程中所显示的，那种抑扬顿挫、轻重缓急的声音形式的回环往复，就是节奏。

在节奏概念上，有“内在节奏”和“外在节奏”之说。“内在节奏”发于心，“外在节奏”形于外。这样的区分是为了明确内外节奏统一与不统一的问题。在口头表达时，有些格律诗将诗人澎湃的情感限定在诗框内，出现作者的内外节奏不统一，同时也带来口头表达者再创造时的内外节奏不统一。在一般情况下，内外节奏是趋向统一的，说话者若出现外在节奏背离内在节奏，就应该说表达不当，其原因或是领略不深，或是口舌不灵等。

从一个句子的音节划分上看不出节奏，可以看出的只是通过停连将句子划分成的若干音节。将多句的若干音节进行综合表现，形成回环往复之势，节奏便出来了。

（一）轻快型节奏

音节少而词的密度大，多扬少抑，轻快而不凝重。

如：读《荷花淀》、《春天来了》等；《综艺大观》中倪萍的语言节奏；恭贺祝愿场合中对主持人的即兴口才要求。

（二）凝重型节奏

语势较平稳，音强而着力，多抑少扬，音节多而词疏。

如：读《最后一课》、《岳阳楼记》等；《人与自然》中赵忠祥的语言节奏；追怀往事的即兴讲话。

（三）低沉型节奏

语势多为低潮类，句尾落点多显沉重，音节多而长，有较强的沉缓感。

如：读《卖火柴的小女孩》、《一月的哀思》等；广播电台、电视台关于“讣告”的播讲；追悼会主持人的即兴口才要求。

（四）高亢型节奏

语势多为起潮类，峰峰紧连，扬而更扬，基本语气趋于高昂。

如：读《白杨礼赞》、《海燕》等；体育节目中宋世雄解说的节奏；队式辩论语言的节奏。

（五）紧张型节奏

这种节奏多扬少抑，多重少轻，音节少而词的密度大，音短而气促。

如：读《武松打虎》、《董存瑞炸碉堡》等；绕口令练习和评书演说者对某些惊险、激烈的段子所作的节奏处理。

以上所举类型，并非囊括语言现象中的所有节奏类型。事实上口头表达的节奏是错综复杂的，往往表现出综合性节奏的特点。

第三节 音调与体态

一、音调

音调指口头表达时声调的高低变化。说话时要求能根据表情达意的需要掌握高低升降、抑扬顿挫的变化；听话时要求能对发话人的音调、语气作出灵敏的反应。

（一）字调

字调就是物理上所谓音高，字调的高低升降就是音调的高低升降，这种性质是由发音时声带的松紧决定的。发音时声带松字调就低，声带紧字调就高，声带先松后紧字调就由低升高，声带先紧后松字调就由高降低。为了说明字调的性质，可以把音分成“低”、“半低”、“中”、“半高”、“高”五点。普通话以北京语音为标准音，普通话的阴平从头到尾都是高的，不升不降，可以叫做高横调。普通话的阳平从中到升高，可以叫做高升调。

普通话的上声从半低降到低，再升到半高，可以叫做降升调。普通话的去声从高降到低，可以叫做全降调。用图形表示如下：

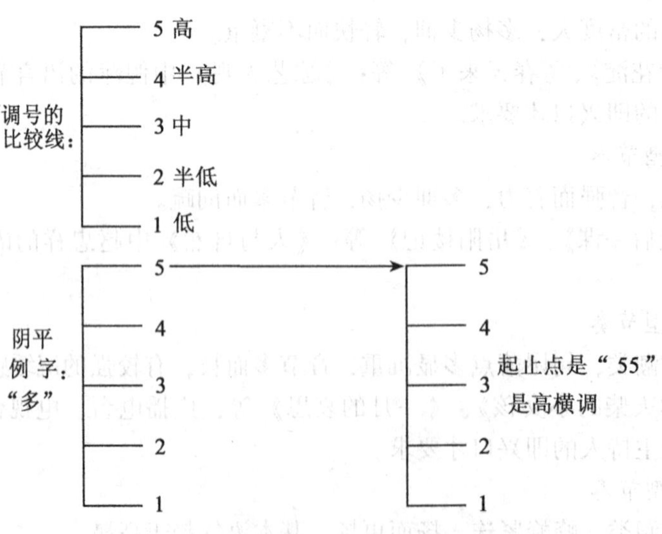

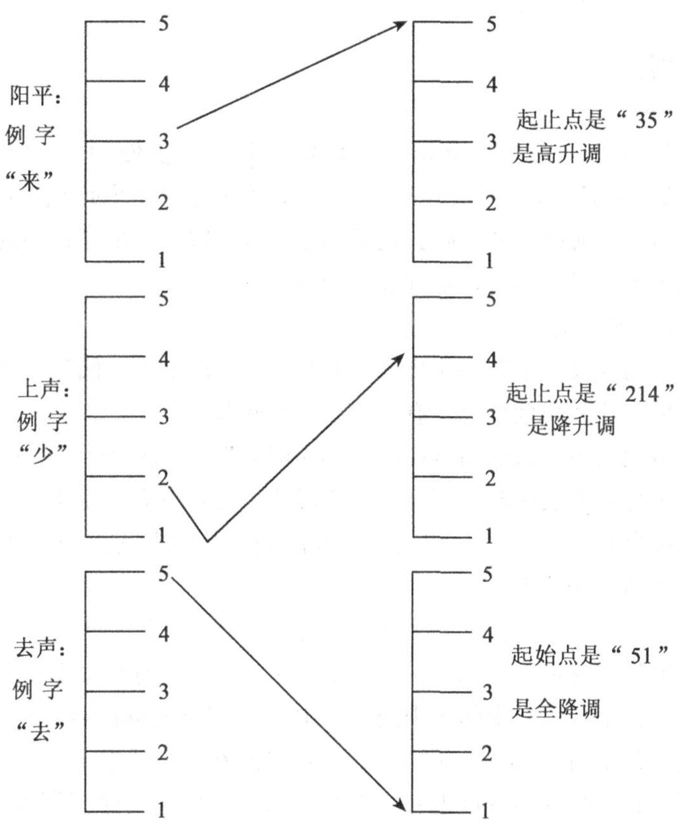

字调的高低是比较固定的。

（二）句调

句调就是每个句子声调的高低变化。句调的基础是字调，但又自有一定的规律。一般地说，在陈述句中，句调依字调而定，每一个字的调构成一句的调。在疑问句中，结尾的词如果是语助词，其前面的一个字调要有所变化。

如：“他明天还去↗吗？”

这个“去”字的字调是全降调。起止点是“51”，但为表示疑问，“去”字的实际发音成为“全降→降升”调，起止点由“51”到“512”、“513”、“514”或“515”，决定因素靠心中所要表达的意思而定。假定取调为“515”，则所表达的疑问语气显得更强。

若疑问词前的字是“阴平”类，则延长发音，是“阳平”类则加重原字调，是“上声”类则加重原字调或升高一挡，发成“215”。

在有的疑问句中不用语助词，仅靠最后一个字作变化处理来表示疑问，要求和上面所讲类同。在疑问句中，结尾的语助词一般轻读，不作升降处理。请看以下句子：

如：①“他为什么不来↗呀？”②“他为什么不来呀↗？”

在①中为正常升调处理，在②中则不符合普通话语助词轻读的要求。轻读在比较线下为“0”，则不能读成“05”，②中“呀”的发音实际上是将“语助词”发成

“叹词”了。

再请看下一例：

“大家快来呀——↘!”

这句是“呀”音的延长，这个句子不是疑问句，是祈使句。“呀”作为叹词，“呀”音实际发成“551”，即“高横→全降”。这种呼喊类的祈使句由于吸足气后的强起，必然有一个由于气流渐弱的弱收，构成句尾声调下降。一般祈使句的语调则与陈述句相同，以字调为准，只是通过特定词表示祈使。

（三）音高与相对音高

音高本指音量的高度。字调中所指的“高”、“半高”、“半低”、“低”，指的是一个字发音时的高低定位和高低变化，有一个音高的问题。

音高还指音量的大小。人们通常说的“高声喊叫”、“低声耳语”，都是就音量大小而言的。人们在进行口头表达时，不同的表达形式，其音量大小变化幅度也不同，依交谈式→播讲式→播报式→宣读式→朗诵式幅度渐增，其间平均声级差在40分贝左右，总音域的绝对值在20~90分贝。

相对音高是指每个字调的最低到最高整个音域的相对高低，正如一首歌曲有最低音和最高音一样，但如果规定“1=C”时，那么“1”音的相对高度即为“C”调，即小字一组的第一个音，钢琴键盘上的正中间——中央“C”的实际音高。不管这首歌曲中的最高音有多高，最低音有多低，它的“1”音只能在“C”这个相对高度上。那么，这首歌中的最低音到最高音的音域也有一个相对高度。把这个原理用到口头表达中来，我们借一个“多”字为例，“多”字为阴平，在调号比较线上的实际值为“55”，为了叙述方便，一般说调值“5”。将“多”字的发音延长，再弹响钢琴键中央“C”音，使“多”字与“C”音同高度，那么“多”字的相对音高便可等于“C”。如果要说出“多少事，从来急”这几个字，就按照“多”字的相对音高说出来。若还不足以表达情感，可将“多”字提高几度，比如提到“多”的实际音高和“F”音相同高度，再说“多少事，从来急”这几个字，那么，这句话的相对高度因“多”字的相对高度提高而提高了。要注意的是，确定说话的相对高度最好用一个“阴平”字起音，因为是从“5”到“5”，它可以延长，使起音准确。

由于男性、女性发音条件不一样，男性最高音比女性最高音的相对高度低得多，所以让人听起来男性音粗，女性音尖。此外，大人和小孩、病弱者与健康者的相对音高，都有很大区别。总之，字调、句调的音高是相对音高，是一个音色的问题；声音的大小是音的高低，是一个音量的问题。它们都是音调问题。音调的高低、升降和曲直的变化，可以反映表达者的情感，展示内容的逻辑性。

二、体态

在口头表达中，人们往往借助体态，共同表达某种语义，从而形成特有的体态语。

由于动作首先是调节体态平衡的一种需要，不使用动作讲话的人是没有的。动作的另一意义是使听者掌握说话者的意思，领会某种感情，明确所表达的要旨。良好的体态，首先给人一个精神饱满的印象；弯腰驼背的模样，不仅给人一种颓丧感，而且对发声也极为不利。西方提倡所谓“领袖姿势”，其实是把头抬得高些，背挺得直些。采用这种体态，不但充满活力，而且显示出一种自信和坚定，使你的话语带有一种权威感。当然，也有人出于策略的需要，故意装出颓丧不振的样子，以尽量打消对方听话的兴趣，在某种情况下这也是一种技巧。

（一）在体态语中，最多的是手势语

首先，手势的使用要适度，它只是加强说话感染力的一种辅助动作，决不能代替说话。把手静放不动不是笨拙的事情。有人统计过，说话时百分之七十是无须“动手动脚”的。

乱动手有两种表现，一种是纯粹下意识的举动。如搔首弄姿、拉耳掰手，或甩甩铅笔、乱翻讲稿之类，无非是掩饰内心的不安，排遣因讲话的平淡而引起的乏味。另一种是有意识地加强语气而特意采取的手势动作，或刀劈似的刚猛，或祈祷式的虔诚，两手不停地抓、戳、摆、挥，使听者眼花缭乱，心神不宁。

使用手势并无一定规程，只能从内心寻找依据。各人的性格修养不一样，所要表达的感情不一样，手势也不一样。手势语也有一些基本原则。当感情强烈时，语速快，动作要加快，才显得节奏协调；当音调提高时，手势不但要强有力，幅度也相对加大，反之，手势要稳重、含蓄。有意识的手势一般有：说明手势，如伸出一指表示“一”；情感手势，如伸手一挥表示向往；优雅手势，如双手的动作给人以美感。这几种手势有时也综合使用。忌讳的是指、掌、拳朝对方直伸过去。

手势因人而异，有着不同风格，每个人都应该具有自己独特的风格。

（二）在体态语中，最微妙的是眼神语

常言道：“眼睛是心灵的窗户。”人们所思所想，往往通过眼睛表示出来。眼神语通常有以下几类：

1. 注视。说话者注视对方，间或转移视线。这种注视表现为有时凝视，有时扫视，有时环视；或表达深情，或照应每个听众，或观察现场。这种眼神有利于信息反馈，有利于控制现场，但需要有实践经验，有临场不乱的驾驭语言的能力，否则，很难从容不迫地侃侃而谈。

2. 虚视。这种眼神看似注意了对方，但实际效果是不和听众视线碰撞，通过环视、扫视体现出在大庭广众之中的冷静。这种眼神的好处是可以冷静地组织语言，可以按自己的腹稿顺序讲下去，其不足是忽略听众的信息反馈，不能和听众进行深层的沟通，有时显得像在背讲稿。

3. 闪视。这种眼神表现为忽而看听众，忽而看讲稿；忽而抬头望远方眼皮眨巴眨巴，忽而低头望讲台眼睛忽闪忽闪，仿佛激情难抑，又像惊惶不定。这种表现源于信心不足、经验较少、情绪不定、内容杂乱，给人一种稳不住的感觉。

从眼神的形式上作以上分类，并不能很清楚地说明眼神语，因为同样是注视，就可能有深情、崇敬、谢意、怀疑、愤怒、迷惑等内容，这就要求我们从实际语言环境中去分析把握了。

（三）在体态语中，最复杂的是笑语

笑是人类有意识、有理智的一种信号。它通过面部表情或声音传递信息，是人们内心情感的外部显示。

笑在交际中发挥着很大的作用，这主要表现为：

（1）笑能缓解僵局，消除尴尬，营造交际氛围；

（2）笑表示委婉的拒绝；

（3）笑表示赞许、肯定和承认；

（4）笑表示讽刺、愤怒；

（5）笑展示自己的风度、气质。

笑在交际中的作用，还取决于笑本身的丰富性。同一形式的笑，负载的可以是正面信息，也可以是负面信息。如“哈哈大笑”可能表示“高兴、欢乐”之义，也可能表示一种极大的愤慨之情。正是由于这样，在运用笑时一定要慎重考虑；在领会笑时，也要准确地把握。

笑可以分为礼仪笑、修养笑、情感笑。

所谓礼仪笑，是为了表示一定的礼节而露出的笑，作为交际场合中见面的招呼语的补充，也可作为登台演讲亮相时的致意语的补充，更多表现为迎送之时。

所谓修养笑，是因人的知识教养而产生的一种宽广襟怀的外现。由于心地平和、处世乐观、修身有道、为人豁达，所以面容总有一丝笑意，给人一种和蔼可亲的感觉。这种笑可以贯穿在整个说话过程中。

所谓情感笑，是由于说话人说到兴奋处而显露出的笑，有时会是情不自禁的笑。作为听众，有时掀起的一阵阵的哄堂大笑也属这类。这类笑语往往可活跃气氛，增强演讲效果。

总之，体态语的表现是多样的、丰富的，从发型、服饰到一举一动都有丰富的语义，这就需要交际双方正确使用和把握，增加传播效果。

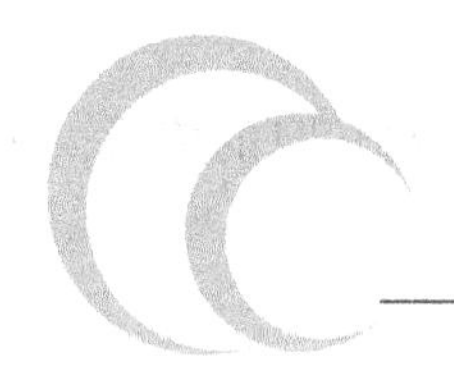

第十七章　说话训练（四）

第一节　说话的特点及过程

说话是有声语言，又称口头表达。作为人类重要的交际工具，说话产生在先，文字记载在后。说话是通过口说耳听进行交际的，与文字表达方式相比，它有这样一些特点：

一、边想边说

说话是边想边说的，哪怕有材料在手，也还有一个将文字变成有声语言的转换过程，包括音调、停连等，这也是边想边说的。文字表达则可以反复思考，反复琢磨，想好了再写，写好了再修改。说话受着时间、环境的严格限制，在与具体听众对象的现场交流中，不断产生刺激、反刺激，不断产生新的想法、新的话题。为此要不断调整思路，组织语言，在一种高度集中、快捷的思维过程中，即兴而谈，边想边说。

二、语音的稍纵即逝

文字记载是逐字表述的，落笔之后，还可进行修改。说话则是从思维链到词语链，一张嘴就是一串语词，语音一晃而过，说出来的话就收不回来。因此，它要求慎思、敏思、稳说。

三、声音和态势语有特殊功效

口头表达超越死板的文字符号，运用丰富多变的语音、语调、节奏和态势等特有手段来表情达意。这些手段的运用有时可和文字符号的意思大相径庭，构成了它的特殊功效。因此，声音和态势语的准确、适当是口头表达的特定要求。

四、语境、类语言、物件语各有重要性

语境即语言环境，说话离不开一定的语言环境，只有在一定的语言环境里，所说的意思才能明确。文字表达往往需要通过上下文理解语义，口头表达有时也需要通过上下句明确语义，但由于声音的稍纵即逝，对上下句依赖并不强，主要靠一定的语境起作

用。更有的说话本来就只有一两句，无从依赖，所以在一定的语境中说话、听话以及分析话的内容是不能忽略的问题。

类语言又称副语言，它和语言符号的传播一样，均能表达某种意思。如：喘息、叹气、习惯性的“啊、嘿、嗯”，以及哭声、泣声、嚎声、狂笑声，等等。类语言的使用在有的口头表达形式中相当重要。

物件语主要指服饰、器具、背景布置等。物件语本身就是一种信息的传播，在进行口头表达时往往需要借助物件语，共同传播某种信息。

五、语言的灵活多变性

口头表达由于速度快，环境要求提供的信息量大，听众又常常近在眼前，多采用短句、省略句，结构灵活，词语通俗生动，停顿、变调、易位、转题等经常出现。

整个口头语言的表达过程，有一个作为基础和前提的内部语言阶段，表现为“想”，然后是将其转化为外部语言的阶段，表现为“说”；说出来后，根据听者的反馈，发现问题，对自己的语音、语调、节奏、内容进行调节。在这个表达过程中，要具备运用语言表情达意的能力，具备同听者交流、及时调整自己语言的能力。

第二节　说话的心理训练

一、注意的训练

注意是人对客观事物的一种定向反映，是一切认识过程的基础和开端。

（一）注意的稳定性训练

注意的稳定性也是一种持久性，是指在一定事物上注意所能持续的时间。

注意的第一步是对对象专注，如作为一个听话者对一个说话者而言，是否能注意到对方所说的内容，注意到对方的其他辅助语言。

注意的第二步是排除客观事物的干扰，如鸟叫声、音乐声是否影响注意的集中。

注意的第三步是排除主观因素的影响，如心中有事搁不下，身体某部位不适而按摩，等等。

（二）注意的分配训练

注意的分配训练是指注意的兼顾性，既注意到一个对象，又注意到另一个对象。兼顾不等于专注，专注只是表现在某一时段，因为不可能永远专注。专注之后，有一个注意转移的问题，有一个对新的对象专注的问题。作为兼顾性的提出刚好和专注相悖，即在注意某一对象的同时，又要注意其他对象，即通常所说的“眼观六路，耳听八方”。

日常交际的对象是复杂的，多面对话时尤其需要注意的分配，要善于“一心二用”。

二、知觉的训练

知觉是人们对作用于感觉器官的客观事物的各种属性、各个部分的整体反应。其特点是整体性、选择性和理解性。

知觉的对象由不同部分构成，是一个既有多种属性又有整体性的事物。加强整体性训练，有助于提高我们透过个别现象抓住事物的本质和规律的能力，提高我们归类合并、浓缩提炼、整理加工语言的能力。

知觉的选择性训练，要求我们注重在丰富的材料中剔其杂质，取其精华，选择最需要的东西，为口语表达服务。

理解性是知觉的核心。只有在理解的基础上才能整体、深刻地把握事物，并高效、精当地作出选择。提高理解力的重点在于训练分析、判断、鉴赏、品味的能力。通过鉴赏名家名作，互相探讨等方法，循序渐进地提高。

三、记忆的训练

口头表达需要在记忆中搜索材料。只有在平时学习、实践中注意积累材料，丰富"库藏"，说话时才能左右逢源，得心应"口"。

记忆的基本条件是理解，只有理解了的东西才能记得快、记得牢。对于要记忆的材料，首先要找出材料本身的内在联系，再找出新材料与自己已有知识之间的联系，懂得了这些意义，就能比较容易地记住这些材料。

需要记忆的材料内容是多种多样的，记忆的要求和方法也可以是多种多样的。可以记一篇文章的基本思想、观点、内容，也可以记住一篇文章的段落大意，记住文章结构的逻辑关系。可以记住格言、警句，记住写作背景，记住作者有关情况；可以全文背下来，也可以对某些数字、人名、地名等重点记忆。记忆的基本方法是理解记忆、形象记忆、机械记忆等。这些方法又常综合使用。

四、思维的训练

思维训练重在提高自身的能力。这种能力包括分析能力、综合能力、比较能力、抽象能力、概括能力诸方面。这些能力是"内语言"形成的条件，是良好的"外语言"的前提。

思维的基本方法是逻辑的方法和唯物辩证法。在进行事物的分析、比较、综合、抽象、概括时，都离不开这两种方法。因此，掌握这两种方法尤为重要，它是实现高层次口才的必要条件。

思维的高要求表现在深度、广度、独创性和灵活性方面。训练的方法一般有：

1. 追踪法。先提出一个或几个问题，从中抓住疑点，再以此为目标追踪思维，直到弄清情况。

2. 类比法。从已知的问题中找出基本点，去联想、发现与此类似的问题。

3. 辐射法。以一个问题为中心，从不同角度进行研究，以寻求最佳方案。

4. 归谬法。从已有结论的东西，按其作出结论的思维方式、过程，重复一次推论，并在重复中进行检查，思索其中有无谬误之处。

5. 反思法。从问题相反方面考虑，从而找准原因，提出建议。

以上诸方面心理素质的培养，构成口语表达训练的主要内容。只有打好坚实的基础，口语表达能力才能系统、稳步地提高。

第三节 说话的表达方式训练

说话的表达方式训练方法多样，因人而异，主要是弄清各种方式的特点，并逐步有序地进行训练。

一、自说自听

自说自听就是自己对自己说话。这种方法其实每个人在特殊心态下都有，即“自言自语”。

现在是有意识地使用这种方法加强训练。具体步骤如下：

（一）自备材料

找一篇可供讲述的文章，或记下他人一段完整的讲话，或自己写一篇短文作为说话内容。

材料准备要有一定的目标性。目标拟定可以分项进行：

1. 叙述性材料；
2. 议论性材料；
3. 抒情性材料；
4. 其他材料。

（二）按材料自说

找一个便于独处的地方，或田野山林，或湖畔海滨，或斗室镜前，把准备好的内容自讲数遍。讲时可以把山水草木、风云雨雪、桌椅床柜等假定为听众。讲时要“假戏真做”，每天练习要按自己的情况进行，拟定一个进度表，总结每天的训练效果，并作巩固效果的反复循环安排。分项内容如下：

1. 音准、音速、音强、音节、音调；
2. 手势语、眼神语、笑语及其他体态语；
3. 诗歌、散文、记叙文、议论文等多种文体；
4. 综合分项，如各种散文与音速配合等。

（三）创意自说

这种方法不需准备完整的说话材料，可根据一件事物进行即兴自说。

1. 依纲自说。列出纲要进行叙说，边说边录音。说完之后，听听录音，然后进行综合评价，找出不妥之处。

2. 依事物自说。将拟定为说的事物决定后，默想几分钟，打个腹稿，然后开始叙说。开始力求丰富一些，渐次要求简洁、生动等。

二、人说己听

这个阶段要求注意听人说话，辨其优劣，取其所长，避其所短。

听时要求准确、全面，尽管对方语速有快有慢，语言南腔北调，内容有繁有简，但都要求听得明确、理解正确。

听完之后，最好将听到的内容自己再复述一遍，测试一下速听能力以及自己的复述能力。这种方法特别有利于传达某种耳听之后获取的信息，尽量要求不走样，不添枝加叶。

三、己说人听

这个方法是检测自己的综合能力，听取别人意见的方法。要求有一定的准备后，分项进行。每次检测内容不同，评价也相应不同。最初听的人不要多，一人也行。听的人要有一定的语言修养，观点尽量要求正确，以免误导。

己说人听的最高要求是即兴说话，将人、事、物、景等表达对象的特征及形态，用形象的语言描绘给人听，使其具有直观性、具体性、形象性等特征。

即兴说话有一个快速“看→想→说”的过程。先要“看”得好，才能“说”得好。“看”即观察，观察是描述的基础和起点。描述的目的和要求不同，观察的方法可以十分灵活。观察，无论是上下左右、远近表里，还是由人到物、由物到人，由整体到局部、由局部到整体观察，都要求做到用心。“想”的过程往往是伴随观察的。理解观察对象，展开丰富联想，获得形象、情绪感受，迅速组织内部言语和词语序列。

“说”的过程依观察和想象来定，要求真实贴切，生动形象，不任意渲染夸张，不违背生活真实，抓住事物的特征、形态和人物的心理、性格，说得具体、鲜明，说得活灵活现，有声有色。

总之，己说人听的基本要求是：事实准确，叙述清楚，观点鲜明，逻辑严密。

四、问答训练

口头问答是两个人或更多的人之间运用问和答的形式进行的语言表达形式。学习问答艺术、掌握问答技巧，应成为口语训练中的重要内容。

（一）问话

问话要研究对象，有的放矢。

研究对象即是要熟悉对象的身份、经历、特长、性格、需求等。有的放矢即在熟悉对象的基础上，考虑到对象的具体情况，有针对性地提出问题。

问话要待人以诚，平等相交。问话不仅要使人“懂”，还要使人“动”，应该在一种友好和谐的氛围中真诚交流。

问话要选择最佳角度，采取最佳方式。有人说，发问要考虑对方应答的心理。使人乐答者为上乘，使人必答者为中乘，使人迫答者为下乘。

在不同的时间、场合，针对不同身份、职业、年龄、性格的人，可采用不同方式提问，或直言不讳，开门见山；或委婉含蓄，留有余地；或侧面迂回，重点突破等。提问的角度正确，方法得当，就能使双方配合默契，问答自如。

（二）答话

答话要求听清了再答。要弄清提问的意图，听清为什么问，问的什么，怎样问的，特别是有的问题是试探性的或反意的，一定要判别清楚，否则，就难以扣准题目回答了。

答话要看准了再答。要因人因地根据不同场合和对象采用不同方式和口气作答。对于文化程度偏低的人，要尽量答得通俗易懂；对于学龄前儿童，还要语速放慢，声音放大，答得简单、明白……

答话方式有简单回答、详细回答，直接回答、间接回答，多问少答、少问多答，问而不答、巧问妙答，等等。

问答训练一般都有条件，在日常生活中，多一分训练意识，不断总结，勤于思考，就可以不断提高。这种方式不仅直接提高问答水平，也有助于其他方面口头表达能力的提高。

第十八章 演讲名篇撮录

一、临死前的演说

苏格拉底

苏格拉底（前469~前399年），古希腊哲学家，雅典人。其父是雕刻匠，早年随父学艺，后从事哲学研究和教学。他认为哲学的目的是认识自己，研究自己和心灵，教导人们的生活。他无著作传世，其言行均辑于弟子柏拉图的《苏格拉底言行回忆录》。

公元前399年，苏格拉底以“渎神违教”之罪被控处死。

这是苏格拉底临终前的演讲，系柏拉图所记。

亲爱的雅典同胞们！所剩的时间不多了，你们就要指责那些使雅典城蒙上污名的人，因为他们把那位智者苏格拉底处死；而那些使你们也蒙上污名的人坚称我是位智者，其实并不是。如果你们再等一段时间，自然也会看见终结一生的事情，因为我的年纪也不小了，接近死亡的日子实在也不远了。但是我并不是要对你们说话，而是要对那些欲置我于死地的人说话。同胞们：或许你们会以为我被定罪是因为我喜好争辩，其实如果说我好辩的话，那么只要我认为对的话我或许还可以借此说服你们，并替自己辩护，尚可免处死刑；其实我并不是因好辩被判罪，而是被控竟敢胆大妄为向你们宣传异端邪说，然而那些话只不过像平常别人告诉你们的话一样而已。

但是我不以为，为了避免危险起见，就应该去做不值得一个自由人去做的事，也不懊悔我用现在这样的方式替自己辩护。我宁可选择死亡，也不愿因辩护得生存。因为不管是我还是任何其他的人，在审判中或打仗时，利用各种可能的方法来逃避死亡，都是不对的。在战时，一个人如想逃避死亡，他可以放下武器，屈服在敌人的怜悯之下；而且，尚有许多逃避死亡之策，假如他敢做、敢说的话。

但是，雅典的同胞啊！逃避死亡并不难，要避免堕落才是难的，因它跑得比死要快。我，因为上了年纪，动作较慢，所以就被死亡赶上了；而控告我的人，他们都年轻力壮，富有活力，却被跑得较快的邪恶、腐败追上了。现在，我因被他们判处死刑而要离开这个世界；但他们却背叛了真理，犯了邪恶不公之罪。既然我接受处置，他们也应该接受判刑，这是理所当然之事。

下一步，我要向你们预言到底是谁判我的罪，及你们未来的命运如何：因为人在将死之际，通常就成了先知，此时我正处于这种情况。同胞们！我告诉你们，是谁置我于死地的吧！而在我死后不久，天神宙斯将处罚你们，比你们加害在我身上的更加残酷，虽然你们以为对自己的所作所为不需负责，但我敢保证事实正相反。控告你们的人会更多，而我此时在限制他们，虽然你们看不见；并且他们会更加的凶猛，由于他们较年轻，而你们也将更愤怒。如果你们认为把别人处死，就可以避免人们谴责你们，那你们就大错特错了。这种逃避的方式既不可能也不光荣，而另外一种较光荣且较简单的方法，即是不去抑制别人，而是注意自己，使自己趋向最完善。对那些判我死刑的人，我预言了这么多，我就此告辞了。

但对于那些赞成我无罪的人，我愿意趁此时法官正忙着，我还没有赴刑场之际，跟你们谈谈到底发生了什么事。在我死前陪着我吧！同胞们！我们就要道声再见了！此时没有任何事情能阻碍我们之间的交谈，我们被允许谈话，我要把你当成朋友，让你们晓得刚刚发生在我身上的事是怎么一回事。公正的判官们！一件奇怪的事发生在我身上，因为在平常，只要我将做错事，即使是微小的琐事，我的守护神就会发出他先知的声音来阻止我；但是此时，任何人都看到了发生在我身上之事，每个人都会认为这是极端罪恶的事，而在我早上离家出门时，在我来此赴审判时，在我要对你们做演讲时，我都没有听到神的警告。在其他场合，他常常在我做了什么，或说了什么时，他都会来反对我。那么，这是什么原因呢？我告诉你们：发生在我身上的事，对我来讲反而是一种祝福；我们都把死视为是一种罪恶，那是不正确的，因为神的信号并没有对我发出这样的警告。

再者，我们更可由此归纳出，死是一种祝福，具有很大的希望。因为死可以表示两回事：一者表明死者从此永远消灭，对任何事物不再有任何感觉；二者，正如我们所说的，人的灵魂因死而改变，由一个地方升到另一个地方。如果是前者的话，死者毫无知觉，就像睡觉的人没有做梦，那么死就是一种奇妙的收获。假如有人选择一个夜晚，睡觉睡得很熟而没做什么梦，然后拿这个夜晚与其他的晚上或白天相比较，他一定会说，他一生经过的白日或夜晚没有比这个夜晚过得更好、更愉快的了。我想不只是一个普通人会这样说，即使是国民也会发现这是一种收获；因为，一切的未来只不过像一个无梦的夜晚罢了！

反之，如果死是从这里迁移到另一个地方，这个说法如果正确，那么所有的死人都在那里。判官啊！那又有什么是比这个更伟大的幸福呢？因为假如死者到了阴府，他就可以摆脱掉那些把自己伪装成法官的人，而看到真正的法官在黄泉当裁判，像弥诺斯、剌达曼提斯、埃阿科斯、特里普托勒摩斯，及其他一些半神半人，跟他们活着的时候一样。难道说这种迁移很可悲吗？而且，还可见到像俄狄甫斯、穆赛俄斯、赫西俄德及荷马等人。如果真有这回事，我倒真是希望自己常常死去，对我来讲，寄居在那儿更好，我可以遇见帕金墨得斯、忒拉蒙的儿子埃阿斯，及任何一个被不公平处死的古人。拿我的遭遇与他们相比，将会使我愉快不少。

但最大的快乐还是花时间在那里研究每个人，像我在这里做的一样，去发现到底谁是真智者，谁是伪装的智者。判官们啊！谁会失去大好机会不去研究那个率领大军对抗特洛亚城的人？或是俄底修斯？或是西绪福斯？或是其他成千上万的人？不管是男是女，我们经常会提到的人。跟他们交谈、联系，问他们问题，将是最大的快慰。当然了，那里的法官是不判人死刑的，因为住在那里的人在其他方面是比住在这里的人快乐多了，所以他们是永生不朽的。

因此，你们这些判官们，要尊敬死，才能满怀希望。要仔细想想这个真理，对一个好人来讲，没有什么是罪恶的，不管他是活着还是死了，或是他的事情被神疏忽了。发生在我身上的事并非偶然，对我来讲，现在死了，即是摆脱一切烦恼，对我更有好处。由于神并没有阻止我，我对置我于死地的人不再怀恨了，也不反对控告我的人，虽然他们并不是因这个用意来判我罪、控告我，只是想伤害我，这点他们该受责备。

然而，我要求他们做下面这些事情，如果我的儿子们长大后，置财富或其他事情于美德之外的话，法官们，处罚他们吧！使他们痛苦，就像我使你们痛苦一样。如果他们自以为了不起，其实胸中根本无物时，责备他们，就像我责备你们一样。如果他们没有做应该做的事，同样地责罚他们吧！如果他们这么做，我和儿子们将自你们的手中得到相同的公平待遇。

已到了我们要分开的时刻了——我将死，而你们还要活下去，但也唯有上帝知道我们中谁会走向更好的国度。

二、在安葬恺撒时的演说

安东尼

安东尼（前82~前30年）罗马统帅、演说家。公元前42年秋战胜布鲁图斯后成为罗马统帅。

在公元前44年3月15日恺撒被刺死后，安东尼为代表的恺撒党却大肆攻击布鲁图斯，并斥责他为凶手、叛徒。为了掌握主动权，赢得国民的支持，布鲁图斯在刺死恺撒的当日，在罗马广场上发表演讲。正当他的演讲进行到高潮时，安东尼及其同党抬着恺撒的尸体走入广场。接着便发表了这篇著名的演讲。

我今天来，是安葬恺撒，并不是为他歌功颂德的。我发现，人生在世，犹如“好事入泥沙，坏事传千里”。这句话好像只对恺撒说的，而布鲁图斯无疑是位正人君子。他告诉你们，说恺撒手毒吗？啊！天知地知，恺撒是何等爱布鲁图斯，这一刀，是无情无义的一刀。恺撒看见他都来杀他，“无情”两字所造成的伤痛会比刀伤厉害得多，简直气得心碎胆裂，鲜血长流，扑倒在罗马将军庞培的雕像后面，脸都藏在大袍下面。哎，各位，请想一想，这是怎样一个大冤劫啊！照这样凶残下去，你我不都是在劫难逃吗？你们怎么也哭起来了？我发现你们也是讲天良的人啊，大家都在同洒伤心之泪，你们这些善良的人，才看见恺撒的一件衣裳就如此悲痛，你们还没有看见他的尸体呢，他的尸体在这里，你看，被这些大逆不道的叛徒弄成这个样子了！

(听众这时大哭、大闹、大喊、大叫，都骂布鲁图斯是叛贼，发誓要为恺撒报仇。)

各位朋友，不要忙，不要因为我的话，就把人家气成这样子。杀死恺撒的人都是些正人君子，因为什么私仇隐怨而下此毒手，我实在不得而知。他们既然是些正人君子，老实厚道，那么也一定有他们的道理。朋友们，我来并不是煽动你们的义愤。我不会说话，没有布鲁图斯那种口才。你们谁不知道我是一个拙嘴笨舌的人，只知道爱我的朋友；就是杀死恺撒的人，也深知我是这样，所以他们不肯让我当众演讲。我一无智慧，二无身价，既无口才，也无手段，哪里会鼓动人心？我只是随便说说，自己知道什么就讲什么；之所以指给你们看恺撒的伤口，是想请这些哑巴了的嘴替我说说话。我想布鲁图斯是我的话，恐怕他会在恺撒的伤口上都栽一个舌头，会把罗马的每块顽石都说得跳起来，燃烧起来！

(听众怒不可遏，要立即去烧布鲁图斯的住宅。)

我请你们再听我几句话，你们现在只是要行动，要去干什么？我问你们：恺撒为什么值得你们这样的爱戴呢？哈，哈，你们还是不知道，听我告诉你们，我先前不是说有一个遗书吗？你们怎么忘了？遗书就在这里，遗书上有他的印章，上面写着：凡是罗马的公民，每个人都分给 75 个德拉克玛（钱币）；他的花园树木，也都送给大家永远作为公共游乐场，让他们的子子孙孙共享其乐。哎，像恺撒这样的人，世上哪里还会找出第二个！

三、就职演说

华盛顿

华盛顿（1732~1799 年）美国的开国元勋，第一届总统，连任两届。生于韦斯特摩兰郡一个大种植园主家庭，青少年时没受过系统教育。曾主持制定美利坚合众国宪法。在总统任内建树颇多，为纪念他，美国首都都以他的名字命名。

本文系华盛顿接到任职通知时于 1789 年 4 月 30 日在参、众两院发表的演说。

参议院和众议院的同胞们，本月 14 日收到根据两院指示送达给我的通知。阅悉之余，深感惶恐。我一生饱经忧患，惟过去所经历的任何焦虑均不如今日之甚。一方面，因祖国的召唤，要我再度出山，对祖国的号令，我不能不肃然起敬。然而，退居林下，系我一心向往并已选定的归宿。我曾满怀奢望，也曾下定决心，在退隐之地度过晚年。对此退隐的居所，除喜爱之外，已经习惯；看到自已的健康，因长期操劳，随着时光的流逝而日益衰退之时，对之更感需要和亲切。另一方面，祖国委我以重托，其艰巨与繁冗，即使国内最有才智和最有阅历的人士，亦将自感难以胜任，何况我资质鲁钝，又从未担任过政府行政职务，更感德薄能鲜，难当重任。处于此思想矛盾中，我一直认真致力于正确估量可能影响我执行任务的每一种情况，以肯定我的职责，这是我所敢断言的。我执行任务时，如因往事留有良好的记忆而使我深受其影响，或因我的当选使我深感同胞对我的高度信任，并为此种感情所左右，以致对自己从未担负过的重任过少考虑及自己能力的微薄及缺乏兴趣。我希望我的动机将减轻我的错误，国人在判断错误的后果时，也会适当考虑所以产生此种偏颇的根源。

既然这就是我在响应公众召唤就任现职时所抱有的想法。在此举行就职仪式之际，如不虔诚地祈求上帝的帮助实极欠允当，因为上帝统治着全宇宙，主宰世界各国，神助能弥补凡人的任何缺陷。愿上帝赐福，保佑美国民众的自由与幸福，及为此目的而组成的政府，并保佑他们的政府在行政管理中顺利完成其应尽的职责。在向公众和个人幸福的伟大缔造者谢恩之际，我相信，我所表述之意愿同样是诸位及全国同胞的意愿。美国民众尤应向冥冥之中掌管人间一切的神力感恩和致敬。美国民众在取得独立国家地位的过程中，每前进一步，似乎都有天佑的征象。联邦政府制度的重要改革甫告完成：虽然性质不同的集团为数众多，但均能心平气和，互谅互让，经过讨论，卒抵于成，若非我们惶诚的感恩得到回报，若非过去信心已经呈现出预兆，使我们可以预期将来的赐福，这种方式是无法与大多数国家组建政府时所采取的方式相比的。在目前这一紧急关头，产生这些想法，确系深有所感而不能自抑。我相信你们与我会有同感，即没有任何一个政府像我们这个新的自由政府这样，从一开始就诸事顺利。

根据设立行政机构条款的规定，总统有责“将他认为必要和有益的措施提请你们考虑”。现在和你们会见的这一场合，我无法详细谈论这个问题，我只想提一提我国的伟大宪法，我们就是根据宪法的规定举行这次会议的。宪法为诸位规定了权力范围，也指出了诸位应该注意的目标。在今天这次大会上，我将不向诸位提出某些具体的建议，而是要颂扬被选出来考虑和采纳这部宪法的代表们的才能、正直和爱国热忱。这样才更适合这次会议的气氛，我的感情也驱使我这样做。我从诸位这些高尚品德中，看到了最可靠的保证，一方面是，地方偏见或感情以及党派的分歧，都不能转移我们统观全局和一视同仁的视线。我们的视线是理应照顾各方面的大联合和各方面的利益的。所以，在另一方面，我们国家的政策将建筑在纯正不移的个人道德原则的基础上，这个自由政府将以它能博得公民的热爱与全世界的尊重等特点而显示出它的优越性。

我对祖国的热爱激励我以满怀愉悦的心情展望未来。这是因为，在我国的体制和发展趋势中，出现了又有道德又有幸福、又尽义务又享利益、又有公正又有宽仁的方针政策作为切实准则，又有社会繁荣昌盛作为丰硕成果的不可分割的统一，这已是无可争辩的事实。这也因为，我们已充分认识，上帝决不会将幸福赐给那些把他所规定的秩序和权利的永恒准则弃之如粪土的国家。这还因为，人们已将维护神圣的自由火炬和维护共和政体命运的希望，理所当然地、意义深远地、也许是最后一次地寄托于美国民众所进行的这一实验上。

四、关于知识阶级

鲁迅

鲁迅（1881~1936年），中国现代伟大的文学家、思想家、革命家，中国现代文学的奠基人。姓周，本名樟寿，后取名树人，字豫才。浙江绍兴人。先后在日本学医，后弃医习文，归国后从事教育工作兼进行文学创作。

1918年发表第一篇日记小说《狂人日记》。先后在北京、厦门等处任教，后定居上海，筹备、领导中国左翼作家联盟。著有《鲁迅全集》。病逝于上海。

这是鲁迅于大革命失败后，1927年10月25日在上海作的一次讲演。

我到上海约二十多天，这回来上海并无什么意义，只是跑来跑去偶然到上海就是了。

我没有什么学问和思想可以贡献给诸君。但这次易先生要我来讲几句话，因为我去年亲见易先生在北京和军阀官僚怎样奋斗，而且我也参与其间，所以他要我来，我是不得不来的。

我不会讲演，也想不出什么可讲的，讲演近于做八股，是极难的，要有讲演的天才才好，在我是不会的。终于想不出什么，只能随便一谈；刚才谈起中国情形，说到“知识阶级”四字，我想对于知识阶级发表一点个人的意见，只是我并不是站在引导者的地位，要诸君都相信我的话，我自己走路都走不清楚，如何能引导诸君？

“知识阶级”一辞是爱罗先珂（V. Eroshenko）七八年前讲演“知识阶级及其使命”时提出的，他骂俄国的知识阶级来了；后来便要打倒知识阶级，再利害一点，甚至于要杀知识阶级了。知识就仿佛是罪恶，但是一方面虽有人骂知识阶级；一方面却又有人以此自豪：这种情形是中国所特有的，所谓俄国的知识阶级，其实与中国的不同，俄国当革命以前，社会上还欢迎知识阶级。为什么要欢迎呢？因为他确能替平民抱不平，把平民的苦痛告诉大众。他为什么能把平民的苦痛说出来？因为他与平民接近，或自身就是平民。几年前有一位中国大教授，他很奇怪，为什么有人要描写一个车夫的事情，这就因为大学教授一向住在高大的洋房里，不明白平民的生活。欧洲的著作家往往是平民出身，（欧洲人虽出身穷苦，而也作文章；这因为他们的文字容易写，中国的文字却不容易写了。）所以也同样的感受到平民的苦痛，当然能痛痛快快写出来为平民说话，因此平民以为知识阶级对于自身是有益的；于是赞成他，到处都欢迎他，但是他们既受此荣誉，地位就增高了，而同时却把平民忘记了，变成了一种特别的阶级。那时他们自以为了不得，到阔人家里去宴会，钱也多了，房子东西都要好的，终于与平民远远的离开了。他享受了高贵的生活，就记不起从前一切的贫苦生活了。——所以请诸位不要拍手，拍了手把我的地位一提高，我就要忘记了说话的。他不但不同情于平民或许还要压迫平民，以致变成了平民的敌人；现在贵族阶级不能存在，贵族的知识阶级当然也不能站住了，这是知识阶级缺点之一。

还有知识阶级不可避免的命运，在革命时代是注重实行的，动的；思想还在其次，直白地说：或者倒有害。至少我个人的意见是如此的。唐朝奸臣李林甫有一次看兵操练很勇敢，就有人对着他称赞。他说："兵好是好，可是没有思想。"这话很不差。因为之所以勇敢，就因没有思想，要是有了思想，就会没有勇气了。现在倘叫我去当兵，要我去革命，我一定不去，因为明白了利害是非，就难于实行了。有知识的人，讲讲柏拉图（Plato），讲讲苏格拉底（Socrates），是不会有危险的。讲柏拉图可以讲一年，讲苏格拉底可以讲三年，他很可以安安稳稳地活下去，但要他去干危险的事情，那就很费踟蹰。譬如中国人，凡是作文章，总说"有利然而又有弊"。这最足以代表知识阶级的思想。其实无论什么都是有弊的，就是吃饭也是有弊的，它能滋养我们这方面是有利的；但是一方面使我们消化器官疲乏，那就不好而有弊了。假使做事要面面顾到，那就什么事都不能做了。

还有，知识阶级对于别人的行动，往往以为这样也不好，那样也不好。先前俄国皇帝杀革命党，他们反对皇帝，后来革命党杀皇族，他们也起来反对。问他怎么才好呢？他们没办法。所以在皇帝时代他们吃苦，在革命时代他们也吃苦，这实在是他们本身的缺点。

所以我想，知识阶级能否存在还是个问题。知识和强有力是冲突的，不能并立的；强有力不许人民有自由思想，因为这能使能力分散，在动物界有很明显的例子，猴子的社会是最专制的，猴王说一声走，猴子都走了。在原始时代酋长的命令是不能反对的，无怀疑的，在那时酋长带领着群众并吞衰小的部落；于是部落渐渐的大了，团体也大了，一个人就不能支配了，因为各个人思想发达了。各人的思想不一，民族的思想就不能统一，于是命令不行，团体的力量减小，而渐趋灭亡。在古时野蛮民族常侵略文明很发达的民族，在历史上常见的。现在知识阶级在国内的弊病，正与古时一样。

英国罗素（Rssel）法国罗曼·罗兰（R. Rolland）反对欧战，大家以为他们了不起，其实幸而他们的话没有实行，否则，德国早已打进英国和法国了；因为德国不能同时实行非战，是没有办法的，俄国托尔斯泰（Tolstoi）的无抵抗主义之所以不能实行，也是这个原因。他不主张以恶报恶的，他的意思是皇帝叫我们去当兵，我们不去当兵；叫警察去捉，他不去，叫刽子手去杀，他不去杀，大家都不听皇帝的命令，他也没有兴趣；那末做皇帝也无聊起来，天下也就太平了。然而如果一部分的人偏听皇帝的话，那就不行。我从前也很想做皇帝，后来在北京去看到宫殿的房子都是一个刻板的格式，觉得无聊极了。所以我皇帝也不想做了。做人的趣味在和许多朋友有趣的谈天，热烈的讨论。做了皇帝，口出一声，臣民都下跪，只有不绝声的 Yes，Yes，那有什么趣味？但是还有人做皇帝，因为他和外界隔绝，不知外面还有世界！

总之，思想一自由，能力要减少，民族就站不住，他的自身也站不住了！现在思想自由和生存还有冲突，这是知识阶级本身的缺点。

然而知识将怎么样呢？还是在指挥刀下听令行动，还是在发表倾向民众的思想？要是发表意见，就要想到什么就说什么，真的知识阶级是不顾利的，如想到种种利害，就是假的，冒充的知识阶级；只是假知识阶级的寿命倒比较长一点。像今天发表这个主张，明天发表那个意见的人，思想似乎天天在进步；只是真的知识阶级的进步，决不能如此快的。不过他们对于社会永不会满意的，所感受的永远是痛苦，所看到的永远是缺点，他们预备着将来的牺牲，社会也因为有了他们而热闹，不过他们本身——心身方面总是苦痛的；因为这也是旧式社会传下来的遗物。至于诸君，是与旧的不同，是20世纪初叶青年，如在劳动大学一方面读书，一方面做工，这是新的境遇，或许可以造成新的局面；但是环境是老样子，着着逼人堕落，倘不与这老社会奋斗，还是要回到老路上去的。

譬如从前我在学生时代不吸烟，不吃酒，不打牌，没有一点嗜好；后来当了教员，有人发传单说我抽鸦片。我很气，但并不辩明，为要报复他们，前年我在陕西就真的抽一回鸦片，看他们怎样？此次来上海有人在报纸上说我来开书店；又有人说我每年版税有一万多元。但是我也并不辩明；但曾经自己想，与其负空名，倒不如真的去赚这许多进款。

还有一层，最可怕的情形，就是比较新的思想运动起来时，如与社会无关，作为空谈，那是不要紧的，这也是专制时代所以能容知识阶级存在的原故。因为痛哭流泪与实际是没有关系的，只是思想运动变成实际的社会运动时，那就危险了，往往反为旧势力所扑灭。中国现在也是如此，这现象，革新的人称之为“反动”。我在文艺史上，却找到一个好名辞，就是Renaissance，在意大利文艺复兴的意义，是把古时好的东西复活，将现存的坏的东西压倒，因为那时候思想太专制腐败了，在古时代确实有些比较好的；因此后来得到了社会上的信仰。现在中国顽固派的复古，把孔子礼教都拉出来了，但是他们拉出来的是好的么？如果是不好的，就是反动，倒退，以后恐怕是倒退的时代了。

还有，中国人现在胆子格外小了，这是受了共产党的影响。人一听到俄罗斯，一看见红色，就吓得一跳；一听到新思想，一看到俄国的小说，更其害怕。对于较特别的思想，较新思想尤其丧心发抖，总要仔仔细细的想，这有没有变成共产党思想的可能性?!这样的害怕，一动也不敢动，怎样能够有进步呢？这实在是没有力量的表示，比如我们吃东西，吃就吃，若是左思右想，吃牛肉怕不消化，喝茶时又要怀疑，那就不行了，——老年人才是如此；有力量，有自信力的人是不至于此的。虽是西洋文明罢，我们能吸收时，就是西洋文明也变成我们自己的了。好像吃牛肉一样，决不会吃了牛肉自己也即变成牛肉的。要是如此胆小，那真是衰弱的知识阶级了。不衰弱的知识阶级，尚且对于将来的存在不能确定；而衰弱的知识阶级是必定要灭亡的，从前或许有，将来一定不能存在的。

现在比较安全一点的，还有一条路，是不做时评而做艺术家。要为艺术而艺术，住在“象牙之塔”里，目下自然要比别处平安。就我自己来说罢，——有人说我只会讲自己，这是真的。我先前独自住在厦门大学的一所静寂的大洋房里；到了晚上，我总是孤思默想，想到一切，想到世界怎样，人类怎样，我静静地思想时，自己以为很了不得的样子；但是给蚊子一咬，跳了一跳，把世界人类的大问题全然忘了，离不开的还是我本身。

就我自己说起来，是早就有人劝我不要发议论，不要做杂感，你还是创作去吧！因为做了创作在世界史上有名字，做杂感是没有名字的。其实就是我不做杂感，世界史上，还是没有名字的……

艺术家住在象牙塔中，固然比较安全，但可惜还是安全不到底。秦始皇、汉武帝想成仙，终于没有成功而死了。危险的临头虽然可怕，但别的命运说不定，“人生必死”的命运却无法逃避，所以危险也仿佛用不着害怕似的。但我并不想劝青年得到危险，也不劝他人去做牺牲。说为社会死了名望好，高巍巍的铸起铜像来。自己活着的人没有劝别人去死的权利，假使你自己以为死是好的，那末请你自己先去死吧。诸君中恐怕有钱人不多罢，那末，我们穷人惟一的资本就是生命。以生命来投资，为社会做一点事，总得多赚一点利才好；以生命来做利息小的牺牲，是不值得的。所以我从来不叫人去牺牲，但也不要再爬进象牙之塔和知识阶级里去了，我以为是最稳当的一条路。

至于有一班从外国留学回来，自称知识阶级，以为中国没有他们就要灭亡的，却不在我所论之内，像这样的知识阶级，我还不知道是些什么东西?!

今天的说话很没有伦次，望诸君原谅!

五、论持久战

毛泽东

毛泽东（1893~1976年），中国共产党、中国人民解放军和中华人民共和国的主要缔造者和领导人，是一位杰出的演说家。这里收录了他于1938年在延安抗日战争研究会上所作的著名演讲。

“为什么是持久战”这一个问题，只有依据全部敌我对比的基本因素，才能得出正确的回答。例如单说敌人是帝国主义的强国，我们是半殖民地半封建的弱国，就有陷入亡国论的危险。因为单纯地以弱敌强，无论在理论上，在实际上，都不能产生持久的结果。单是大小或单是进步退步、多助寡助，也是一样。大并小、小并大的事都是常有的。进步的国家或事物，如果力量不强，常有被大而退步的国家或事物所灭亡者。多助寡助是重要因素，但是附随因素，依敌我本身的基本因素如何而定其作用的大小。因此，我们说抗日战争是持久战，是从全部敌我因素的相互关系产生的结论。敌强我弱，我有灭亡的危险。但敌尚有其他缺点，我尚有其他优点。敌之优点可因我之努力而使之削弱，其缺点亦可因我之努力而使之扩大。我方反是，我之优点可因我之努力而加强，缺点则因我之努力而克服。所以我能最后胜利，避免灭亡，敌则将最后失败，而不能避免整个帝国主义制度的崩溃。

既然敌之优点只有一个，余皆缺点，我之缺点只有一个，余皆优点，为什么不能得出平衡结果，反而造成了现时敌之优势我之劣势呢？很明显的，不能这样形式地看问题。事情是现时敌我强弱的程度悬殊太大，敌之缺点一时还没有也不能发展到足以减杀其强的因素之必要的程度，我之优点一时也没有且不能发展到足以补充其弱的因素之必要的程度，所以平衡不能出现，而出现的是不平衡。

敌强我弱，敌是优势而我是劣势，这种情况，虽因我之坚持抗战和坚持统一战线的努力而有所变化，但是还没有产生基本的变化。所以，在战争的一定阶段上，敌能得到一定程度的胜利，我则将遭到一定程度的失败。然而敌我都只限于这一定阶段内一定程度上的胜或败，不能超过而至于全胜或全败，这是什么缘故呢？因为一则敌强我弱之原来状况就是相对的，不是绝对的；二则由于我之坚持抗战和坚持统一战线的努力，更加造成这种相对的形势。拿原来状况来说，敌虽强，但敌之强已为其他不利的因素所减杀，不过此时还没有减杀到足以破坏敌之优势的必要的程度；我虽弱；但我之弱已为其他有利的因素所补充，不过此时还没有补充到足以改变我之劣势的必要的程度。于是形成敌是相对的强，我是相对的弱；敌是相对的优势，我是相对的劣势。双方的强弱优劣原来都不是绝对的，加以战争过程中我之坚持抗战和坚持统一战线的努力，更加变化了敌我原来强弱优劣的形势，因而敌我只限于一定阶段内的一定程度上的胜或败，造成了持久战的局面。

然而情况是继续变化的。战争过程中，只要我能运用正确的军事的和政治的策略，不犯原则的错误，竭尽最善的努力，敌之不利因素和我之有利因素均将随战争之延长而发展，必将继续改变着敌我强弱的原来程度，继续变化着敌我的优劣形势。到了新的一定阶段时，就将发生强弱程度上和优劣形势上的大变化，而达到敌败我胜的结果。

目前敌尚能勉强利用其强的因素，我之抗战尚未给他以基本的削弱。其人力、物力不足的因素尚不足以阻止其进攻，反之，尚足以维持其进攻到一定的程度。其足以加剧本国阶级对立和中国民族反抗的因素，即战争之退步性和野蛮性一因素，亦尚未造成足以根本妨碍其进攻的情况。敌人的国际孤立的因素也方在变化发展之中，还没有达到完全的孤立。许多表示助我的国家的军火资本家和战争原料资本家，尚在唯利是图地供给日本以大量的战争物资，他们的政府亦尚不愿和苏联一道用实际方法制裁日本。这一切，规定了我之抗战不能速胜，而只能是持久战。中国方面，弱的因素表现在军事、经济、政治、文化各方面的，虽在十个月抗战中有了某种程度的进步，但距离足以阻敌之进攻及准备我之反攻的必要的程度，还远得很。且在量的方面，又不得不有所减弱。其各种有利因素，虽然都在起积极作用，但达到足以停止敌之进攻及准备我之反攻的程度则尚有待于巨大的努力。在国内，克服腐败现象，增加进步速度；在国外，克服助日势力，增加反日势力，尚非目前的现实。这一切，又规定了战争不能速胜，而只能是持久战。

六、广播演说

斯大林

斯大林1879年诞生于格鲁吉亚哥里城的一个皮鞋匠家庭。十五岁在梯弗里斯参加革命。由于进行革命宣传、组织罢工活动，1899年被学校开除。尔后，斯大林七次被反动政府逮捕，六次被流放。在长期艰苦的革命斗争中，锻炼了斯大林坚强、勇敢、刚毅的性格和卓越的领导才能。1924年列宁逝世后，斯大林担任起党和国家的主要领导，为苏联社会主义革命和建设作出了重大的贡献。在苏联人民反法西斯的卫国战争中，斯大林担任最高军事统帅，率领苏联红军和全国人民进行了艰苦卓绝的战斗，取得了伟大的胜利。

斯大林不仅是伟大的革命家、军事家，而且是一位马克思主义宣传家、演说家。他的不少演说，得到人们的高度赞扬。

同志们！公民们！

兄弟姊妹们！

我们的陆海军战士们！

我的朋友们，我现在向你们讲话！

希特勒德国从6月22日向我们祖国发动的背信弃义的军事进攻，正在继续着。虽然红军进行了英勇的抵抗，虽然敌人的精锐师团和他们的精锐空军部队已被击溃，被埋葬在战场上，但是敌人又往前线调来了生力军，继续向前闯进。希特勒军队侵占了立陶宛，拉脱维亚的大部分地区、白俄罗斯西部地区、乌克兰西部一部分地区。法西斯空军正在扩大其轰炸区域，对牟尔曼斯克、奥尔沙、莫吉廖夫、斯摩棱斯克、基辅、敖德萨、塞瓦斯托波尔等城市大肆轰炸。我们的祖国面临着严重的危险。

我们光荣的红军怎么会让法西斯军队占领了我们的一些城市和地区呢？难道德国法西斯军队真的像法西斯的吹牛宣传家所不断吹嘘的那样，是无敌的军队吗？

当然不是！历史表明，无敌的军队现在没有，过去也没有过。拿破仑的军队曾被认为是无敌的，可是这支军队却先后被俄国的、英国的和德国的军队击溃了。在第一次帝国主义大战时期，威廉的德国军队也曾被认为是无敌的军队，可是这支军队曾经数次败在俄国军队和英法军队的手中，终于被英法军队击溃了。对于现在希特勒的德国法西斯军队也应当这样说。这支军队在欧洲大陆上还没有遇到过重大的抵抗。只是在我国领土上，它才遇到了重大的抵抗。既然由于这种抵抗，德国法西斯军队的精锐师团已被我们红军击溃了，这就是说，正像拿破仑和威廉的军队曾经被击溃一样，希特勒的法西斯军队也是能够被击溃的，而且一定会被击溃。

至于说我们的一部分领土毕竟被德国法西斯军队占领了。这主要是由于法西斯德国的反苏战争是在有利于德国军队而不利于苏联军队的情况下发动的。问题就在于，德国军队是作战国的军队，它已经完全被动员起来了，德国用来反对苏联并且集结到苏联边境的170个师团，已经处于完全备战的状态，只等待进攻的信号了；而当时苏联的军队还需要进行动员，还需要向边境集结。这里还有一个情况起了不小的作用，就是法西斯德国不顾它会被全世界认为是进攻一方，而突然背信弃义地撕毁了它同苏联在1939年缔结的互不侵犯条约。显然，我们爱好和平的国家是不愿意首先破坏条约的，因此也就不能走上背信弃义的道路。

也许有人要问：苏联政府怎么会同像希特勒和李宾特罗普这样一些背信弃义的人和恶魔缔结互不侵犯条约呢？苏联政府在这方面是不是犯了错误？当然没有犯错误！互不侵犯条约是两国之间的和平条约。1939年德国向我们提出的正是这样的条约。苏联政府能不能拒绝这样的建议呢？我想，任何一个爱好和平的国家都不能拒绝同邻国缔结和平协定，即使这个国家是由像希特勒和李宾特罗普这样一些吃人魔鬼领导的。当然，这是在一个必要的条件下缔结的，即和平协定既不能直接、也不能间接触犯爱好和平国家的领土完整、独立和荣誉。大家知道，德国同苏联订立的互不侵犯条约正是这样的条约。

我们同德国缔结了互不侵犯条约，赢得了些什么呢？我们保证了我国获得一年半的和平，使我国有可能准备自己的反击力量，如果法西斯德国胆敢冒险违反条约来进攻我国的话。这肯定是我们赢了，法西斯德国输了。

法西斯德国背信弃义地撕毁条约，进攻苏联，赢得了什么，而又输掉了什么呢？这使它的军队在短期内处于某种有利的地位，可是它在政治上却输了，它在全世界面前暴露了自己是血腥的侵略者。毫无疑问，德国的这个暂时的军事优势，只是偶然因素，而苏联的巨大的政治优势，却是重大的长久的因素，因此红军在反法西斯德国的战争中具有决定意义的军事胜利必将日益扩大。

正因为如此，我们全国英勇的陆军，我们全国英勇的海军，我们全国的飞行员——我们的雄鹰，我国各族人民，所有欧洲、美洲、亚洲的优秀人士，以及德国所有的优秀人士，都谴责德国法西斯分子的背信弃义行为而同情苏联政府，赞同苏联政府的行为，并且认为我们的事业是正义的，敌人一定会被击溃，我们一定会取得胜利。

由于强加于我们的战争，我国已经同最凶恶而阴险的敌人——德国法西斯主义展开了殊死的决战。我国军队正在同以坦克和飞机武装到牙齿的敌人英勇作战。红军和红海军正在克服重重困难，为保卫每一寸苏联国土而奋不顾身地战斗。拥有数千辆坦克和数千架飞机的红军主力正在投入战斗。红军战士的英勇精神是举世无双的。我们给敌人的反击日益加强。全苏联人民都同红军一道奋起保卫祖国。

为了消除我们祖国面临的危险，需要做些什么呢？为了粉碎敌人，应该采取哪些措施呢？

首先必须使我们苏联人民了解到威胁我国的危险的严重程度，坚决放弃泰然自若、漠不关心的心理，放弃和平建设的情绪，这种情绪在战前是完全可以理解的，但是现在，当战争使形势根本改变了的时候，就是十分有害的了。敌人是残酷无情的。他们的目的是要侵占我们用自己的汗水灌溉出来的土地，掠夺我们用自己的劳动获得的粮食和石油。他们的目的是要恢复地主政权，恢复沙皇制度，摧残俄罗斯人、乌克兰人、白俄罗斯人、立陶宛人、拉脱维亚人、爱沙尼亚人、乌兹别克人、鞑靼人、莫尔达维亚人、格鲁吉亚人、阿尔明尼亚人、阿捷尔拜疆人以及苏联其他各自由民族的民族文化和国家组织，把他们德意志化，把他们变成德国公爵和贵族的奴隶。因此，这是苏维埃国家生死存亡的问题，是苏联各族人民生死存亡的问题，是苏联各族人民享受自由还是沦为奴隶的问题。必须使苏联人了解这一点，不要再对此漠不关心，使他们动员起来，按新的、对敌人毫不留情的战时轨道来改造自己的全部工作。

其次，必须使垂头丧气分子和胆小鬼、惊惶失措分子和逃兵在我们的队伍中毫无容身之地，使我们的人在斗争中无所畏惧，并且奋不顾身地投入我们反法西斯奴役者的卫国解放战争。我们国家的缔造者伟大的列宁曾经说过，苏联人的基本品质应当是在斗争中勇敢、大胆、不知畏惧、决心同人民一起为反对我们祖国的敌人而战斗。必须使布尔什维克的这样优良品质成为红军、红海军以及苏联各族人民中千百万人所具有的美德。

我们应当立即按战时轨道来改造我们的全部工作，使一切都服从于前线的利益，都服从于粉碎敌人的组织任务。苏联各族人民现在都看到，德国法西斯主义对保证全体劳动者享有自由劳动和美好生活的我们的祖国，是极其痛恨和仇视的。苏联各族人民应当奋起反对敌人，保卫自己的权利和自己的国土。

红军，红海军和苏联全体公民都应当捍卫每一寸苏联国土，应当为保卫我国的城市和乡村战斗到最后一滴血，应当表现出我国人民所固有的勇敢、主动和机智精神。

我们应当组织对红军的全面支援，保证大力补充红军队伍，保证供应红军一切必需品，组织军队和军用物资的迅速运输，以及广泛救护伤员。

我们应当巩固红军的后方，使全部工作都服从于这个事业的利益，保证加强一切企业，生产更多的步枪、机关枪、大炮、子弹、炮弹、飞机，组织对工厂、电站、电话和电报联络的卫护工作，整顿地方的防空事宜。

我们应当对一切扰乱后方分子、逃兵、惊惶失措分子和造谣分子进行无情的斗争，消灭间谍、破坏分子和敌人的伞兵，在各方面及时地支援我们的歼敌营。必须注意到，敌人是阴险狡猾的，善于欺骗和造谣。必须估计到这一切，不要受敌人的挑拨。凡是因惊惶和畏惧而妨害国防事业的人，不论是谁，都应当立即交付军事法庭。

当红军部队不得不撤退时，必须运走铁路上的全部车辆，不给敌人留下一部机车、一节车厢，不给敌人留下一公斤粮食、一公斤燃料。集体农庄庄员应当把所有的畜生赶走，把粮食交给国家机关保管，以便运到后方。凡是不能运走的一切贵重物资，其中包括有色金属、粮食和燃料等，都应当绝对销毁。

在敌占区，必须建立骑兵和步兵游击队，建立破坏小组，以便同敌军斗争，以便遍地燃起游击战争的烽火，以便炸毁桥梁、道路，破坏电话和电报联络，焚毁森林、仓库和辎重。在被占区，要造成使敌人及其走狗无法安身的条件，步步追击他们，消灭他们，破坏他们的一切设施。

同法西斯德国的战争，绝不能看成普通的战争。这个战争不仅是两国军队之间的战争。它同时是全苏联人民反对德国法西斯军队的伟大战争。这个反法西斯压迫者的全民卫国战争的目的，不仅要消除我国面临的危险，而且还要帮助那些呻吟在德国法西斯主义枷锁下的欧洲各国人民。在这个解放战争中，我们不是孤立的。在这个伟大战争中，我们将获得可靠的同盟者，即欧洲和美洲各国人民，其中包括受希特勒头目们奴役的德国人民。我们为了保卫我们祖国的自由而进行的战争，将同欧洲和美洲各国人民为争取他们的独立、民主自由的斗争汇合在一起。这将是各国人民争取自由、反对希特勒法西斯军队的奴役和奴役威胁而结成的统一战线。因此，英国首相丘吉尔先生关于帮助苏联的历史性的演说和美国政府关于准备帮助我国的宣言，就是十分明显的例证，苏联各族人民对这个演说和宣言只能表示衷心的感谢。

同志们！我们的力量是无穷无尽的。骄横的敌人很快就一定会相信这一点。同红军一道奋起对进犯我国的敌人作战的，有成千成万的工人、集体农庄庄员和知识分子。我国千百万人民群众都将奋起作战。莫斯科和列宁格勒的劳动者已经开始成立成千上万的民兵，来支援红军。在我们反对德国法西斯主义的卫国战争中，在每一个遭到敌人侵犯危险的城市里，我们都应当成立这样的民兵，发动全体劳动者起来斗争，挺身捍卫自己的自由、自己的荣誉、自己的祖国。

为了迅速动员苏联各族人民的一切力量，反击背信弃义地进犯我们祖国的敌人，国防委员会已经成立了，它现在把国家的全部权力都集中在自己手中。国防委员会已经开始自己的工作，它号召全国人民团结在列宁——斯大林党的周围，团结在苏联政府的周围，以忘我的精神支援红军和红海军，粉碎敌人，争取胜利。

用我们的一切力量来支援我们英勇的红军和我们光荣的红海军！

用人民的一切力量来粉碎敌人！

为争取我们的胜利，前进！

七、报告敦刻尔克奇迹

丘吉尔

丘吉尔1874年出生于英国贵族家庭。毕业于桑赫斯特军事学院。他的一生极具有戏剧性，既当过小兵，又做过首相，既是新闻记者、历史学家、演说家，又是文学大师。1953年还获得诺贝尔文学奖。他的演说慷慨激昂、语言优美，极具有鼓动性。在政治生涯中他几起几落，终于在1940年5月10日，德国法西斯大举进攻英国之际出任战时英国首相。在第二次世界大战中，他以顽强的意志、深刻的洞察力、杰出的指挥才能，领导英国人民一道打败了德国法西斯。1951年他以七十七岁高龄再度出任英国首相，1965年病逝，终年九十一岁。

从五月份的第二周周末法国色当防线和默兹河上的防线被冲破的那一刻起，迅速撤到亚眠城和南方地区，本来可以救出应比利时国王要求进入比利时的英法联军的，但是这一战略退却没有立即实现……

德军先头部队大刀长矛般直逼北方军的右方和后方。八、九个装甲师切断了我们和法军主力部队的通讯联络，他们还切断了我们的食物和弹药的运输。他们每个师大约有四百辆不同种类的装甲车，而且精心地配有补充物品，分为许多装备齐全的小分队。德军首先侵入亚眠城，之后又通过阿布维尔地区登上布洛涅港市和加来港市的海岸，逼近敦刻尔克。跟随装甲部队和机械化部队而来的是乘坐卡车的无数个师的德国士兵。在他们后面缓慢地跟随着无数呆笨残忍的德国常规部队。这些人总是乐意被率领着去蹂躏他们自己无法理解的别人的自由和幸福的国土。

与此同时，一直在制止这场战斗的英国皇家空军在它的射程范围内，从国内的基地上，使用部分大型战斗机，袭击着保护德军的无数轰炸机和战斗机。这场持久激烈的战斗，突然，景色明朗起来，爆炸声和轰隆声暂时——但仅仅是暂时——消失了。一个靠勇气、坚持，靠完美的纪律、正确的服役，靠智谋、巧妙，靠不可征服的忠诚所创造的援救奇迹，在我们面前出现了。敌人被撤退中的英法联军打回去了。敌人遇到如此沉重的打击后，狼狈得无法迅速逃窜。皇家空军和德国空军主力交战，使德国遭到了四倍于英军伤亡。海军调动千余艘各种船只，将英法军队三十三万五千人从死亡和耻辱的陷地，运回本国。接着他们又去执行迫在眉睫的重任。但是，我们必须注意，不要把这胜利的标志归功于这次援救。战争不是靠撤退赢得的，但必须注意到这次援救蕴藏着胜利。这次援救，是靠空军取胜的，我们许多回国的战士当时未见空军战斗，只看见轰炸机从保护性的进攻中逃跑。他们低估了空军所取得的成绩。这样的闲话，我听到了很多，我要特意谈论此事，并向你们报告这个情况。

这是一场英德空军力量对比的艰巨的考验，诸位难道能够设想，德国空军还有什么目标比阻止我们从这些海滩上撤退、击沉所有出现在海面上的数以千艘的船只更重要？对整个战争来说，难道还有比这更具有军事重要性和军事意义的目标？他们竭尽全力发动进攻，但还是被打回去了。他们的进攻遭到了失败，而我们的部队转移了。他们付出了四倍于我们的代价，遭到了惨重的损失。德国许多空军大兵团，几次在相当于他们四分之一的英国皇家空军飞机的攻击下败走，四处逃散。德军十二架飞机被皇家空军的两架飞机所追获，还有一架飞机，被一架仅装有最后一点弹药的英国飞机的猛攻击落水中消失了。已经证明，我们的各种飞机——“飓风号”、“喷火号”、“挑战号”——和我们的飞行员比我们目前所要对付的敌人要高明得多。

当我们考虑到保卫这个岛的上空不受外来攻击，还占多大优势时，我从中看到，我们的讲究实际、令人宽慰的想法是有基础的。我要称赞这些年轻的飞行员们。相当数量的伟大的法国军队暂时被几千辆装甲车的猛冲阻挡着、骚扰着。但愿情况不是这样，而几千位飞行员的战术和献身就可以保护这个文明事业。我想，在世界战争史上，从来没有这样一个年轻人大显身手的好机会。圆桌骑士，十字军都已成为过去——不但遥远而且很平凡乏味。只有这些年轻人，手握着具有杀伤力的工具，每天早晨出去保卫祖国，保卫我们支持的一切，对他们真可以说：

“每天早晨出现一个良机，

每个良机孕育一个高尚的骑士。”

我们应感激这些年轻人，像感激所有的勇士那样。因为这些勇士们随时随地，在各种场合、任何时刻准备着，并继续准备着为他们的祖国贡献生命，贡献一切。

我还要来谈谈我们的军队。在一系列的战斗中，一时在这个前线，一时又在那个前线，三条战线同时作战。两三个师同人数相同或人数更多的敌人交战，在我们许多人非常熟悉的一些古战场上激烈地战斗——在这些战斗中，我们阵亡的、受伤的、失踪的人数已超过三万。在此，我代表国会向所有丧失了和仍为亲人忧虑的人们表示深切的慰问。商务部部长（恩德鲁·邓肯先生，后来的供应部部长）今天没有来，他的儿子牺牲了，许多议员都已感到了这最剧烈的痛苦。但是我要谈谈那些失踪了的人：我们有很大一部分伤员，他们已安全回到祖国，不过我要说，尽管已报道有很多人失踪，但他们总有一天会采取各种方式回来的。在这样混乱的战争中，不少人落到荣誉也不再要求他们继续抵抗的境地是无法避免的。

我们损失了三万多人，相比之下，我们可以肯定地说敌人伤亡得更重。但是，我们物质上的损失是很大的。也许，我们今天伤亡的人数只是我们在1918年3月21日战斗的头几天内伤亡人数的三分之一。然而，我们损失的枪支——大约 一千支——和所有的运输工具，所有的装甲车辆，几乎和北方部队损失的一样多。这个损失还会影响我们军事力量的扩展，这次军事力量的扩展比我们所希望的要慢。我们不得不派遣我们的精锐部队去援助英国远征部队。尽管他们坦克的数量和一些装备物品不是很理想，但他们还是一支装备齐全的部队，我们的工业不得不把第一批产品送给他们，这些产品都一去不复返了，而现在只有进一步地拖延。拖延会持续多久，这取决于我们在国内所做的努力。我们正在做我们记录中从未有过的努力。星期日和工作日，白天和黑夜，到处在工作，劳资已抛弃了他们的利益、权力和惯例，已被投入普通库存品之中。军需品已经源源不断地涌出。我们没有任何理由在几个月内，在不妨碍我们总的计划进展的情况下，不去弥补我们所遭到的损失。

尽管如此，在我们军队幸运的撤退中，他们的亲人度过了整整痛苦的一周。我们应看到法国和比利时所发生的一切是场巨大的军事灾难，随之产生的悲惨结局是法国军队被削弱、比利时军队被损失掉一大部分。人们如此信任的筑垒战线不见了。许多宝贵的矿业区和工厂被敌人占有，英吉利海峡所有的港口城市落入敌人手中。我们必须料到德军不久会再次进攻我们，或者进攻法国。听说希特勒有入侵不列颠群岛的计划。这个，我们以前早就想到过。当拿破仑带着他的平底船和他的"主军"在布洛涅港驻扎一年时，有人告诉他说："英国有毒草。"当然，自从英国远征军队回来以后，"毒草"更多了。

……

我本人充满信心，如果大家都尽自己的职责，如果不忽视任何东西，如果像现在那样做出最好的安排，我们将再一次证明，我们能够保卫我们的岛国，能够安然度过战争的风暴，能够经得起暴政的威胁。如果必要，就打他几年，如果必要，就单独战斗。

至少，这是我们准备要做的，这是国王陛下的政府每一个人的决心，这是国会的意志，也是全国民族的意志。大英帝国和法兰西共和国在他们的事业中，在他们危机时，紧密地连在一起，他们将至死保卫他们的国土，像朋友一样尽最大的力量互相帮助，即使大片的欧洲土地和许多古老文明的国家已经或可能被盖世太保和可憎的纳粹统治机构所控制，我们也不会投降，不会失败。我们将战斗到底，我们将在法国作战，我们将在海上作战。我们将信心百倍，努力倍增地在空中作战。我们将不惜一切代价保卫我们的岛屿。我们将在海滩上作战。我们将在着陆场上作战。我们将在田野、在街上作战。我们将在山冈上作战。我们决不投降！即使这个岛屿的大部分被征服、在挨饿，事实上我从未相信过会这样。那时，我们海对面的，由英国舰队武装和保卫的英帝国仍会继续战斗，直到有一天美洲全力以赴前来营救并解放整个欧洲为止。

八、如何在原子时代谋求和平

爱因斯坦

阿尔伯特·爱因斯坦（1879～1955），世界著名的物理学家。生于德国，1933年因受纳粹政权迫害，迁居美国。他在物理学的许多部门中都有重大贡献，建立了狭义相对论，并在此基础上推广为广义相对论。相对论揭示了空间与时间的辩证关系，加深了人们对物质和运动的认识。1921年获诺贝尔物理学奖。爱因斯坦还是一位社会活动家，他致力于国际和平事业，关心人类文化和道德的发展，发表过许多精辟的见解。他的演讲融科学的分析、哲理思辨、想象的绮丽描绘为一体，热情奔放，有一种独特的语言魅力。

我感谢你们给我机会，让我在这个最重要的政治问题上表述我的主张。

愚见以为，以现阶段的军事技术而言，想用全国武装以获得安全的想法，是一种会招来灾祸的错误想法。尤其是在美国首次制造出第一枚原子弹之后，各国更会产生此种不对的想法，人们都在想，我们最后可能会获得绝对性的军事优势。

用这种方法，我们任何潜在的敌人就不敢轻举妄动，这样，我们大家所热切盼望的安全，就会降临给我们以及全人类了。我们就会在最近的5年内，把下列的原则奉为不变的箴言，不论什么代价，也要由绝对的军事力量来确保安全。

美国和俄国的武器竞赛，原因在于彼此都想防备对方，双方似乎都患有歇斯底里症。双方对于杀伤力大的武器无不热衷，秘密赶造。现在双方所追求的目标——氢弹，制造方面已不成问题了。

假使制造成功的话，那么，在技术的范围内，使大气布满辐射层，使全球人口灭绝，那是很有可能的。这种令人恐怖的研究发展，就在于彼此都受到压迫，骑虎难下了。完成了第一步骤，无可避免地得再向前推进另一步骤，最后人类的末日就愈来愈明显了。

人类是否能在这个自作孽的僵局中自谋出路呢？我们所有的人，特别是那些把美国和苏联弄到今天这种骑虎难下情况的人，都应当知道我们可以征服任何外来的敌人，可是我们仍无法避免战争的心理。

我们只要采取每一种会使得未来冲突更为明显的行动，那我们就休想有和平。因此，任何政治行动，首先要考虑的一点就是，我们要怎样做才能和平共存，才能促使各国坦诚合作呢？

要达成相互合作的第一个问题就是要弥补彼此之间的恐惧和不信任的心理。因此必须放弃暴力，当然，杀伤力大的武器得加以废止。

然而，要达到这种有效的废止，最好是能设立超国际的裁判和执行机构，并授权其决断各国安全的迫切问题，甚至各国在宣告愿与这个“小规模的世界政府”坦诚合作时，也必须先了解“小规模的世界政府”是可大量减低发生战争的危险的。

总而言之，人们要达成诸项和平合作的首要条件是互信，第二就是要有正义和机警的法庭组织。这两项原则对个人适用，对各国也适用，在互信的基础上，就不会发生是非之争了。

主要参考书目

1. 张颂主编：《中国播音学》，北京，北京广播学院出版社，1994。

2. 郑远汉著：《言语风格学》，武汉，湖北教育出版社，1990。

3. 邵守义著：《演讲学》，长春，东北师范大学出版社，1991。

4. 刘德强著：《现代演讲学》，上海，上海社会科学院出版社，1996。

5. 郭水泉、李祖超主编：《演讲教程》，武汉，湖北人民出版社，1991。

6. 李元授、邹昆山主编：《演讲学》，武汉，华中理工大学出版社，1997。

7. 李建南、黄淘安、王强东等编：《口头交际的艺术》，北京，中国青年出版社，1991。

8. 李仲华主编：《即兴演讲的艺术》，长沙，湖南科学技术出版社，1995。

9. ［美］奥斯丁·J. 弗里莱著，《辩论与论辩》，保定，河北大学出版社，1996。

10. ［美］戴尔·卡耐基著，《语言的突破》，北京，中国文联出版公司，1987。

11. 卓燕生著：《朗诵·播音·节目主持人》，第2版，呼和浩特，内蒙古大学出版社，1993。

12. 周正舒、吕银凤编著：《言辩之法》，北京，蓝天出版社，1994。

13. 和弦著：《名人演讲在清华》，北京，大众文艺出版社，2003。

14. 陈中南、范康生、陶代汉、洪道炯编著：《世界名人演讲赏析》，安徽，人民出版社，1990。

15. 杨习良著：《教学演讲学》，东北林业大学出版社，1987。

16. 毛可敏编：《师生口才的训练术》，长春，东北师范大学出版社，1991。

17. 李军华著：《口才学》，武汉，华中科技大学出版社，1996。

18.《广东导游读本》，广东省旅游局导考办编印，2003。

19. 李富军编著：《走进桃花源》，湖南，人民出版社，2003。

20. 赵淑萍著：《电视新闻节目主持艺术》，北京，广播学院出版社，1997。

21. 吴郁著：《主持人的语言艺术》，北京，广播学院出版社，1999。

22. 高玉成著：《司法口才学》，上海，知识出版社，1986。

23. 薛少峰主编：《律师论辩学》，北京，中国人民公安大学出版社，1996。

24. 王洁著：《演讲与论辩的艺术》，湖南，文艺出版社，1992。

25. 凌建英、陈翰武主编：《实用演讲教程》，天津，社会科学出版社，1999。

26. 梦泽、湘君编：《社交口才操纵术》，湖北，美术出版社，1993。
27. 李仲华主编：《即兴演讲的艺术》，湖南，科学技术出版社，1995。

后　记

新世纪以来，国内的演讲活动方兴未艾，一直保持着一种向前发展的势头，有关演讲与口才方面的杂志、刊物、论著、演讲词也层出不穷，这两方面相辅相成，已使我们明显地感受到这项活动将呈现出更加美好的未来。当然，这也是我们希望达成的愿景。

我从事演讲及演讲评判和辅导工作多年，这其中，有我的个人爱好和兴趣，同时也有自加压力而形成的一种责任感。今年以来，因为我的创意，武汉大学职业培训学院和湖北劳动与社会保障厅联手，将演讲与口才列为一种新兴的职业，前期进行了国家职业标准的制定，并启动了上报国家职业标准程序，下一步即将进行职业培训和颁发职业资格证。意外的是，我阅览了近年出版的各种演讲与口才类的书籍后，竟没有找到可用的教材，在这种情况下，为缓解职业培训的当务之急，我在20世纪90年代武汉大学出版社出版的《演讲与口才》一书上着手进行大幅度地修订，整理成本书。

在修订出版过程中，我国著名演讲家刘吉、李燕杰、郭海燕和武汉大学资深教授唐荣昆给予了精心指导，湖北省劳动与社会保障厅职业技能鉴定中心主任黄存友从职业培训方面给予了大力支持，作家朱新繁进行通盘策划并精心润色，武汉大学出版社蔡先保编审、王雅红博士、陶洪蕴编辑废寝忘食进行编辑，同时在本书中我们还引用了国内外众多名人名言，在此一并表示衷心谢忱！

因时间仓促，本书难免良中含莠，还望方家教赐良言。

陈翰武

2005年7月5日于武汉大学